新闻与传播评论

J 2017

Journalism and Communication Review

秋冬卷

强月新◎主编　夏倩芳◎执行主编

中国传媒大学出版社
·北京·

图书在版编目(CIP)数据

新闻与传播评论. 2017. 秋冬卷 / 强月新主编. —北京:中国传媒大学出版社,2018. 5
ISBN 978-7-5657-2213-4

Ⅰ. ①新… Ⅱ. ①强… Ⅲ. ①新闻学—传播学—文集
Ⅳ. ①G210-53

中国版本图书馆 CIP 数据核字(2018) 第 023899 号

新闻与传播评论 2017(秋冬卷)

XINWEN YU CHUANBO PINGLUN 2017(QIUDONG JUAN)

主　　编	强月新
执行主编	夏倩芳
策划编辑	王雁来
责任编辑	王雁来
特约编辑	陈　默
责任印制	曹　辉
装帧设计	拓美设计
出版发行	中国传媒大学出版社
社　　址	北京市朝阳区定福庄东街 1 号　邮编:100024
电　　话	86-10-65450528　65450532　传真:65779405
网　　址	http://www.cucp.com.cn
经　　销	全国新华书店
印　　刷	北京玺诚印务有限公司
开　　本	710mm×1000mm　1/16
印　　张	17.75
字　　数	282 千字
版　　次	2018 年 5 月第 1 版　2018 年 5 月第 1 次印刷
书　　号	ISBN 978-7-5657-2213-4/G・2213　**定　　价**　78.00 元

目　录

专题:国际传媒业观察

前沿与综述

书评

学术访谈

数字化时代的新闻与公共传播

——李立峯教授访谈录

◎ 李立峯* 王海燕*

摘要:当代意义下的机构性新闻实践,是近两个世纪现代社会对公共传播这一问题所提供的答案。然而,伴随着互联网的崛起和数字化时代的到来,传播去中心化的趋势越来越明显,机构性新闻实践的社会正当性遭遇越来越多的挑战。但作为公共传播的一部分,一个社会如何发掘、组织和传播与公众利益相关的资讯,是永恒存在的重要问题。新闻研究学界在当下环境下需要观察和思考的是,传统意义下的新闻正在发生什么变化,是否会以新的形式和构成出现,它在多大程度及在什么意义上仍然是或者不再是公共传播的中心。在此次学术访谈中,香港中文大学李立峯教授对这些问题进行了一一剖析,他的主要观点包括:(一)作为谈论新闻研究的起点,我们首先要对"新闻"这个词的两重不同意义进行区分,一个对应的是英文中的news,一个是英文中的journalism,两者关系紧密但不必然相关,有着相互重叠但又相互独立的一套理论和问题。(二)伴随着数字媒体的崛起,新的传播过程、

* 李立峯,香港中文大学新闻与传播学院教授,主要研究兴趣:政治传播、大众舆论学、社会运动和新闻学研究。

* 王海燕,中山大学传播与设计学院副教授,主要研究兴趣:新闻学、数字化媒体、职业群体、媒体与性别、传播政治经济学。

传播中介、制度基建，以及新的行动者都在形成，在这一空前活跃的图景中，机构新闻业面临的最大挑战是其作为公共传播中心的地位被撼动。（三）基于“大数据”的研究是大势所趋，但对“大数据热”需警惕，要认真考虑“数字方法”到底是什么，怎么用更加可取。（四）新闻教育不只是职业训练，新闻教育和新闻研究都不能完全回避价值理念的问题，但过分看重应该不应该的问题也不一定可取，学术研究还是要多做扎实的经验分析。

关键词：传播去中心化，机构性新闻实践，社会正当性，公共传播，制度基建，大数据，数字方法

Journalism and Public Communication in the Digital Age

— An Academic Dialogue with Professor Francis Lee

Li Lifeng　Wang Haiyan

Abstract: Journalism as practiced by professionals based in large media organizations is the solution offered by modern societies to the problem of public communication in the past two centuries. But with the rise of the Internet technology and advent of the digital age, communication is becoming more and more decentralized. This has necessarily brought about challenges to the legitimacy of organization-based journalism. However, how a society discovers, organizes and disseminates information relevant to public matters is the issue every society has to deal with. Therefore, journalism, as part of public communication, has long – lasting relevance. For the field of journalism studies, the urgent questions to ask in the current communication environment include: How has the journalism in traditional sense changed? Whether new kinds of journalism have appeared and in what forms? How has the institutional infrastructure of journalism and public communication been reconfigured accordingly? Whether and to what extent journalism is still at the center of public communication?

These are the issues we explored in this academic dialogue with Professor

Francis Lee of the Chinese University of Hong Kong. His main arguments include: (1) As a starting point to talk about journalism studies in the current environment, we need to recognize that the Chinese term "xinwen" has two different meanings in English, i. e. news and journalism, which are interrelated but separate concepts pointing to different theoretical questions. (2) The rise of digital media has brought about new communication process, new institutional infrastructure, new communication intermediaries, and new actors, and for organizational journalism the biggest challenge is the undermining of its central role in public communication. (3) Researches based on "big data" will undoubtedly grow, but we need to be cautious about the "fever of big data", and devote more energy into exploring what digital methods can and cannot do. (4) Journalism education is not merely occupational training, and both journalism education and research cannot avoid talking about norms and values. Nevertheless, there should not be an overemphasis on normative questions; more empirically grounded studies are still what journalism research needs primarily.

Keywords: decentralization of communication, organizational journalism, legitimacy, public communication, institutional infrastructure, big data, digital methods

题记

进入 21 世纪以来,新媒体技术迅速发展,数字化时代加速到来,从方方面面改变着社会的形态,也改变着新闻传播的制度格局和社会实践。面对当今社会越来越明显的传播去中心化趋势,建立在主导 20 世纪的"大众媒体"和"大众传播"理论根基上的新闻研究学界也有着诸多反思。在新媒体的背景下,新闻学研究面临着哪些挑战,又有哪些机遇?有哪些新的议题、新的现象值得关注?它们如何挑战着我们固有的理论和方法认知?创新和拓展的空间何在?在这样的背景下,我们访谈了香港中文大学新闻与传播学院的李立峯教授。李立峯教授研究兴趣广泛,涉猎政治传播、大众舆论学、社会运动研究和新闻学研究等多个领域,自 2003 年从斯坦福大学博士毕业到香港任教短短十几年时间,已经发表论文 150 多篇、英文学术专著 4 本,另主编论文集4本。他目前是两本SSCI期刊 *Mass Communication & Society* 和 *The Chinese Journal of Communication* 的副编辑(associate editor)。自2017年8月开始,李立峯教授任香港中文大学新闻与传播学院院长。

一、数字化年代的新闻:公共传播与文化实践

王海燕(以下简称"王"):《新闻与传播评论》的编辑最初的想法是希望我们大致谈谈新闻研究的问题,但在我们为这个访谈做准备的沟通过程中,我留意到您做了小小的修正,您说我们来谈谈新闻与公共传播(Journalism studies and public communication),那么我想问的第一个问题是,您认为"新闻"(journalism)应该如何定义?它与公共传播的关系是什么?

李立峯(以下简称"李"):在你的提问里,你把新闻等同于英语中的journalism,我反而想先往后退一步,从中文词语"新闻"的两重不同意义讲起。有趣的是,在英语中,journalism和news是两个不同的字眼,中文却只用"新闻"一词来代表两者。我觉得,把journalism和news分开,有些问题比较容易说得清楚。简单地说,news指的是一些受众之前未曾听闻的新资讯。广义地看,news不只是新闻机构提供的东西,它是在我们日常生活里不停出现的东西,社会学者甘斯(Herbert Gans)几年前写过一篇反思什么是news的文章,就很强调这一点。例如很多人每天下班回家后会跟家人分享当天发生的事情,那些被分享的讯息和故事,也是news。值得留意的是,这些在日常生活中出现的"新闻",其实跟新闻机构提供的新闻已经有不少共通的地方,例如在日常生活中,我们会根据谈话对象是谁而决定跟对方分享什么资讯,我们也会判断哪一些资讯值得分享,也就是说,我们在日常生活领域中分享的"新闻",也会有"新闻价值"和受众兴趣的考虑。

当然,日常生活中的新闻通常只是一些属于私人领域的讯息,大概只有自己身边的人会有兴趣知道或者会受到影响。但社会上也存在着很多具"公共性"的讯息。所谓具公共性,回到杜威(John Dewey)的说法,不外乎是指讯息及其指向的事情,对社群中所有人都有一定的影响,关乎一个群体的利益。于是,任何社会或社群,都需要处理一个根本问题,就是跟公众相关的、具公共性的资讯如何能有效地被发掘、组织和传播,让社会里的人都可

以得知相关资讯,以及可以根据资讯决定个人的行为以至对公共议题进行讨论。这就是公共传播(public communication)的问题。

顺着以上的思路,我们可以说,当代意义下的 journalism,是近两个世纪现代社会对公共传播这一问题所提供的答案。Journalism 指的是一种制度化的社会实践和通过这种社会实践而产生的、具备某些特定形式的“文本”。在大多数情况下,这种社会实践由在资源丰厚的机构内工作的、专职的受薪人士来负责。同时,这批专职人士又发展出一套价值和理念,指导和规范自己的工作,确立自己工作的正当性(legitimacy),以及防范外界对其工作的不合理干扰,传播新闻的工作也因此成为一种专业。那些机构组合起来,就成为社会上的新闻媒体系统,其整体上的功能,就是向大众发送大家需要知道的和应该知道的讯息,监察社会,促进讨论。

随着科技进步和社会变迁,近年学界的确有不少“如何重新定义新闻”的讨论,我甚至听过一些国内的学者朋友说,journalism 好像变得没有那么重要或值得研究了。但若根据以上的讨论,我们可以说,公共传播的问题,即一个社会如何发掘、组织和传播跟公众利益相关的资讯,是永恒存在的重要问题。我们需要观察和思考的,是传统意义下的 journalism 正在出现什么变化,它是否会以新的形式和构成出现,以及它在多大程度及在什么意义上仍然是(或者不再是)公共传播的中心等问题。例如几年前美国出版的一本名为《最后一位记者请关灯》(*Will the Last Reporter Please Turn off the Lights*)的论文集 ,讨论美国新闻业在数字转型下的“危机”,文集中很多文章都可以粗略地分为两派,一边认为如果新闻机构难以继续生存,会对公共传播构成很大的伤害;另一边却认为互联网带来的是新的公共传播模式和形态,新闻机构的功能会被新的实践和现象取代,所以人们无须执着于新闻机构的未来。换句话说,如果一个学者关心的是公共传播,那么传统意义下的 journalism是否仍然那么重要,的确是一个可以反思的问题。

王:您在区分“新闻”这个词的两个英文表达 news 和 journalism 时,特别提到公共性(publicity)的概念,就像您所说的,news 从广义上来理解,其实就是新鲜资讯,它是 new 的复数形式,它可以是关于公领域的资讯,也可以是关于私领域的资讯;可以是专业人士与普通公众之间的沟通,也可以是普通公众与普通公众之间的沟通。在前一种沟通背景下,news 通过 journalism 传播，具有机构性的色彩；而在后一种沟通背景下，news 并不一定通过 journalism 传播，或者至少不需要机构性的 journalism 来传播。但其实现在，我们看到越来越多的非机构性的 journalism 实践，也看到越来越多的在公共空间传播关于私领域话题的 news。这可能是在现时环境下研究者们谈论起“新闻”来常有概念不清的困惑的原因，不仅是因为在中文语境中难以对“新闻”的 news 和 journalism 两个层面的内涵进行区分，而且也因为不管是 news 还是 journalism，其形式越来越多样，新型实践层出不穷，如果我们对“新闻”的理解过于狭义的话，的确容易陷入困境。不知您认为有哪些角度能够让我们在当今情况下更加有效地谈论“新闻”的复杂性。

李：从公共传播的角度来看，如果我的理解没有错误的话，有很多其他现象在中国扮演着重要的角色，比如，政务微博的传播功能和影响可能比传统新闻媒体更大。这里当然有场景的因素，因为内地的新闻界在制度上从属于国家，在新闻工作者的观念中，相比于西方社会，也不会太强调公开的监督和批判功能。德国学者托马斯·汉尼驰（Thomas Hanitszch）在 66 个国家和地区对新闻工作者进行了抽样调查，其中一个研究结果就是若将新闻工作者的理念放到一个“跟政府合作—监督政府”的维度上，中国的新闻工作者的态度是 66 个国家和地区中最强调合作的几个之一。不过，不管在规范意义上我们喜欢合作多一点还是监督多一点，我觉得当新闻媒体少强调监督的话，媒体在报道跟政府和政策相关的资讯时，就很难做到有很大的附加价值，因为在新的传播环境中，人们为什么不直接看官方渠道发布的资讯呢？这也指向我提及的去中心化问题，但去中心化的程度和形式在不同政治社会环境下并不一样。

回到你问题的重心。的确，新科技带来新的可能性，也因此带来新的实践，很多时候，这些新的实践会冲击我们对新闻的理解。例如 1992 年，伊莱休·卡茨（Elihu Katz）在《传播学刊》（*Journal of Communication*）上发表过一篇文章，讲述他观看关于 1991 年海湾战争的电视新闻报道时的感受和观察结果。文章题为《新闻的终结》（*The End of Journalism*）。卡茨的批评对象是 CNN 当年的现场直播式的报道，卡茨认为那些现场直播根本不算新闻（journalism），因为新闻（journalism）一定涉及编辑工作（editing）——不是指狭义的新闻机构内部分工中的编辑工作，而是概念上的资讯筛选、整理和诠释的工作,新闻不只是报道事实和资讯,还要向受众提供对事件和议题较完整的"故事",让受众能够理解这些事件和议题。相比起直播科技,互联网带来的可能性更多样化,而且互联网使所有人都可以参与内容生产和传送,自然能产生更大的冲击。例如公民新闻(citizen journalism)出现后,我们也可以问,是不是路人用手机拍下一次意外事件的一些影像,然后放到网上,就等于做了记者的工作?这种讨论也是在问一个基本问题,就是什么才"称得上"是新闻。

要留意,既然我们说新闻的定义在演变之中,那么新闻应如何定义,可不是学者们说了算的。我们需要的是一种有利于分析新闻如何演变的思路。这里,我们也许可以参考文化研究大师雷蒙·威廉斯(Raymond Williams)对"文化"一词的分析。他指出"文化"可指向三种东西:文明、生活方式和文化产物。我想指出的是,威廉斯认为我们无须把文化简化为三种意思之一,也无须尝试把三种意思归纳为一个完整的定义。我们要做的是通过了解这三种意思之间的异同,以及它们之间错综复杂的关系,来分析各种跟文化相关的现象和问题。

如果我们用同样的思路去考虑新闻的话,就是要理解新闻既指向 news,亦指向 journalism。就 journalism 来说,现实中,新闻机构提供的产品就是 journalism,但在规范意义上,有某些特征的才算得上是 journalism。而随着科技发展,普通人也有可能生产出在规范意义上"合格"的 journalism。我们没有必要——坦白说亦没有办法——消除新闻一词的多义性,但如果我们对这些不同的意义和它们之间的关系能有较敏锐的触觉的话,我们就能够更好地了解新闻正在如何演变。

王:从公共传播的角度来看新闻(journalism)的话,它只是公共传播的一种形式,虽然在实践形式、规范、伦理上与政治宣传、公共关系等有所不同,但归根到底都是关于公共事务的传播。但从另外一个角度来看,公共传播也可以说只是新闻(journalism)的一种形式,因为新闻不仅可以关涉公共传播,也可以关涉非公共传播,比如明星八卦等娱乐新闻,或者现在比较新鲜的以非公共传播的形式进行的公共传播,比如穿着睡衣或者内衣的网络主播用不太标准的语音向她的"粉丝"播报着时事新闻。请问您认为我们应该如何看待这种非公共传播形式的新闻?

李:你的这个问题中包含了两个其实颇不一样的议题。让我先谈你所指的“以非公共传播的形式进行的公共传播”。要留意,这也不是什么新现象。20世纪90年代开始,西方的新闻学和政治传播学者就有很多关于资讯娱乐化的讨论。所谓资讯娱乐化,其所指向的现象包括一些时事资讯和讨论越来越多地在娱乐节目里出现,也包括原来严肃专业的新闻内容的娱乐化,这个现象在报业出现后,也常被称为小报化。我不在这里系统地回顾那些文献和讨论了,就谈谈你举的例子。我没有看过那些睡衣或内衣主播如何报新闻,但面对这一现象,我想有几个问题是很重要的。第一,她们播报的内容是什么样和什么题材的新闻?这些新闻内容本身是否具备公共性?第二,更重要的是粉丝在看她们的直播时,用的是一种什么样的接收模式(mode of consumption)。这里所指的接收模式,是法兰克福学派强调的东西。同样一件艺术品,可以是人们细心欣赏和冥想的对象,也可以是游客们纯粹慕名而至,拍张照片,证明自己曾到此一游的对象。所以,就算报道的是严肃的新闻内容,也要考虑受众是否会认真地去了解和思考内容。这也是为什么专业新闻工作者对娱乐化的表达形式会很抗拒,因为报道形式可以影响接收模式。

不过,我们也要留意,资讯娱乐化的影响,也不一定完全是负面的。我们也要问,那些网络主播能否接触到一些平时不看新闻的人?另外,平时看严谨的新闻报道的人会不会转向只看那些网络主播?换句话说,他们对新闻资讯在社会上的传播面和接触面有什么影响?资讯娱乐化的其中一个可能的正面影响,是令新闻资讯传播面更广,以及收窄不同教育程度及社会阶层的市民之间对新闻的认识的鸿沟。无论如何,从直觉上,我固然不觉得这种现象很健康,但它的实际影响是什么要通过经验研究才能说清楚。

至于你的提问涉及的另一个议题,是跟公共传播并不直接相关的新闻。的确,很多新闻机构生产的内容并不涉及狭义的公共事务,这也是为什么新闻学和政治传播学只是部分重叠的学科。新闻学研究中,也有学者从其他出发点来分析新闻。例如一些文化研究学者可以把新闻看成一种普及文化,如果从这个视角出发,那么体育娱乐八卦等都会是很重要的研究题材。

我从较个人的角度来谈谈这点吧。我一直以来都有一个想法,就是开设一门名为“新闻与普及文化”的课程。这课程可分三部分,分别为关于普及文化的新闻、作为普及文化的新闻,以及普及文化里的新闻。用英文表述,就是 journalism of popular culture, journalism as popular culture 和journalism in popular culture。每一部分,都有一些有趣和重要的议题。例如关于普及文化的新闻,娱乐新闻向来都是普及文化的互涉文本(intertextuality)的一个重要组成部分,它也可以与普及文化工业的发展和运作有密切的关系,其实我一直不明白研究普及文化的人为什么不多研究娱乐新闻;又例如普及文化中的新闻,即关于调查新闻的美国电影《聚光灯》(*Spotlight*)、《总统班底》(*All the President' s Men*)或电视剧《新闻编辑部》(*Newsroom*)等文本如何呈现记者、新闻机构和新闻工作,它们可以建构公众对新闻工作的认知,也可能影响到公众对新闻机构和记者的态度和信任。至于作为普及文化的新闻,则有较多研究,重点通常是文化观念、常识,或叙事框架如何在日常的社会新闻中反复出现,正如杰克·鲁尔(Jack Lule)的经典著作《日常的新闻说的是永恒的故事》(*Daily News,Eternal Stories*)。我们其实可以通过分析新闻来了解文化,换个视角,就能提出不一样的问题。

二、数字化时代的新闻研究:去中心化与制度重建

王:随着数字化时代的到来,传播环境发生很大的变化,过去我们不需要特别说明,说到"传播",自然指的是"大众传播",说到"媒体",自然指的是"大众媒体",这是20世纪的主流故事。但是现在,传播越来越去中心化,大众分散为各种不同的群体或者"小众",媒体的形态也是百花齐放。在你看来,这种传播环境的变化对新闻研究意味着什么?

李:传播环境的确发生了很大的变化,因为数字科技与之前很多新传播科技不一样。例如电视的出现使新闻的传播多了一种形式,多了一些渠道,以及媒体系统可能多了一些机构,但它没有改变"大众"传播的基本格局。数字媒体不一样的地方,在于它们往往只是平台的提供者而不是内容的提供者,在数字平台上提供内容的,有传统的新闻机构、有新兴的传播行动者、有千千万万的大众。不过,数字平台虽然不一定提供自己的内容,却可以主宰内容提供者能接触到多少受众,也有能力抢走内容提供者的收入。它一方面对传统新闻机构的营运模式造成很大的冲击,另一方面又促进了新传播行动者和新传播机制的出现。

如此复杂多样的变化,不容易在简短的访谈中系统地论述,但对于新闻

学研究和教育,以至于传播学整体而言,有两点我是较为重视的。第一,在大众传播时代,主流的传播学研究大都离不开“生产—内容—接收”这三个部分。无论是英国文化研究讲的编码/解码模型,抑或是媒介效应、新闻生产等研究范畴,都指向那三部分、三部分之一或二。在内容和接收之间出现的发布过程(distribution process),是很少有人研究的,例如报章贩售方式和网络,我不敢说没有人研究过,但肯定为数不多,亦没有进入新闻研究的主流视野。同样,对于大众传播和人际传播如何扣连在一起,新闻讯息如何通过人际网络流通,早期的芝加哥社会学派学者,如 Robert Park 等,固然有一定的论述,伊莱休·卡茨和保罗·拉扎斯菲尔德(Paul Lazarsfeld)的二阶传播理论也是重要的文献,但自 20 世纪 60 年代之后,相关的理论发展和经验研究也不多。

不过,在数字媒体,尤其是社交媒体的年代,对新闻发布和传送过程的分析变得越来越重要。相关的研究可以很多形式出现,简单一点的,一些研究者会分析什么因素或内容特征会使新闻内容在网络和社交媒体上更多被分享,分享价值(shareworthiness)和传统的新闻价值(newsworthiness)之间有多大差异。另外,意见领袖(opinion leadership)这个概念,在近几年的传播研究中又“热”起来。这是因为大家明白,在网络上,人们往往不是直接从新闻机构那里获得新闻内容,而是通过朋友的分享而看到新闻。

一些学者也开始尝试为新闻在网络上的发布和传送做一些较为系统化的理论建构。Esther Thorson 和 Elizabeth Wells 于 2016 年在学术期刊《传播理论》上发表了一篇讲述“策展流”(curated flow)的文章,这是一个不错的例子。两位作者指出,新闻内容在数字和社交媒体上的流通越来越取决于各种策展者(curator)如何选择内容。他们把社交媒体上出现的策展者分为五类,分别为新闻界策展者、代表商业机构或政治团体的策略策展者、个人策展者、代表各种社会组织和力量的社会策展者,以及社交媒体平台本身的演算策展者。这些策展者的运作逻辑和理念并不一致,而他们的运作及互动,形成了各种复杂多变的资讯流通路径。

我在最近的一篇学术文章中也尝试分析新闻资讯在网络上的流通及其过程中可能出现的新闻事件本身的转化,但我强调的不只是“策展流”,而是网络上的行动者在传播新闻资讯时,往往会对新闻资讯加以诠释和评论,甚至为新闻事件创造新的框架、重新定义事件的中心议题,或引导议程发展的方向。所以,新闻在网络的传播不只是一个资讯流通的过程,也可以是一个新闻事件转化和发酵的过程。以政治资讯循环(political information cycle)为主要概念,通过对资讯循环中的动态过程的分析,我们可以看到传统新闻机构和网络上的新行动者之间如何互动,以及传统新闻机构在网络时代的力量和限制。

除了发布过程的重要性外,研究者需要多思考和关注的另一个重点是制度重建的问题(institutional reconfiguration)。我所说的制度重建,是指传播在制度层次上的基础建设出现了什么变化,使传播渠道和过程出现什么新的可能性和机会。正如中国发展高铁,交通基建出现了重要变化,人们在城市之间移动的方式也会因新的可能性和机会而变化,要了解人的流动,首先要搞清楚交通基建系统。传播也是一样的,要了解新闻和资讯的传播,首先要搞清楚资讯传播的系统和制度基础。

这点其实在上面的讨论中已显现出来。在大众传播的时代,数量有限的新闻机构掌握着接触大众的钥匙。专业新闻工作者就是公共资讯的把关人,用前英国首相撒切尔夫人的说法,他们掌控着公共性的氧气(the oxygen of publicity)。换句话说,大众传播时代的公共传播的基本形态,就是所有社会和政治行动者都要通过主流媒体来跟“大众”沟通。

当然,就算是大众传播时代,另类媒体和小众媒体都是存在的,但它们的力量和影响非常有限。而互联网和社交平台的出现,降低了媒体内容的复制和传送成本,助长了另类媒体和小众媒体的发展。政府、商业机构以及社会组织等亦可以通过网络直接接触目标受众。同时,互联网的发展使得很多新的行动者和数字中介(digital intermediary)出现,网络上资讯爆炸,参与受众注意力竞争的单位也是前所未有地多,大众分裂成众多的小众,主流新闻媒体在公共传播中的中心位置不可避免地受到挑战。

在这个背景下,研究者需要关注的是公共传播的制度基建(institutional infrastructure)发生了什么变化。当然,这里的困难,是公共传播的制度变迁仍然在急速进行之中。以香港为例,过去几年,有很多以策展新闻为主的网媒出现,这些网媒资源不多,没有多少第一手的新闻报道,它们往往是把传统新闻媒体的东西经筛选、拼凑和重新包装后推送出去。同时,传统新闻的营运面临很大的挑战,但若传统媒体生存不了,那些以策展新闻为主的网媒,也会失去内容来源。传统媒体和以策展为主的网媒究竟会以什么样的方式共存,是未知之数。另外,脸书(Facebook)是香港人使用最多的社交媒体,也是很多新闻机构和网媒在互联网上接触读者的重要平台之一,但脸书也同样面对着年轻使用者流失的挑战,它在全球各地不停试验新的演算法,而这些试验对新闻媒体通过脸书接触读者的能力有很直接的影响。脸书能否继续成为网络新闻传播的最重要的平台,会直接影响什么类型的行动者以什么样的方式参与公共传播? 无论如何,我们首先要对一个社会中公共传播的制度基建有一个准确的描述,才能更恰当地分析新闻的传播。

王:当社会从报纸、电视主导媒体的时代进入互联网主导的时代,我们一方面需要重新审视传播模式的变化,在报纸、电视时代,研究者主要关注的是生产(production)和接收(reception)两个环节的问题,而在互联网时代,在生产和接收两端之间,还存在一个发布(distribution)过程,而且它变得越来越突出;另一方面,我们也需要看到新的环境下公共传播的制度基建的变化,新的制度基建在形成并发挥作用。我想在这一空前活跃的图景中,最难以忽视的部分可能是各种各样的行动者,比如新闻创业者(journalism entrepreneurs)、机构新闻工作者、自媒体人士,以及你刚说的策展人(curator)等。请问您认为这对记者(journalists)工作的影响是什么?

李:要回答这个问题,我们先要留意网络新闻的发布和传送过程。对于传统新闻机构来说,有两个非常重要的特征。第一,传统的新闻产品——无论是一份报纸还是一则电视新闻报道都是捆绑式发布的,就是说很多内容被捆绑在一起,你不可以只买一篇报道,一买就是整份报纸。第二,负责发布工作的不是负责内容生产的新闻工作者。例如一份报纸,负责内容生产的新闻工作者在完成了工作之后,负责印刷和发布过程的另一些员工会将报纸生产出来,然后通过发行网络传送到报贩、商店及订户手上。但今时今日,尤其在社交媒体的世界中,新闻内容是一则一则地发布的,而且负责发布的就是采编部的人员。这自然让记者产生了很大的压力。

首先,当一份报纸是捆绑式发布时,销量是一份报纸的销量,而不是一篇新闻的销量,不需要每一篇文章都有很多读者。有时,有些内容的重要性不是它带来大量读者,而是它能带来小量的不一样的读者。所以,记者做好自己负责的部分就可以了,不用太顾虑自己的那篇文章有多少人看,反正也不可能知道准确数字。但在当今的网络环境中,每一则内容的浏览量、点赞人数、分享人数等在机构内部都是一目了然的，这些数据对新闻机构及记者均构成压力。

其次，采编部门的人员要直接负责发布的工作，亦即他们要承担一些自己不熟悉的工作，而且这里涉及的不只是学习新知识、新技能。从性质上看，发布其实可以算是市场推广的范畴。所以，一些传统新闻工作者抗拒学习在网络上如何有效率地发布新闻，不只是因为觉得困难，也是因为在专业意识上，他们抗拒承担市场推广的工作。不过，在欧美地区，大部分新闻工作者都接受了编辑室要同时负责发布工作的现实。

最后，现在很多新闻机构会聘请人员专门负责网络传送和联系读者的工作，例如近年出现了很多社交媒体编辑、增长编辑（growth editor）、社群编辑（community editor）等职位，而他们都是编辑部门的人。也就是说，新闻行业的职位结构也正在发生转变。这里指的行业职位转变，不完全等同于之前谈论的制度重构，这里指的是新闻行业和机构内部旧有的职位有哪些会减少，有哪些会消失，有哪些新职位出现，不同职位之间的分工以及权力关系有什么演变等。

三、数字化时代的研究方法："大数据"与"数字方法"之辨

王：互联网和数字化的崛起不仅是传播环境变化的问题，也是一种新型的现代性，在方方面面重塑着社会的形态。对研究者而言，这为我们带来新议题、新思维方式、新理论图景，同时也有新方法。比如现在"大数据"是个"热"词，基于"大数据"的研究很多。的确，如果技术可以让我们研究母本（population），我们为什么还要去研究样本（samples）呢？所以有学者呼吁，在新闻研究的领域，大数据的方法也应该尽快用起来。请问在您看来，新闻研究在方法上有哪些突破的路径，与大数据结合的可能性和必要性体现在哪里？

李：基于所谓大数据的研究的确是大势所趋。但我想首先指出，大数据这个词语的意指其实不大精确，因为很多人在运用这个词语时，指向的是颇不一样的东西。有些人用大数据来指所有规模庞大的数据库，有人用大数据来指所有从网络而来的数据，有人则强调只有百度、阿里巴巴、谷歌、脸书等机构的数据才算得上是大数据。社会科学学者如何看待大数据？罗布·基钦斯（Rob Kitchins）的《数据革命》（*The Data Revolution*）是颇值得参考的，

但我们不在这里仔细讨论大数据本身的问题了。我个人觉得,既然是谈论方法,用数字方法(digital methods)这个字眼可能会较好。要留意的是,我用的英文是复数的,数字方法不是单一的方法,而是泛指各种涉及网络内容数据挖掘、收集、整理,以及分析的方法。

对新闻学研究而言,数字方法也越来越重要,因为它们对解答某些问题至为关键。举个例子,我刚在德国慕尼黑大学参与一个工作坊,学者尼尔·屠尔曼(Neil Thurman)谈他的研究,这一研究是关于英国《独立报》印刷版在2016年停刊的。研究的问题是,印刷版消失后,读者花在阅读印刷版上的时间会全数转移至网络版、部分地转移至网络版,抑或是完全不会转移至网络版?要回答这个问题,传统研究方法不是完全不可以用,我们可以想象在印刷版未停刊之前做一个调查研究,询问《独立报》读者花在印刷版和网络版的时间,然后,在印刷版停刊后再做一个调查研究,询问同一批读者花在《独立报》网络版的时间,通过前后比较,我们可以知道原本花在印刷版的时间有没有转移至网络版。不过,这方法在实行上很困难,首先,因为我们很难预知某报在什么时候会突然停发印刷版;其次是调查中被访者的自我评估不一定很准确;最后,用以上方法,我们只有前后对比,不能更仔细地追踪阅读量如何随时间演变。但如果我们能掌握《独立报》网络版的流量和读者阅读时间,我们就可以非常准确而且详细地回答上面的研究问题(至于研究结果,尼尔·屠尔曼的发现是读者花在阅读印刷版上的时间完全不会转移至网络版)。

另外,如上面提及的,什么样的内容特征和其他因素会影响新闻内容的分享程度,就更是需要用数字方法才能回答的问题;又如我在上面提到的自己最近的文章,要分析新闻内容如何在社交媒体流通,以及其间的动态过程如何做成新闻事件以及议题如何变化,也要先通过一些技术先进的网络内容搜寻器把大量相关内容挖掘出来,才可以进行分析。

但要留意的是,以上的例子,全部都是先有了我们需要关注的现象、想问的问题,然后我们再去运用一些恰当的甚至是必要的数字方法。那不是因为数字方法存在而且很流行,不是为用而用。从这个角度看,更基本的是我们如何通过观察和反思新闻与公共传播的转变,修正和发展我们的问题意识。当然,在学者的实际工作过程中,有时我们也会因为了解了一些方法学的新发展,才会被启发去提出某些问题。但在学理上,问题始终是先于方法的,只有问对了问题,研究答案才有意义。

另外,对于数字方法,同传统研究方法一样,我们也要留意方法的限制。例如你提到,有了母本就不用样本。问题是,我们用什么具体方法来分析母本?用一个实际例子来说,如果我们的母本是300万篇新闻文本,我们如何进行内容分析?现在较常用的方法之一,就是所谓情感分析(sentiment analysis)。但以我的理解,到目前为止,无论是通过词库发展出来的系统,抑或是通过机器学习,自动化的情感分析的可靠度(reliability)都是非常低的。而且,有一些问题还是要通过人工编码才较易做到。在这种情况下,通过电脑化的情感分析去分析母本,从所得数据的准确度、资料的丰富度和结论的可靠度而言,其实不一定比抽取样本来做人工编码更好。我不是批评和反对电脑操作的情感分析,说到底,它还有一个很实际的好处,就是节省时间和人力(假设分析系统已经存在的话),根据个别研究的需要和研究者手上的资源,情感分析固然可以在个别研究中非常有用,而且我也不敢小看发展这些方法的人将来能把相关方法完善到什么程度,但我觉得要记住的是,数据的大小只是一个次要的问题,数据的质量,以及我们能否从数据中诠释出什么东西,才是更重要的问题。这也是另一个我不太喜欢"大数据"这个字眼的原因。

王:您不喜欢"大数据"这个字眼可能是因为它听起来好像重视数量大过质量,同时也因为它没有非常准确地描述方法到底是什么,而且这个词比较"热",研究者可能容易走入材料优先于理论和问题、方法优先于理论和问题的路径,最终却走不出材料和方法本身。不过话又说回来,方法优先的研究是否就一定没有意义呢?就像我们经典的研究方法里面有一个扎根理论(Grounded Theory),虽然不受鼓励,尤其不建议理论功底不深的初级研究者使用,但是,有时候一个娴熟的研究者从材料出发,再往上抽象,最终可能做出有创建性的理论贡献,比如詹姆斯·斯考特(James Scott)关于东南亚农民的研究。这个问题您怎么看?

李:也许要澄清几点。第一,虽然大家都在说"大数据",但现实的情况并不是说我们能很轻易地掌握数据。事实可能相反,近年很多对大数据和数字方法的批判性的讨论,都围绕着谁有能力去搜集网络数据这个问题。

学术界能掌握的数据，远远比不上大型网络公司和政府掌握的数据“大”。就算只计算学术界，一些进阶的数字方法研究所需要的资源和基础建设也不一定是所有院校都有的。另外，纵使有了资源去收集数据，网络数据的清理也需要花费大量时间和精力。所以，用数字方法做研究并不那么轻松容易。

更重要的，回到研究问题、理论和概念，以及方法之间的关系，你提到研究是否也可以“方法优先”，那么我们就要搞清楚所谓“方法优先”是什么意思。其实我在之前的回答中已经提到，在现实的研究过程中，先有方法和数据，然后才找出问题、论点和意义，的确是常见的。这里我们甚至不需要以人类学做例子，就以我自己很喜欢的一个经典的新闻学研究为例——丹尼尔·哈林（Daniel Hallin）对 sound－bite news 的分析（sound－bite 即电视新闻中对消息来源的直接引述——编者注）。哈林指出，美国电视新闻中的 sound－bite，在 20 世纪 60 年代到 80 年代之间缩短了很多，他以此为切入点，分析出美国新闻界越来越直接及高度介入政治传播过程，而越来越短的 sound－bite 是高度介入的一个指标。我很喜欢这个研究，因为它充分展现了一个好的研究如何见微知著。很多年前，我问过哈林这个 sound－bite news 的想法是怎样产生的，他说其实是他做博士论文时，要分析美国电视新闻横跨多年的越战报道，在研究过程中，他无意中发现 sound－bite 越来越短的现象，于是他开始思考这一现象的成因和意义。该研究就是一个先有数据，后有问题和观点的案例。

对我来说，从事学术研究，往往是在现实（或关于现实的数据）以及理论性或概念性观点之间来回穿梭的过程。有些学者习惯从现有理论出发提出问题，更多学者可能习惯从现实或数据出发提出问题。不过，哈林的例子也说明，从现实或现有数据中找出值得研究的问题，其实不一定需要大量数据，真正需要的是洞察力。罗布·基钦斯在《数据革命》中也指出，数据多，噪音也多，研究者要从数据中找出值得深入分析的东西其实更难。哈林当年做内容分析，看过不知多少新闻报道，面对着不知多少内容分析的数据，但他就是捕捉到了日渐缩短的 sound－bite 这个切入点，而这一研究之所以成为经典，是因为他能够阐释那些数据的社会和政治意义，他能凭借数据阐释新闻在政治传播中的角色演变。所以，我仍然强调研究问题和概念观点在学理上的优先性,无论实际起点在哪里,一个研究的意义在于它解答了什么样的问题,尤其是该问题在概念或理论层次上说明了什么。

王:海量(或者大量)数据的存储和获得的可能性,的确带来方法上的创新可能性,并且由方法赋予的可能性可能启发研究者去问一些以往想都没有想过的问题。您认为,在新闻研究领域,有没有一些这样的问题出现呢?

李:有很多新的研究问题被提出不是纯粹因为方法的转变和发展,而是由于新现象的出现。上面已经提到过一些例子,如什么因素影响新闻内容被分享的频率,新闻内容在一个循环不息的动态过程中如何转变,以前不会提这种问题,不是方法不存在,而是这些问题指向的现象不存在。

当然,我不否定方法和数据的发展本身可以影响人们思考研究问题时的方向。以近年突然流行的网络分析(network analysis)为例,其实很多网络分析中的基本概念和方法已经存在了很多年。网络分析的基本特征,不在数据大小,而是数据是以一群研究对象之间的关系为单位的。以前很难获取这一类型的数据,但在互联网和社交媒体上,我们却较容易获得这些数据。所以,研究者便能更多地使用网络分析,在思考研究问题时也更多地从网络结构和关系的方向出发。

四、新闻的规范视野与经验视野

王:到目前为止我们这次访谈主要是从公共传播的角度来谈论新闻,但是正如您所提到的,新闻与普及文化的点子也非常好,把新闻当作一种文化或者文化实践来看待,我们看待新闻的角度也许会更加多元。如果这样去看,新闻就是记者们在做的那些事情(Journalism is what journalists do),而不仅仅是记者被期待去做的那些事情(Journalism is not just about what journalists are expected to do)。也就是说,如果从规范性研究的路子走出来一点,也许可以大大拓展我们的研究图谱。

李:西方的新闻学经验研究,从来就是分析新闻机构和记者在做的事情或生产出来的内容。正如我在前面提过的,我们不用把“记者在做的事情”和“记者应该做的事情”设定为非此即彼的两种问题。很多研究一方面在分析记者实际上在做什么,但同时也以规范性的价值理念或评判标准为背景。

最简单的例子是西方一个关于新闻媒体在报道选举新闻时是否客观中立的分析，这种研究很多时候都假设了新闻媒体应该在选举报道上客观中立；又例如约瑟夫·卡培拉（Joseph Cappella）和凯瑟琳·吉米森（Kathleen Jamieson）对选举新闻中的新闻框架的经典研究。两位研究者指出，美国媒体的选举报道多使用策略框架，亦即将选举视为争夺权力的候选人之间的竞赛，报道着重分析候选人的选举策略和选情走势等，媒体较少使用议题框架，亦即较少把选举视为不同政策理念之间的辩论场。他们亦通过实验研究发现，以策略框架来报道的新闻会使读者更为犬儒化，以及有较低的投票意愿，而在这些分析和结果背后的价值理念假设，就是健康的民主社会需要公民的积极参与，而促进公民参与也是新闻媒体的职责之一。

其他的新闻研究的情况也是一样。20 世纪 70 年代兴起的新闻室观察研究，如盖伊·塔奇曼（Gaye Tuchman）的《做新闻》（*Making News*）、马克·费史曼（Mark Fishman）的《生产新闻》（*Manufacturing the News*）等，表面上只是分析新闻机构的内部运作，但其结论往往指向新闻机构及新闻内容如何向建制倾斜，新闻机构未能做到真正独立于政治权力之外。这种观点之所以重要，固然也是因为其背后的价值前提——在欧美自由主义新闻观中，新闻的自主性和独立性非常重要。

那么，新闻学研究一定要有规范性理念作为背景吗？当然不是。就算是关乎公共传播的新闻学研究，也不是每一个研究都需要跟新闻的价值理念或社会功能有直接关系。在某种意义上，新闻学研究的图谱已经很宽阔了，不过，很多研究领域都会有它的重心问题，而重心问题是什么，就要回到"我们为什么要进入这个研究领域"这个基本问题上。我们为什么要花时间研究新闻？为什么其他人应该花时间留意我们的研究成果？这又回到访谈一开始的讨论了。至少对于很多西方学者来说，新闻之所以重要，是因为新闻对民主社会和公共传播很重要，相关的问题自然也有较多学者来研究。

当然，因为研究者个人兴趣也好，对研究的多元化本身有所追求也好，社会环境不一样也好，研究者不妨发掘其他的研究路向。不过，我们逃避不了的是如何理解和阐释新闻学研究的重要性。如果新闻与普及文化真的是一个值得多元发展的路向，那不但是因为两者之间确有关联，而且也是因为普及文化本身就很值得研究。

王:我记得有一次伊莱休·卡茨到香港参加一个国际会议(大约在 2010 年,香港城市大学的李金铨教授组织的),会上大家讨论到我们应不应该谈论新闻规范性的问题,卡茨插了一句,说如果没有关于新闻应该怎样不应该怎样的规范性说法,新闻教育就没法进行了。作为香港中文大学新闻与传播学院的新晋院长,这个问题可能是您要面临的很重要的问题,请问您的看法是什么?

李:谈到教育问题的话,我会从大学教育是什么这个问题出发,而我要提出的起步点很简单,就是大学不是单纯的职业训练机构,当然,有一些学科,例如医学、计算机或工程学科,从学术研究得来的知识跟行业实践的联系较为紧密,而且这些学科享有认知垄断(cognitive monopoly),亦即这些学科涉及并垄断了一套非常精确的和高度技术性的知识,一定要花很长的时间来系统学习。因此,大学会有这些学科,训练学生成为工程师和医生等,可以理解。

相比之下,新闻学不涉及认知垄断。在世界上绝大部分国家和地区,新闻专业毕业不是做记者的必要条件,或者说,读大学其实也不是做记者的必要条件。同时,新闻学研究和新闻实践的关联不大。学者从事的新闻学研究,主要是从社会或人文科学的角度进行,剖析如上面讨论的新闻媒体在公共传播里的角色、新闻媒体报道重要事件时的表现、新闻与文化的关系等问题。我一方面相信,如果新闻工作者能多认识和思考这些问题,对他们的实务工作会有所助益;但另一方面,大部分新闻学学术研究的结果的确没有直接的应用性。很多对传播学不甚了了的记者一样可以非常出色。那么问题就来了,既然大学不是单纯的职业训练机构,新闻又不涉及什么极其高深且需要长时间系统学习的知识,为什么大学需要有新闻教育?为什么我们不把一些新闻院系变为像社会学、人类学一样的纯学术学科,不跟行业直接挂钩,然后让一些职业训练机构或新闻机构自己替有志入行的人提供所需训练?

我相信,有些人真的认为大学不需要新闻系,事实上,哈佛、耶鲁、普林斯顿、牛津、剑桥都没有新闻系。但假设我们要为大学的新闻教育寻找理据,最重要的不外乎两个相关论点。第一,就是整个访谈里不断提及的,新闻对公共传播——也因此对整个社会——的重要性。在现实中,新闻可以是一门生意,但本质上它不是一门生意,它是一种公共服务(public service)。第二,因为新闻是一种公共服务,新闻工作不只是一种职业,它是一种专业,甚至是一种志业(vocation)。所以,新闻教育不是职业训练。我们也可以说,在大学里读新闻的人,就算毕业后不当记者(现实中很多新闻系毕业生不会真的当记者),他们都会成为对社会有更深入了解的、更有公民素质的人。

如果这样去理解大学里的新闻教育的话,那么卡茨的观点自然是对的。忽略应该不应该的问题,即忽略新闻的专业性质,忽略新闻在公共传播中的作用,我不会说新闻教育无法进行,我会说,不如把大学里的新闻院系变成纯学术研究的院系,职业训练留给其他机构做就可以了。

当然,这并不是说我们要一天到晚不停地开宗明义地谈"应然"的问题,以上所说的是新闻教育背后有价值理念的基础。在很多具体的课程中,这些价值理念是不言而喻的。

不过,我承认以上是较为理论性的推演,也许我们也要思考,为什么有人会觉得谈论新闻时不需要,甚至最好不要讨论"应然"的问题。我并不在你提及的那个会议上,所以不清楚那时候的讨论背景。但我想,内地的学术研究有较强的思辨传统,有不少研究文章可能只停留在讨论应该不应该的问题上。在这一背景下,可能有人会提出新闻研究最好少谈一些应该不应该的问题,多做扎实的经验分析,而且在诠释经验材料时,不要被我们自己的一些规范性观念主导,而是尽量客观地去看待,或者对自己的成见如何影响自己对经验材料的解读有所察觉和反思,如果是在这个意义上少谈应该不应该,我是能够理解,甚至赞同的。

学术研究和教育,既不能完全回避价值理念的问题,也不能过度被单一的价值理念主导,在一些场景中,可能是谈得太少,要多留意一些;在另一些场景中,则可能是已经谈得太多,不如少谈一点,这都是有可能出现的。

特　稿

反身性问题:基于一组人类学影像实践的讨论

——兼而反思田野作业*

◎ 郭建斌　方　鑫　念鹏帆*

摘要:一部在西藏 C 市拍摄的人类学电影,从最初的拍摄到后期回到拍摄地“回访”并进行放映,以及在其他场合所进行的放映、交流等,构成了一组人类学影像实践。本文聚焦于这样一组影像实践,从人类学的反身性问题入手,展开讨论。既往在对反身性问题进行讨论时,有在“元理论”层面上进行探讨的,也有在抽象程度较低的层面(即不同视角)上进行讨论的,本文取后一种路径。反身性问题的意义,用某些讨论反身性问题的学者的话来说就是,“意味着注意到这些方面但又不由这任何一方面来支配”。同时,这样的讨论,也是对田野作业的一次有益的反思。

关键词:反身性,影像实践,视角,藏族,牧区

* 本文最初是提交给 2016 年 7 月在贵州民族大学举办的第七届全球传播论坛的(原标题为《交叠的时空:基于一项影像实践的讨论》),感谢论坛组织者张国良教授的邀请,以及论文评议人李少南教授对论文的评议。

* 郭建斌,云南大学新闻学院教授,博士生导师,云南大学传播与民族文化研究所所长;方鑫,云南大学新闻学院教师;念鹏帆,工作于云南省社科院信息中心。

Reflexivity: A Discussion Based on a Set of Anthropological Image Practices

—Reflections on fieldwork

Guo Jianbin　Fang Xin　Nian Pengfan

Abstract: This article is based on an anthropological film-taken activity in C City, Tibet. The initial filming, and the subsequent "return visit" with the film to the place where it was taken, as well as the screening and discussion on that place and other occasions constitute a group of anthropological image practices. Focusing on such a set of image practices, this article begins with the reflexivity of anthropology and the discussion about it. In former discussions about the issue of reflexivity, discussions may focus on "meta – theory" level or on a lower level of abstraction. This article takes the latter path. The significance of a reflexive problem as some scholars said, is "it means taking note of these aspects and not being governed by either". The discussions are also a useful reflection on fieldwork.

Keywords: reflexivity, image practice, perspective, tibetan area, pasture

---

一、研究缘起

本文所说的影像实践,源于 2012 年我[①]在滇川藏"大三角"做关于流动电影田野研究时另一个课题组成员所拍摄的一部人类学电影。2015 年,本文三位作者带着这部影片回到当时拍摄这部影片的牧场,把这部影片放给当地人看。基于这样一些田野资料,我曾经尝试从"时空关系"的角度写过一篇论文,尽管我自己认为那个讨论并非完全没有意义,但是当我把那篇文

---

① 本文所说的"我"均指本文的第一作者。

章投给某个国内学术刊物后,最终没有被接受。

2017 年初,由我原来的同事张静红拍摄的那部人类学电影正式出版(张静红,2017)。这部片子初步剪辑完成后,除了张静红在一些场合放映过之外,我在南京大学、安徽大学讲学时也放过这部影片。此外,我在给云南大学新闻学院的本科生上“传播人类学”这门课时,也几次放过这部影片。在课堂上放映这部影片,是希望学生对田野调查的方法有一个更为直观的了解。我是在讲到人类学中的反身性问题时放映这部影片的。虽然学生不一定都能用反身性问题的思路来看待这部影片,但是在和学生一起观看、讨论、交流的过程中,我逐渐意识到从这部影片的拍摄到后来的“回访”,以及和学生一起观看、讨论,这样一组影像实践构成了一个人类学反身性问题的绝佳案例。人类学中的反身性问题,简单来说就是换位思考,但是无论如何换位,都会面临很多的困难,或者说需要一些具体的时机(或条件),上述这样一组影像实践的不同场合,为反身性问题提供了不同的观察视角、恰当的时机(或条件),因此我们认为这或许是一个不错的理论视角。同时,从这样一个理论视角讨论问题,亦可兼及田野作业本身,也是对田野作业的一种反思。

因此,本文将以张静红所拍的这部人类学电影的拍摄、回访以及在其他场合的放映和观影等多个时空中所获得的观察材料作为素材,并把张静红围绕这部片子所写的论文作为辅助资料,从人类学反身性问题入手,尝试对以下问题进行讨论:人类学的反身性问题到底是一个怎样的问题?反身性问题在这一影像实践中又是如何具体体现的?这样的讨论对于田野作业本身又有何意义?

在进入正题之前,需要对田野调查过程及本文中使用的相关资料来源再做一点简单交代。

二、田野调查及相关资料

2012 年 8 月,本文作者及课题组一行 5 人①到西藏昌都地区② D 县 J 乡

① 参加当年调查的除了我和张静红之外,还有当时云南大学新闻系的罗宏生、张翎两位老师,以及当时在云南大学新闻系读硕士的杭树志。在此对他们无偿参与课题研究工作表示感谢。

② 2014 年,昌都由原来的地区改为市。

进行与流动电影放映相关的调研,并随该乡电影放映员 L 到该乡的 M 村的一个牧场上放电影,在牧场上住了 3 天。J 乡共有 6 个行政村,人口 12 351 人。M 村与昌都地区的类乌齐县接壤,分 3 个小组,共 129 户、807 人①。我们去的那个牧场距离 317 国道 9.3 公里,是一条简易公路,当时牧场上共有 8 户人家,"大本营"的海拔为 4 500 多米,位于两条小溪的交汇处(见图 1)。这里虽然距离国道只有不到 10 公里,但是没有手机信号,放映员 L 说牧场后面的山顶上有信号,但是我们去试过,没有找到信号。那是一个夏季牧场,当地牧民只在每年的 5 月至 8 月住在这里(房屋是临时的帐篷),9 月到次年的 4 月,他们居住在海拔更低的有固定房屋的"家"里。在放映员的协调下,当地牧民给我们搭建了一个新的帐篷(为我们搭建的是白色帐篷,他们自己住的是黑色帐篷)。牧场上没有蔬菜,蔬菜、大米等是我们自己在 J 乡的政府所在地的集镇上购买的,牧场上的牧民也为我们提供了糌粑、酥油和风干牛肉等。

图 1　M 村的牧场(郭建斌摄,2015)

① 该数字是 2011 年年末数据,2012 年 8 月在 M 村村委会查得。

住在牧场的 3 天,我们的主要工作是晚上观察放映员的放映以及牧民观影的情况,白天对住在牧场上的家庭进行采访。虽然同属一个课题组,但我们各有分工,我主要做观察访谈,张静红主要负责采集影像素材,对于采集怎样的影像素材,我并未给她提出具体的要求。在调查结束半年多之后,她剪辑出了一个约 60 分钟的人类学影片,并撰写了一篇十分精彩的阐述该影片的拍摄及就相关问题进行讨论的论文(张静红,2013)①。

2015 年 8 月,时隔两年之后,我再次回到 M 村的那个牧场(同去的还有本文的另外两位作者),工作内容之一是把两年前张静红拍摄的那部人类学电影放给牧场上的牧民看。张静红由于在国外,没有一同前往。和 2012 年时相比,除其中 1 户 2015 年没有到这个夏季牧场之外,其余 7 户均在。这次我们在那个牧场上住了 5 天。

2015 年的"回访"结束之后,我把相关意见转给在澳大利亚做博士后研究的张静红,她再次对原来的影片进行了修改。其实自 2013 年 6 月剪出第一版之后,张静红也曾做过多次修改。她在结合我们 2015 年"回访"的意见进行修改时,除了修改了拍摄对象觉得不妥的地方之外,还为其中的一些当地人的藏语加上了汉语字幕。

2014 年 12 月,我先后在南京大学、安徽大学两次放映了张静红拍摄的影片,并在放映后和观影者进行了交流②。2015 年和 2016 年秋季学期,在两次给云南大学新闻学院本科生上"传播人类学"课时,我又把这部片子放给了学生看。2016 年 11 月 10 日放映这部片子时,我请学校现代教育技术中心的老师用教室里的影像记录设备完整地记录下了观影及讨论过程③,并且我还让学生写了观后感。这些学生写的观后感,成了本文重要的田野资料。

---

① 该影片和论文入选了 2013 年 6 月在重庆大学举行的"西南人类学论坛"。感谢论坛主持人周永明教授的邀请,感谢评议人蓝达居教授。张静红因公务在身未能参加会议,张翎代她宣读了论文。由于时间关系,影片未能全部放完。此后在不同场合讲到影像作品和文字阐释如何结合的问题时,我也经常以张静红拍摄的这部影片及这篇论文为例,在我看来,这是一个影像文本和文字文本很好地实践了"互文"的极好的案例。该论文已经收录入一本论文集中,因种种原因,论文集至今未能出版。张静红也在修改这篇论文,修改后的版本或许会以期刊文章的方式刊出。

② 在此对南京大学新闻传播学院胡翼青的邀请,朱丽丽组织的学生观影、讨论,和安徽大学姜红邀请我们并组织学生观影,以及其他所有参与观影、讨论的老师、同学表示感谢。

③ 在此对云南大学现代教育技术中心的李屹涛老师表示感谢。

三、人类学的反身性问题

美国人类学家约翰·奥莫亨德罗(John Omohundro)在《人类学入门:像人类学家一样思考》一书中把人类学的问题划分为11类,反身性即其中的一个。在讲到反身性问题时,他举了一个他多年前在菲律宾做田野调查时的例子,即在一个修道院里放映一部中国电影——《智取威虎山》。他这样写道:"圣母升天女修道院放映的那场电影令菲律宾情景中的四类不同行动者同处一室,(这)促使我开始意识到需要提出反身性问题,也促使我在田野中花时间来回答这个问题。"(约翰·奥莫亨德罗,2013:358)

我在这里对反身性问题进行讨论,恰巧也是基于一组影像实践。① 但是我想稍作说明的是,类似的影像实践能够使反身性问题得以更为直观地呈现。与奥莫亨德罗把那样一次特定的观影中的观众区分为四类(华裔、激进的菲律宾学生、菲律宾修女、美国学者)相比,我们在此所举的这一组影像实践意义更为丰富。②

在奥莫亨德罗的书中,他用了一种形象的说法来解释到底什么是反身性问题——"反身性问题指的是:你在观察这一文化时,站的是怎样的地形。也就是说,你的视角是什么? 你观察谁? 这个山谷里发生的事情,对于一个在山谷里的观察者和一个在山谷西侧半山腰上的观察者来说,为什么会有所不同?"(约翰·奥莫亨德罗,2013:331)

在我们看来,译者在本书第九章(反身性问题)所做的题注,是对反身性问题的更为全面的回答:

反身性问题,不仅仅是强调研究者内在的自我反思、反省,也强调研究者对整个研究过程的全景式把握,以及全景式把握所形成的研究者与研究

---

① 更巧的是,在2015年我们进行"回访"时,在那个牧场上,也放了3D版的《智取威虎山》。这部片子是同行的学生带去的,放映也是他和别人商量后决定的。

② 在此需要说明的是,奥莫亨德罗说电影《智取威虎山》是"以二战期间共产主义军队反对日本军占领的一场胜利战役为故事背景"(奥莫亨德罗,2013:336)的说法是完全错误的。译者在此也加注释指出了作者的错误。在我看来,这是一个极大的错误,因为"帝国主义者"是作者在此处进行反身性分析的一个重要维度。

之间的一种疏离感。正是这种疏离感营造了一种动态的“身外之境”的状态,令研究者在研究的每个环节保持着对整个研究过程的全景式的自我观察,进而实现“反诸己身”的对本文化的自我审视。(约翰·奥莫亨德罗,2013:331 译注①)

有学者认为,自 20 世纪六七十年代以来,“反身性”(reflexivity)已经成为西方社会科学与人文学科领域一个热门的术语和论题(肖瑛,2005)。甚至有学者这样说:“自我反思(self – reflection)能力是人类学和社会学在 20 世纪的主要成果,它们在这个方面的收获比其他任何社会科学学科都丰富。”②

在既往关于反身性的诸多讨论中,通常还会涉及另一个相关的概念——反思(reflection)。在相关讨论中,有些学者将这两者不加区别地使用,而有些学者则强调这两者的差别。在我们看来,这两者是有较大区别的。马茨·艾尔维森(Mats Alvesson)和卡伊·舍尔德贝里(Kaj Shöldberg)“把反身性研究视作一种特殊而详细的反思性研究,它包含着若干层面上或指向若干论题的反思”(马茨·艾尔维森,卡伊·舍尔德贝里,2009:5 – 6)。当然,马茨·艾尔维森和卡伊·舍尔德贝里这里所说的反身性,主要是一种方法论(或是哲学)意义上的,是从知识生产层面进行的讨论。但是他们把反身性看作一种特殊而详细的反思的观点,是有启发性的。在人类学领域,保罗·拉比诺(2008)的《摩洛哥田野作业的反思》,可以说是这方面的经典。保罗·拉比诺给他的这本书的中译本所写的序的标题就是“哲学地反思田野作业”(保罗·拉比诺,2008:1)。这就提出了一个问题,即对于反身性而言,因抽象程度不同,情况也有较大差别。抽象程度最低的,如同奥莫亨德罗所做的那种形象的比喻——站在山谷的不同位置来进行观察;抽象程度最高的,应该就是马茨·艾尔维森和卡伊·舍尔德贝里所说的那种“元理论的反思”(metatheoretical reflection)。因此,在我们看来,现代学术意义上的

① 该译注具体来自何处,译者也未标明。

② 原文见:Therborn, Göran. At the birth of second century sociology: times of reflexivity, spaces of identity, and nodes of knowledge[J]. British Journal of Sociology. 2000, 51(1)。此处转引自肖瑛(2005)。

反身性的反思与一般意义上的反思有着明显的区别,从这一特定的意义上来说,反身性问题不如反思那样"古老",是在20世纪六七十年代之后才成为问题的,这两者无论在问题指向,还是在具体的操作策略层面上,均有较大的不同,并不存在谁更根本这样的问题。

关于反身性对当代人类学的重要意义,有学者这样写道:

> 反身性已成为人类学者重要的研究基础与过程,研究者与报道人同是人类主体,具有自身的情感、情绪与价值观,具有不同的政治经济地位。田野经验是研究者与报道人之不同主体间(intersubjective)的深度生命互动,没有任何田野经验是可以被复制的。反身性要求研究者时时检视自我,检视自我所处的结构与位置,检视自我与被研究者的关系,避免各种因素扭曲研究成果。反身性因而成为当代民族志的重要品质,民族志中作者深刻的反思性话语,成为带领读者认识另一文化的重要依据。(马腾岳,2016)①

就人类学中的反身性而言,其具体的指向是"客观性",或者说是在"科学的民族志"时代力图去寻找的"规律"。正如人类学学者奥莫亨德罗在他的书中所写的:

> 提出反身性问题是与那些假装出来的没有"我"的客观性的对立,事实上有一些错误的人类观察者,只能从某些特殊的时空位置上进行观察。我们把这种假设的客观性称为"法官的谬误",我们借这种客观性所说所想,好像是我们的外来者状态和教育长度②,给了我们如同高等法院法官一样的权威来决定什么是对的。(约翰·奥莫亨德罗,2013:338)

基于以上说明,本文所说的反身性问题,是奥莫亨德罗所说的那种抽象层次较低的反身性。从某种意义上来说,这更接近于人类学意义上的反身性。下面我们将进入具体案例的讨论,之后还会对反身性问题做进一步的阐明。

---

① 从该作者在此文中所引用的文献来看,他对马茨·艾尔维森和卡伊·舍尔德贝里的"元理论的反思"也是认可的。

② 这个翻译似乎有些问题。引注。

四、多重的“看”

(一)拍摄者“看”

张静红拍摄的那部名为《放电影》的片子总长近60分钟,基本上是按时间顺序来剪辑的。除了片头的4分多钟是昌都邦达草原的景象,其余的影像均是在昌都D县境内拍摄的,并且,有将近37分钟的影像记录的是我们2012年8月在M村的牧场上的情况。在这部片子中,主要角色原本应该是电影放映员L,但是正如张静红在文章中所写的:

我原先的设想是,我和老郭①关注的对象都是流动电影放映员和村民观众,只不过老郭要写的是文本民族志,我要拍的是影像民族志。但调查开始不久我就发现,我的拍摄根本无法去除老郭的影子。他是一个如此勤劳工作的人类学家,他随时和放映员们在一起,随时在为了获取资料而访问、交谈;他和放映员及村民们坐在一起看电影、吃东西、抽烟、打牌……放映员架摄影机或拉银幕的时候,老郭甚至变成了放映员的得力助手,帮他们拉线、打电筒。即使不能去打扰放映员、需要和放映员保持一定距离的时候,他也是静静地在旁边观察他们,我觉得把这样的镜头拍摄进来也是必要的。总之,在我的电影里,不可能假装他不存在。更何况,这个电影是因他的研究项目而拍摄的。所以,他应该成为这个片子的一个主角。(张静红,2013)

由此可以看出,最初张静红的想法与我一样,均是作为“局外人”观察放映员以及其他的观影者,但因我的“闯入”,她放弃了先前那种“客观”记录的想法,把同属一个团队的我也纳入了“看”的对象。张静红沿袭了多年前一篇类似的文章的某些思路(张静红,2009),那篇配合她所拍摄的影片撰写的文章较为形象地呈现出了拍摄这部影片时较为复杂的观看关系(见图2)。

---

① 即本文第一作者。引注。

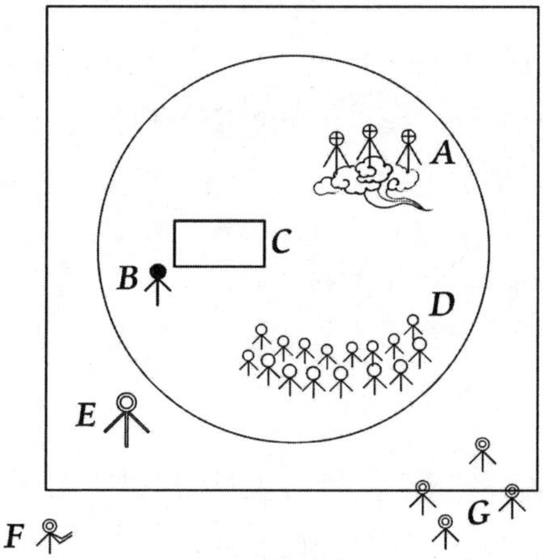

图 2　重重的看与被看①

对于图 2 中的各个要素,张静红的解释是:

B 是电影放映员,C 是银幕或放映的电影,D 是村民观众:B 为 D 放映 C,D 观看 C。

在 B、C 和 D 的上方,国家广电总局 A 在看着他们、监督着乡村流动电影放映的程序。

A、B、C、D 共同构成了一幅乡村流动电影放映的景象,在他们构成的这个圈子之外,作为人类学调查者的老郭 E 在观察着他们、力图洞察流动电影放映所折射出的文化、权力、媒介、国家、地方……

我把 A、B、C、D 和 E 当作 F(我)观察和拍摄的对象,通过我的方形摄像取景框框住 A、B、C、D、E,记录他们之间发生的事件,尝试通过拍摄来呈现事件、答疑解惑。

G 代指调研团队里的其他成员。他们游移于我和老郭之间,有时他们和老郭一样,是被我拍摄进去的调查人员;有时他们和我一起在拍摄,在观察 A、B、C、D、E;他们有时站在我身后,把我也拍进他们的照相机里去。(张静红,2013)

---

① 原来张静红绘制的只是一个草图,后来由当时在云南大学读硕士研究生的冯济海绘制成此图。在此对冯济海帮忙绘制此图以及另外一幅关于滇川藏"大三角"地区流动电影研究的区域地图表示感谢。

在张静红所建构起来的观看关系中,情况非常复杂,既包括A对B、C、D的窥探,E对A、B、C、D的窥探,F对A、B、C、D、E的窥探,还包括B对D的窥探,以及,就好奇和兴趣而言,B可能更愿意窥探E、F、G。对于作为拍摄者的自己,张静红的解释是:

在A、B、C、D、E、F里面,乍一看似乎我,F,是最具有观察权力的,凌驾于其他主体之上,手持摄像机跟在其他人后面,窥探和记录他们的言行。但情况可能并非如此。(张静红,2013)

这是因为除了拍摄者"看"拍摄对象外,拍摄对象也会"看"拍摄者,张静红曾把这种现象称为"反视"(张静红,2009)。

应该说,张静红在此从拍摄者的视角所建构出来的错综复杂的"看",还仅仅是本文所说的这组影像实践的多重"看"的一个部分。从图2中可以看出,拍摄者也出现在了图中,从某种意义上来说,张静红在那篇配合该影片而写的文章中,也进行了某种"反身性"的思考。

(二)拍摄对象"看"

2015年8月,本文三个作者带着这部两年前拍摄的影片来到同一个牧场,除了放映其他内容之外,也把这部影片放给当地人看①。我当天的田野笔记中,记录了当地人观看这部电影时的一些情况:

当电影放到牧场上的那一段时,我听到有人在说着那些出现在银幕上的本地人的名字,并且观影者中有人发出尖叫声。此时观影的人没有一个坐在我们的帐篷里,一部分还是坐在放映机前,银幕后面的小河边上也坐了一群孩子,甚至在银幕背后的山坡上,大约距离银幕30多米远的地方,还有一群人。C说那是牧场上年轻的女性,她们害羞,所以坐得远远的。

……

放映结束时C告诉我,影片中讲到L家的那一段有些不妥,并且他说这是AD的意见。我不忙着去收拾放映机,马上让C带我去向还坐在银幕前

① 按我此前的计划,只在一个小范围内放映这部还未完成的影片,并征求当地人的意见。但是带我们去的放映员建议我们进行"公映",我们也就照办了。

的 AD 解释,告诉他这个影片还不是最终的“定稿”,我们带这部电影来放映,正是要听当地人的意见,回去再做修改。①

图 3　2015 年在 M 村牧场上放映 2012 年拍摄的影片时的情景(郭建斌摄)

当这样一部两年前以当地的人物和场景作为主要对象的电影在牧场上放映时,影像时空和现实时空在某种意义上实现了一种交叠。这也是我此前尝试着从“时空关系”的角度来对这些田野资料进行讨论的重要原因。

对于那些生活在牧场上的人来说,或许这是他们第一次在一部由“外人”拍摄的“电影”中看到他们自己。这使得他们感到震惊,而那些年轻女性,因为怕羞,躲得远远的。同时,这部影片中的有些内容则刺伤了某些当地人。关于这方面的情况,上面引述的田野笔记也提到了,他们在放映结束后立即向我们提出了“抗议”。具体的情况是,在 2012 年拍摄的影片中,有几段是我们对牧民进行家访的。在其中的一户牧民家,在我们了解其家庭人口情况时被访者提到了这家的男主人。他当时因为伤病并未在牧场上,

① 2015 年 8 月 10 日的田野笔记。

但是当我们问及其家庭人口情况时,他的名字被提及。当 2015 年我们再去时,这个家庭的男主人已经去世,按当地的风俗,影片中再提到这位逝者的名字是非常不好的事情。田野笔记中提到的 AD,当时对这件事情十分生气,在我的田野笔记中也有这样的记述——"银幕上的反光让我能够看清 AD 的表情,十分严峻。"我反复向 AD 解释,AD 离开后又回到我们住的帐篷,手里拿着一本经书,带我们去的放映员 L 告诉我们,AD 是在给我们念经。

在一个相同的现实时空中,从 2012 年拍摄这部影片到 2015 年放映这部影片,其观看关系发生了较大的改变。简单地说,此时的观看关系变成了作为研究者的我们在看作为研究(或拍摄)对象的他们如何看他们自己。他们通过影像看到了两年前的自己,同时影片中的有些内容有违他们的"禁忌",让他们伤心,甚至是愤怒,并且向作为拍摄者同伴的我们提出了"抗议"。在讲清原委之后,又给我们祈福。

在放映这部影片之后的几天内,我们也就这部影片征求了当时居住在这个牧场上的其他人的意见,他们对于这部影片的其他意见是还应该再增加一些反映当地人日常生活的其他内容,如放牧、采摘雪莲花、挖虫草等。有些人甚至希望自己能更多地出现在电影中。

从以上两个"观看"视角可以清楚地看出,拍摄者和当地人因为站位的不同,所看到的景致有较大差别,这一点在既往关于社区影像的讨论中也时常被提及(韩鸿,2005;罗锋,郭静,2014;章忠云,2016),甚至可以说"当地人的视角"正是社区影像的所有特征中最为重要的一个方面。因为所处的视角不同,所以还有一个重要的问题:即便是"真实"的事情,哪些可以出现在影像中?哪些不该出现?这里还涉及一个风俗习惯的问题,与"真""假"无关。

(三)其他"观影者""看"

在上文中已经说过,这部影片在多个地方放映过,有些放映是拍摄者直接组织、参与的,具体情况我并不了解,在这里讲的只是我参与放映观看的情况。在多次放映中,有一次在观影结束之后让学生们进行了讨论,并写了观后感。在这一部分,我们主要使用这次观影后的讨论和学生写的观后感作为主要资料和依据。[①] 在那次观影结束后,共有 29 个学生提交了观后感,由于学生的意见较为分散,除了对从影片中看到的某些现象或自然人文景观发表感慨之外,还有学生从田野调查的方法的角度提出了一些思考或问题,甚至也有学生不明白这样一部电影到底要讲什么。

这样的一个观影场景,和此前当地人看关于"自己"的影片的观影场景有很大差别。这次的观影场地是在学校的教室里,这也是课堂的一种形式。在这一场景中,教师是主导,因此在观影时,有些学生看到教师的一些与平时在课堂上完全不同的言行举止时,会发出笑声。这些观影学生没有参与拍摄,对于通过影片呈现出来的以及未呈现出来的背景情况也几乎一无所知,因此影片中所出现的内容,除了他们熟悉的教师之外,均是陌生的。

记得在放映结束时的讨论中,有一个学生十分委婉地提出了一个问题——访问者为何不直接用藏语和当地人交流?[②] 这个问题,无论对拍摄者还是研究者来说,均是"致命一击"。的确,在过去几年对于滇川藏"大三角"的田野研究中,我们的工作语言是汉语,遇到不懂汉语的访谈对象,只能借助翻译。虽然在实地调研过程中我们也尝试着学习一点藏语,但是还不能直接用藏语与当地人交流。在影片中有一个片段,我问一个正在看电影的藏族孩子是喜欢看汉语电影还是藏语电影,孩子只是用"哦""嗯"作答;在影片后面同样是这个孩子在我们住的帐篷里玩我们的相机,作为研究者的另一位老师用汉语和那个孩子说了很多,但孩子始终没有讲过一句话。一个学生(YJJ)在观后感中写下了这样的疑问:他们为什么不愿意开口?这个问题,同样是考问作为研究者或拍摄者的我们的问题。同样,有学生(YY)提到了观察者与被观察者之间的权利区别的问题。也有学生(TY)把拍摄者和研究者比喻为"闯入者"。在 29 篇观后感中,有一个学生(WSY)的观后感几乎整篇都充满着疑问,全文摘录如下:

---

① 在此对云南大学新闻学院 2014 级新闻本科班参与观影、讨论及提交了观后感的同学及个别硕士研究生表示感谢。

② 学生的问题并没有这么直截了当(可能学生也不敢这样质问老师),但是学生的问题中的确包含了这方面的意思。

看完这部影片后,我还是不太理解老师想要表达的是什么。是放映员L工资低仍然坚持工作,还是电影放映对当地人的影响?老师是否在到达这个地方多次、已经熟悉当地生活之后,忽视了一些当地生活中的细节,从而没有注意到其中的变化。

在影片中,我看到了老师和L的谈话,但和其他当地居民的访谈似乎少了许多。那么L的想法会不会成为您认识当地的一种标准?您要么证明他是对的,要么证明您的想法是对的。您在进入异文化之后,对那个地方做过负面的判断吗?还是在去之前,您会有一个对异文化的想象,从而在您进入异文化之后产生影响?

您是站在什么样的视角去看待"在那个地区放电影"这件事的?您有没有要改变那个地区文化情况的想法?或是试图采取行动做些什么?

另外,我还有一个问题,那个地方的孩子似乎也在接受教育,但这样的教育对他们来说意味着什么?这样的教育真的可以改变当地的情况吗?"放映电影"有没有在某种程度上影响他们的生活?因为我注意到,他们也使用手机,[①]有电视,放电影似乎是个可有可无的活动,那么除了他们本身的文化活动之外,汉族生活中的哪些方面对他们影响最深?[②]

为了避免让观影的学生有一种先入之见,在每次放映之前,我都不会和学生做关于影片的拍摄及研究背景方面的介绍,而是让学生先看影片,看完之后才进行适当的解释。或许正因如此,那个学生在看完这部影片之后才会有那么多的疑问。的确,在这部影片中,只有在影片开始时通过字幕的方式对相关的研究情况进行了简要说明。这个简单的字幕,对于观影的学生来说,或许根本没有起到说明的作用。学生所写的因为熟悉而忽略细节的问题,在田野研究中也是完全有可能存在的。接下来学生提出的问题,和上面讲到的为何不用藏语进行访谈的问题有些类似,同样是十分犀利的。因为在影片中出现的所有当地人中,拍摄者和研究者只能通过汉语与当地的电影放映员L进行交流,所以研究者的访谈也主要限于研究者和放映员L之间。即便对牧场上的其他人家进行访谈,也是通过放映员L的翻译才得

---

① 因为学生的观后感是手写的,此处几个字看不清。

② 在此也对该学生的真实表达表示感谢。

以完成。这样，放映员 L 即便并未成为我们对当地情况进行评判的标准，但是他的确具有某种“代言人”的意味。至于学生说到的“先入之见”的问题，对于任何研究者而言，似乎都是在所难免的。接着学生讲到的改变的问题，同样是困扰很多研究者的难题。针对这一难题，在实地研究中也有研究者提倡“参与行动研究”（Participatory Action Research，PAR），按照艾尔·巴比的解释，“研究者的功能是要为研究对象——特别是弱势群体——出谋划策，以帮助他们更好地实现自己的利益”（巴比，2010：300）。国内新闻传播研究中，有部分以农民工作为研究对象的研究者也在实践这样的方法（卜卫，2014）。

学生此后提到了教育对于当地人的意义，在有了手机、电视之后放电影还有何意义等问题。应该说这些同样是十分有意义的问题。

（四）我“看”

首先，在整个影像实践过程中，我既是拍摄的对象（对于某些学生来说，我就是影片中的主角），也是上述一系列影像实践（从前期的拍摄到后期在不同场合的放映）的亲历者。此时的观看关系同样十分复杂，我既是“局内人”，又是“局外人”。我虽然没有要求拍摄者如何拍摄这部影片，但是拍摄相关素材是我对拍摄者做出的安排。我的“入镜”开始让拍摄者感到为难，因为实在无法完全避开我的不断闯入，拍摄者最后只能接受这样的现实。我也是在看到拍摄者剪辑出来的影片以及拍摄者的文字阐述之后，才意识到这个问题的。从某种意义上来说，只有当我看到这部影片时，我才看到了拍摄者到底是如何拍摄的。即便在 2012 年的拍摄中，拍摄者和我均在看，但是所看到的却有很大不同①。在我们一同去牧场的路上，放映员 L 的微型车车胎被扎破了，被迫换胎。在换完车胎后，因为微型车上不去一段坡路，大家又下车推车。此时因为摄像机放在箱子里不便拿取，所以没有记录下这些影像。在我们要离开牧场的前一天晚上，放映刚开始不久就狂风暴雨、电闪雷鸣，起初大伙儿还拉起塑料布继续观看，后来因雷雨太大，出于安全考虑，放映员停止了放映。当时拍摄者及课题组其他成员均到 AD 家的帐篷里避风雨，这样的场景也没有影像记录。但是影片中有一段很长的牧场上的

① 此处暂时不考虑拍摄者看到的和她通过影像记录下来的素材之间的差别。

一个孩子在我们住的帐篷里玩我们带去的照相机的场景,这段场景被细心的拍摄者捕捉到了,较为详细地通过影像记录了下来,并在影片中较为详细地呈现出来。这一段看似平淡的记录非常有意义。我当时不在场,即便在场,也或许完全不会注意到这样的细节。我因为体力稍好一些,跟着牧场上的孩子去放过牛,也爬到了“大本营”周围更高的山顶上去看风景,拍摄者没有到这些地方,但她却用心地捕捉她周围的一切。前些年这部影片在一个学术会议上放映时,一位观看者问是否只有一个机位。这是肯定的,并且仅就在牧场的活动范围而言,拍摄者的活动半径不超过两百米。但是作为一个从未到过如此高海拔地区的女性,在海拔 4 500 米的牧场上、在如此小的范围内能够捕捉到这样一些有趣的细节,已经十分不容易了,因为同行的男性中已经有因高原反应而完全无法正常工作的。这是这部分所说的观看关系的第一个方面,即我的“看”和拍摄者的“看”的差别。

其次,从 2015 年带着这部影片到那个牧场“回访”到此后在不同场合为学生进行放映,除了组织这些观影活动之外,我每次都参与观看。如同 2012 年在牧场上一样,在大多数时候,我都愿意和观影者坐在一起,和他们一起看电影,而不仅仅是看他们如何看电影,甚至也帮助放映员 L 布置放映设备。正是因为这样的参与,2012 年在牧场的那几天,我基本掌握了数字电影放映机的操作。2015 年我们调研时,在云南的迪庆,就是我们借用了当地放映员的数字电影放映机独立地去村子里放电影,同时做访谈。我们在村子里住了两天之后,村子里不少人都认识了我们,从与他们的交谈中我们也得知,他们之中的相当一部分人把我们的角色定位为“放电影的”。就此类田野研究而言,我认为这是一种十分理想的角色定位,有了这样的一种角色定位之后,我们再和他(她)谈有关电影的话题,就会变得更加自然。① 在和当地人一起看其他的电影的过程中,我们虽然无法用当地的语言与他们交流,但是在观影过程中能够更为直接地观察到他们在观影过程中的一些“小动作”。在张静红所拍摄的电影中,前面有一段是放映员 L 在一个寺庙里放电影。那次我也和寺庙里的僧人坐在一起看电影,在观影过程中他们在玩手

---

① 在那次调查中,我们住到了位于迪庆藏族自治州德钦县佛山乡江坡村的丁争次姆的家中,在此对她及其家人的热情周到的接待、关照表示感谢。

机,并且把手机里的一些照片给我看。但是2015年我们在那个牧场放映那部我们拍摄的电影时,为了对整个观看场景进行较为全面的观察,我没有和他们坐在一起,而是不停地在银幕四周走动。在当天的田野笔记中,有较为详细的记录:

这是一部不同寻常的影片的观影,银幕前后都有人,银幕在中间,银幕上的景致大多是白天能够看到的当地的景致,从某种意义上来说,这样的放映场景构成了一道奇观。我不停地用手机拍摄这种特殊的观影场景,虽然闪光灯会影响他们看电影,但是我已经顾不得这些了。天空中的繁星犹如草原上的小花,密密匝匝的,这些,照相机都无法捕捉到,只能记在心里。次仁坐在银幕背后的水沟边,他喊我坐到他们那里,但此时,我更愿意做一个"局外人""旁观者",换着不同的位置去感受这样一种氛围。或许这样一种观影经历,也是他们从未有过的,从我自己作为研究者的角度出发,也是从未有过的。或许这样一部影片真正地触动了当地人,他们似乎也第一次感受到——电影还可以这样。①

以上田野笔记记录的只是2015年带着这部影片进行"回访"时我所看到的一个方面,如前所述,这次放映也给当地人带来了不快,因此我们后来对影片进行了修改。如果没有这次放映及观看,影片中的那些致命的错误,不会得到及时纠正。

对于学生的观影,我主要是把这部影片作为对课程相关内容的补充并且让学生在教师(也即我)的凝视下观看。如同前面讲到的,当学生看到课堂上外表严肃的老师在田野调查中的另一种形象时,不时会发出笑声。就我的观察与感受而言,观看这部电影时,他们都比平时(仅仅是教师课堂讲授那样的方式)更加专注。虽然他们在看了这部影片之后的收获和教师的期望还有一定的差距,甚至完全不会朝着教师期望的思路去想,但这些对于本文所讨论的反身性问题,却是十分有价值的经验材料。

最后,因为我自己出现在影片中,所以每一次观看时,我均看到了我自己。虽然我不会像那些生活在那个牧场的年轻女性一样,看到自己出现在

---

① 2015年8月10日的田野笔记。

影片中而感到害羞、躲得远远的,但是刚开始看到这部影片时,对于影片中出现的“我”,还是有某种陌生感。对于电影中自己的形象,我并不太陌生,这种陌生感主要来源于自己的声音。因为影片中有大量的关于我在访谈时的记录,只有看到这部影片时,我才意识到我当时是以这样的一种方式与别人进行交谈的,有时讲话也结结巴巴的,有时甚至是语无伦次的。原来的影片中有一段我在牧场访谈时和一个小男孩开玩笑的对话,虽是开玩笑,但是后来反复观看时,觉得这个“玩笑”有些不妥,所以在对影片进行修改时建议拍摄者删除了这段内容。

五、对反身性问题的进一步讨论

如前所述,本文并非是在“元理论”(或哲学)的层面来对反身性问题进行讨论,而是在奥莫亨德罗所说的不同视角、低抽象层次上对反身性问题进行讨论的。任何一部类似的纪录影像均有一个拍摄者,但从这样一组人类学影像实践来看,拍摄者的权威性地位并非不可撼动,甚至拍摄者也在不断地“警惕”着拍摄对象的“反视”。我们根据拍摄对象提出的意见对影片进行不断修改,进而让影像回到当地,供他们使用,而不仅是把这样的影像提供给与拍摄对象无关的人“消费”,甚至仅是为拍摄者(也包括研究者)带来某种名利。同样是前些年在滇川藏“大三角”地区调研时,我们曾在沿途遇到当地人穿着节日的盛装在“耍坝子”(通俗地解释,就是郊游),当我们拍摄当地人唱歌跳舞的场面时,有人过来对我们说“给钱”。或许他知道曾经有人拍了他们的影像并拿去获取商业利益,因此这样的索要并不为过。站在拍摄者的角度来说,凡是通过影像记录下来的,均可以在影像中得到呈现。正如前面所讲到的,这样的做法有时会犯忌。美国人类学研究者费·D. 金斯伯格曾在对“原住民媒体”的研究中创造过一个术语——“银屏记忆”(screen memories),她对此这样解释道:

这里,我使用了弗洛伊德的术语的反面意义。弗洛伊德用该术语描述人们如何通过层层的模糊记忆来保护自己,使自己免受过去伤痛的伤害(Freud[1901]1965:247)。相反,原住民使用屏幕媒介不是为了掩盖过去,而是为了复原他们的集体故事和历史——部分故事和历史是令人痛苦的。(费·金斯伯格,里拉·阿布-卢赫德,布莱恩·拉金,2015:68)

虽然我们所拍摄的影片和金斯伯格所说的"原住民影像"有较大区别,但是当我们把影像带回去征求拍摄对象的意见时,他们的意见已经反映出他们对影像的理解,他们对于影像的某些方面的理解更接近于弗洛伊德的解释,即"人们通过层层的模糊记忆来保护自己,使自己免受过去伤痛的伤害"。

结合上述经验材料,我们觉得有必要对反身性问题进行进一步的讨论。

(一)多重视角未必"客观"

通过以上经验材料可以看出,从不同的视角来看待这样一组影像实践,所看到的"景致"并不相同。对于这样一些不同的"景致",我们很难说谁更客观。虽然整个影像拍摄过程均是由研究者或拍摄者主导的,但是研究者或拍摄者所看到的一定是真的吗?无论是作为拍摄对象的生活在牧场上的那些牧民,还是作为观影者的学生,他们均可以对影片提出质疑,甚至是批评。当然,我们也不能说牧民和学生们的批评就一定是客观的。上述经验材料提供了多个不同的视角,但即便如此,我们也不能保证其结果就一定是客观的。正如马茨·艾尔维森和卡伊·舍尔德贝里所讲到的:

在反思性的模式中,经验研究是从一种怀疑方法出发的,即怀疑那种表面上看上去就是对"实在"的毫无疑问的摹本,而同时坚信,对这一实在做适当的(深思熟虑)选择研究可以为知识的产生提供重要的基础,这种知识不是封闭的而是开放的,不是建立"真理"而是为理解提供机会。(马茨·艾尔维森,卡伊·舍尔德贝里,2009:6)

比如说对于牧场上的牧民所提出的应该更加完整地反映他们的生活的方方面面的建议,就一个具体的影像而言,这是难以做到的。"社区影像"所倡导的"主位"视角,有一定的启发意义,但是这也仅仅只是一种视角而已,并非就是全部。丁争次姆曾在一篇研究论文中对"社区影像"的功能进行过讨论,"社区影像"的确能达到某种"赋权"的目的,但是"社区影像"在改变当地人所面临的实际问题方面,作用也是极其有限的(丁争次姆,2017)。

因此，通过上述多重视角的考察，我们看到了事物的多个方面，但是即便如此，对于提升所谓的“客观性”并无益处。“客观性”做了某种“本体论”的预设，而反身性问题本身就是要打破这种预设。

（二）“对解释的解释”终究还是解释

反身性还有一种更为通俗的解释，即“对解释的解释”。正如有研究者所写到的：

在经验研究的语境中，反思可以界定为对解释的解释（interpretation of interpretation），和对某人自己所做的对经验材料（包括其结构）的解释开展批评性的自我探察。（马茨·艾尔维森，卡伊·舍尔德贝里，2009：7）

继而，马茨·艾尔维森和卡伊·舍尔德贝里对解释的层面做出了如下区分（马茨·艾尔维森，卡伊·舍尔德贝里，2009：287）：

表1　解释的层面

方面/层面	焦点
与经验材料的互动	访谈中的陈述、对环境的观察及其他经验材料
解释	潜在意义
批判性解释	意识形态、权力、社会再生产
反思文本产生与语言运用	占有文本、宣称权威、表现在文本中的声音的选择性

马茨·艾尔维森和卡伊·舍尔德贝里这样的讨论，是在“元理论”（或方法论）层面上进行的，这一点，他们也做过清楚的交代：“我们使用反身性解释这一术语，寻求构造一种合理的、综合的质性研究方法论（或元方法论）。”（马茨·艾尔维森，卡伊·舍尔德贝里，2009：329）虽然本文讨论问题的层面和马茨·艾尔维森、卡伊·舍尔德贝里讨论问题的层面有区别，但是即便上升到马茨·艾尔维森和卡伊·舍尔德贝里讨论问题的层面，所谓“对解释的解释”，终究还是解释。既然如此，任何一个解释者，其合法性同样应该受到质疑。

与马茨·艾尔维森和卡伊·舍尔德贝里从抽象程度的不断提升来区分解释的层面不同，本文所采取的基本上是在相同的抽象程度上的多个维度的解释。可能还会有后来的解释者对这样的解释进行解释，这就进入了马茨·艾尔维森和卡伊·舍尔德贝里讨论问题的思路。

（三）反身性问题的意义

看了以上两点，读者或许会有这样的疑问：既然多重视角并不代表“客观”，“对解释的解释”仍然是解释，那么，人类学反身性问题的意义又在哪里？对此，马茨·艾尔维森和卡伊·舍尔德贝里的回答似乎也非常简单，他们这样写道：“简单来看，研究语境中的反身性意味着注意到这些方面但又不由这任何一方面来支配。”（马茨·艾尔维森，卡伊·舍尔德贝里，2009：282）这一点，无论是在抽象度较高的层面上讨论反身性问题，还是在抽象度较低的层面上讨论反身性问题，均是适用的。

因此，任何解释层次或是解释维度的增加，均会使得意义更加丰富。同时，解释层面或解释维度的增加，也会使某一方面的声音想占据支配地位变得更加困难。这正是反身性问题的核心所在。

结语

人不能拽着自己的头发离开地球，这或许是在讨论反身性问题时时常会遇到的“警告”。但是反身性问题本身，并非是要达到这样的目的。无论是做“元理论”的探讨，还是从更加具体的经验材料出发、从不同的视角（或维度）来讨论问题，均是对既往的“客观性”（或是“确定性”）的一次“革命”。沿着反身性问题的理论视角讨论可以丰富意义，同时“抗拒”某一方面的声音占据支配地位。

本文以一组人类学影像实践为例，从反身性问题的理论视角入手，将经验材料和理论相互勾连：理论使得杂乱的经验材料条理化，经验材料使得对理论的某些方面的理解更加明晰，甚至使理论进步成为可能。

同时，本文这样的讨论，也是一次关于田野作业的反思。这样的反思，与拉比诺在哲学层面的反思有所区别，但目的却是相同的。引用格尔兹在讨论作为深描的民族志时所说的一段话作为本文的结尾：

观察社会行动的符号层面——艺术、宗教、意识形态、科学、法律、道德、常识——不是逃脱现实生活的困境,寻求六根清净的最高境界,而是投身于这些困境当中。阐释人类学的基本使命不是回答我们最深切的问题,而是让我们了解在其他山谷放牧其他羊群的其他人所给予的回答,从而把这些答案收入可供咨询的有关人类言说的记录当中。(格尔兹,1999:34)

参考文献

巴比. 社会研究方法[M]. 邱泽奇,译. 北京:华夏出版社,2010.

拉比诺. 摩洛哥田野作业的反思[M]. 高丙中,康敏,译. 北京:商务印书馆,2008.

卜卫. "认识世界"与"改造世界"——探讨行动传播研究的概念、方法论与研究策略[J]. 新闻与传播研究,2014(12).

丁争次姆. 阿佳"记者":一个藏族女性社区影像实践中的互动与身份建构[D]. 云南大学,2017.

金斯伯格,阿布-卢赫德,拉金. 媒体世界:人类学的新领域[M]. 丁惠民,译. 北京:商务印书馆,2015.

格尔兹. 文化的解释[M]. 纳日碧力戈,等译. 上海:上海人民出版社,1999.

韩鸿. 影像社区、公共领域与民主参与——中国大众影像生产的新走向[J]. 新闻大学,2005(3).

罗锋,郭静. 从"传声"到"赋权":中国社区影像生成路径的思考——基于影像生产者角色认同变迁的视角[J]. 现代传播,2014(5).

艾尔维森,舍尔德贝里. 质性研究的理论视角:一种反身性的方法论[M]. 陈仁仁,译. 重庆:重庆大学出版社,2009.

马腾岳. 论现代与后现代民族志的客观性、主观性与反身性[J]. 思想战线,2016(3).

肖瑛. "反身性"研究的若干问题辨析[J]. 国外社会科学,2005(2).

奥莫亨德罗. 人类学入门:像人类学家一样思考[M]. 张经纬,任珏,贺敬,译. 北京:北京大学出版社,2013.

张静红. 田野合作中的期待——怒江茶马古道上的一次影视纪录分析[J]. 民族艺术研究,2004(3).

张静红. 田野合作中的互视[M]//木霁弘编. 文化的视野:语言、民俗、影视:第3卷. 昆明:云南美术出版社,2009.

张静红. 合作游戏观看与反视[Z]. "西南人类学论坛",重庆大学,2013年6月。

张静红. 放电影[M]. 北京:民族出版社,2017.

章忠云. 社区影像在云南的实践[J]. 云南社会科学,2016(6).

研究论文

"我的诗篇":中国语境下农民工话语权的一种另类实践

——"大工地诗歌节"之个案研究

◎ 吴 麟*

摘要:在当下的中国语境中,农民工群体的话语权处于结构性的困境。其中,建筑业农民工在层层分包的劳动体制之下,其话语权状况更加堪忧。通过探究一例个案——由北京社工机构RJ中心筹办的"大工地诗歌节"活动,发现农民工群体对发展和实践话语权有着积极的另类实践形式——推动普通工友在公共空间中以朴素鲜活的原创诗歌进行自我呈现。这些"我的诗篇"是一种"主体性表达"尝试,直白真切地记录了农民工日常生活中的苦楚与情感,有助于消解被遮蔽或"他者化"的表达困境。这一实践旨在推动农民工群体呈现其主体意识和能动关系的话语表达,弥足珍贵;然而,其发展充满着不确定性,具体境遇尚待改善。

关键词:农民工,话语权,主体性,国家—社会关系

---

* 吴麟,中国劳动关系学院文化传播学院副教授,博士,主要研究方向为新闻传播史论、传播法与伦理、媒介社会学。本文系2016年国家社科基金青年项目"中国语境下媒体参与构建和谐劳动关系的理念与路径研究"(项目批准号:16CXW026)的阶段性成果。

"My Poem": Alternative Practice for Migrant Workers' Discourse Power in Contemporary China

—A Case Study of the "Da Gong Di Poetry Festival"

Wu Lin

Abstract: In the context of contemporary China, the discourse power of migrant workers is in a structural dilemma. Among them, due to the many-layer subcontracting labor system, the condition of workers' discourse power is more worrying, generally presenting as "institutional silence". Through exploring one case—organized by RJ center, a social work organization in Beijing, the "da gong di poetry festival" activities, this research finds as a group, the migrant workers have an alternative form of developing and practicing discourse power, that is promoting ordinary workers in a public space with simple, lively and original poetry to present themselves. "My Poems" is an attempt to express "subjectivity", straightforwardly and vividly record the migrant workers in the bitterness of daily life and their emotions, help to eliminate the effects of being shielded and being expressed as "others" in public discourse. This practice aims to promote the expression of subject consciousness for migrant workers, thus presenting a valuable alternative. However, many uncertainty exist in its development and the situation remains to be improved.
Keywords: migrant workers, discourse power, subjectivity, state-social relations

一、研究缘起

农民工是伴随我国社会经济体制和社会经济结构双重转型而出现的一个群体。他们并非传统意义上的农民或工人,而是半工半农、亦工亦农的农村户籍人员,“农民工”这一暧昧的命名充分反映了其尴尬的主体位置。作为一种制度设计,农民工是中国二元社会结构的特殊产物。1957 年 12 月,中共中央、国务院联合发出《关于制止农村人口盲目外流的指示》,要求严格户口管理。1958 年 1 月,《中华人民共和国户口登记条例》颁布实施,确立了户口迁移审批制度和凭证落户制度,并以法规的形式限制农村户口迁往城市①,以城乡分割为基本特征的二元户籍制度正式形成。实施这一政策有其特定历史背景:一方面为满足当时稳定社会局面的需求;另一方面,更重要的是促进以重工业为核心的工业化战略。然而,“农业人口”和“非农业人口”的硬性划分延续多年所造成的负面效应已非常明显。简言之,农民工群体所享有的法律、政治、社会、经济等权利,在形式和实质层面存在断裂,权益保护问题相当严峻。学者黄宗智(2013)的一项研究指出:“他们大多处于劳动法律保护的范围之外,被认为是临时性的‘劳务人员’,处于‘劳务关系’而非‘劳动关系’之中。”

近十多年来,户籍制度改革一直是全国“两会”焦点话题之一。例如,2010 年 3 月 1 日,由《经济观察报》倡导,国内 13 家媒体共同发表了名为《提请两会代表委员敦促加速户籍改革》的社论,此文开宗明义地指出“中国受户籍制度之苦久矣”,并就“农民工”户籍问题进行了论述。这一“共同社论”受到广泛关注,并被誉为“民间一号提案”。直到 2014 年,户籍改革才迈出了至为重要的一步。是年 7 月 30 日,国务院《关于进一步推进户籍制度改革的意见》公布,明确规定:“建立城乡统一的户口登记制度。取消农业户口与非农业户口性质区分和由此衍生的蓝印户口等户口类型,统一登记为居民户口。”政府这一举措被赞誉为“自 2006 年彻底取消农业税以来,又一个具有划时代意义的改革举措”(《新京报》社论,2014)。但是,户籍改革远非转换称谓这么简单。究其实质,农民工权利的缺失是“不完整的公民资格”在社会各领域的体现,植根于“不公正的社会身份制度”(葛笑如,2013:21)。因而,若无“农”和“非农”背后附着的权利和福利的真正平等,改革的实质性意义将会消弭,农民工依旧是“二等公民”。那么,农民工问题,即与农民工现象相伴生并不断凸显的社会

① 该条例第 10 条规定:“公民由农村迁往城市,必须持有城市劳动部门的录用证明、学校的录取证明,或者城市户口登记机关的准予迁入证明,向常住地户口登记机关申请办理迁出手续。”

问题,仍难得到妥善解决。其中,话语权问题即是如此。

作为弱势社群,他们在制度化的利益表达机制中的境况堪忧。2005 年 8 月,因讨薪杀人而被判处死刑的农民工王斌余,在狱中对新华社记者说:“我也没有多少时间了。我爸说了,很支持记者的采访。你们采访我,文章发出来,可以让更多的人关注我们农民工。领导到下面来,只看表面大楼好着呢,我们在墙上施工,一不小心就摔死了。你知道修大楼死了多少民工?我知道有保护我们农民工的政策,但下面人不执行,我们的权利还是得不到保障。”(孟昭丽、刘佳婧、刘晓莉,2005)以往的研究(陈红梅,2004;李艳红,2007;黄典林,2013)显示,在传统媒体平台上,农民工的利益表达空间相当逼仄,这一群体通常被“他者化”和“边缘化”。当前,新媒体“技术赋权”的特质被寄予厚望;ICTs 技术对农民工的传播赋权功能,在自我身份认同、拓展关系网络等不同层面确实都有所显现(杨善华、朱伟志,2006;丁未、田阡,2009;丁未、宋晨,2010;王锡苓、李笑欣,2015)。此外,还存在令人动容的个案(王江松,2014)——四川籍在京务工民工刘建伟,自 2006 年被确诊患尘肺病后,带病为自己及十余名工友进行了有效的维权,其总结的成功经验之一就是“学会运用自媒体,向社会各界发出自己的声音”。

然而,我们需要审慎地对待技术乐观主义思维,在当前语境下,农民工群体的话语权困境并未有结构性的变化。具体到劳动权益尤其是劳工抗争议题时,这一状况尤为突出。无论传统媒体抑或新媒体,衡量弱势社群以媒体为平台的利益表达空间时,一个重要的指标是“主体性表达”(吴麟,2013),即弱势社群在媒体表达中能够呈现其主体意识和能动关系,而非被遮蔽以及被他者化。受限于政治逻辑和资本逻辑,当前的媒体在具体新闻生产中,缺乏从“主体性”角度关注农民工群体的动力。在中国社会发展正面临着经济调整的“阵痛期”,农民工的话语权境况几乎普遍呈现为“主体性表达缺失”;群体内部的代际更替也无济于事,新生代农民工在此方面的处境并未有质的变化。对其而言,“提升传播主体性”依然是一个严峻挑战(吴麟,2014)。那么,在当前中国语境中,是否有可能改善农民工的话语权境况?除倡导主流媒体增强公共性的自觉之外,农民工群体行使和发展话语权是否存在其他路径?如果存在,其空间和具体境遇又会如何?这是本文所关心的问题。

二、研究思路

探讨农民工问题,不应忽视这一群体内部的多样性。至少按照通常行业分类标准,从事制造业、建筑业、服务业的农民工,既有结构意义上的同质性——均需要面对“农民工生产体制”,也存突出的异质性,这在身份认同、关系网络诸方面均有体现。因此,本文探讨农民工的话语权问题时,具体以建筑业农民工为研究对象。

据国家统计局的年度《农民工监测调查报告》数据显示,建筑业农民工群体有两个鲜明特征:首先,从业人员数量庞大。历年来在分行业农民工人数构成中,建筑业均位居第二,仅次于制造业。其中,2008 年至 2014 年,农民工从事建筑业的比重逐年增加,由 13.8% 上升至 22.3%;2015 年、2016 年有所回落,仍然为 21.1%、19.7%。并且,2013 年,在超过 1.25 亿的新生代农民工群体中,有 14.5% 从事建筑业。其次,权益保障状况严峻。拖欠工资方面,2012 年平均数据为 0.5%,而建筑业的数据达到 1.5%;2014 年并无实质改观,平均数据为 0.8 %,其他行业均低于平均值,唯有建筑业的比重仍然高达 1.4%;2015 年出现反弹,平均数据为 1.0%,比往年提高 0.2%,建筑业的情况更是恶劣,已经达到 2%,较上年提高 0.6%;2016 年依然不妙,平均数据为 0.84%,建筑业仍高达 1.8%,是唯一高于平均值的行业。总体而言,建筑业是拖欠农民工工资的高发地。此外,2012 年至 2014 年,建筑业农民工参与社会保障的比例,除“工伤保险”一项略高外,养老、医疗、失业、生育等各项保险,均远远低于其他行业。分析这些数据后,我们可以认为:在已然属于“弱势社群”的农民工群体中,建筑业农民工相对更为弱势。

与作为公民基本权利(rights)的表达权不同,话语权的实质指向是权力(power)。如何界定“权力”这一社会科学概念?安登尼·吉登斯(Anthony Giddens)的表述精准(郎友兴,2002:79):“权力是社会体系构成因素中的一个”,它“植根于人类行为的本质之中”,是一种“能够对一系列既定的事件进行干预以至于通过某种方式来改变它们”的改造能力。此外,米歇尔·福柯(Michel Foucault)在学术生涯不同时期,对“话语”进行分析时采用了两种相异的基本模式(谢立中,2009:36)——“知识考古学”和“权力谱系学”。前者突出强调了"话语的自主性和建构性",后者则特别强调"话语和权力之间的关联性"。他的"话语—权力"理论强调在现代社会中,权力和话语之间是相互渗透和相互建构的。循着上述思路,笔者认为:"话语权"是指个人或群体能够自主表达其利益、意见和思想,从而对其他个人或群体产生影响的能力。它反映了在社会话语系统中个人或群体话语表达的实际地位、拥有的话语表达资源,以及其话语表达的潜在效果。

农民工群体的弱势与其话语权的缺失呈现出一种"互构"状态,在制度化的利益表达机制中,他们往往是沉默的、失声的、被剥夺的、被边缘化的。其中,由于建筑业农民工的社会经济地位、文化教育水平相对更逊,他们的话语权困境更为深重。前述 2005 年"王斌余案"就是典型一例,2016 年的"马永平案"亦是一例。在公交车上纵火的小包工头马永平,承建了贺兰县洪广镇移民安置区工程,后与分包商发生债务纠纷,多次"讨薪"未果,包括曾爬上信号塔以"跳楼"进行"威胁"。在实施极端行为前,他留有一封"绝笔信",其中写道:"三年来由于拿不到工钱,在贫穷中老婆离婚而去,父子兄弟因为借的钱还不上而反目。"基于经验考察,可以发现:当前中国建筑工地上所特有的"分包劳动体制",实现了"资本卷入"和"风险转移"两大功能;同时使得工人"依附"于包工头,"遮蔽"了工人与建筑公司之间的劳动关系(潘毅等,2012:90 - 114)。在层层分包的劳动体制之下,建筑业农民工的劳动权益往往得不到周全保障,其话语权状况更加堪忧,总体呈现出"制度性沉默"困境。

本文通过观察一例个案来分析建筑业农民工的话语权的实践路径。在方法论意义上,个案研究始终面临着"如何处理特殊性与普遍性、微观与宏观之间的关系"这一问题。对此,有研究者提出"超越个案概括""个案中的概括""分析性的概括""扩展个案方法"四种处理方式(卢晖临、李雪,2007)。本文将尽可能地尝试"拓展个案方法"这一方式,搜集材料时兼涉宏观和微观、分析时始终秉持反思性信条,通过一例个案探讨在当前政经结构中建筑业农民工话语权另类实践的可能性及其限制因素。此外,需要强调的是,个案本身亦有其价值。郑也夫教授在为陈心想所著《走出乡土——对话费孝通〈乡土中国〉》一书撰写的序言中论及费孝通先生《江村经济》研究价值时提出:"况且,为理解整体做准备,只是'微型社会学'的功能之一。如果认为微观研究的功能仅限于理解庞大的中国,便是头脑僵化在大一统的政治制度中。一个村庄的研究,可以直接服务于该村庄,以及同类型的村庄的改善,还可以服务于若干小专题。"(陈心想,2017:29)对此观点,笔者深以为然。

本文选择的个案为由北京社工机构 RJ 中心筹办的"大工地诗歌节"活动,其自 2012 年至 2015 年已连续举办 4 届,这是寻求建筑业农民工话语权的一种尝试。RJ 中心成立于 2009 年,是一家开展流动人口专业服务的公益机构,负责人为 D 君。该机构主要致力于两个方面:一是劳工社会工作,二是青少年社会工作。在前一个领域,他们的目标群体是建筑业农民工,其宗旨是:改善他们的劳动条件和生活状况,促进其用工合法化,保护他们的合法权益,增强其权力和能力,推动发展建筑业农民工合作互助组织。作为国内首家专门为建筑业农民工开展社会工作服务的机构,RJ 中心已在北京累计服务十万余名工人;作为负责人的 D 君则跟踪和调研过百余个建筑业农民工的讨薪、工伤索赔等案例。

RJ 中心所进行的工地综合服务,主要包括以下三类项目:(1)工人培训,含输入地培训(工地培训)、输出地培训(返乡培训)、劳资争议调解和法律咨询服务、个案的跟进与服务;(2)工地拓展,含工人文艺、工人夜校、工地图书室、工地流动电影放映、工地宿舍探访、口述历史收集;(3)志愿者活动,主要是动员高校志愿者深入工地,发放工友读物,举行联谊活动,开展工地综合志愿服务。此外,RJ 中心还致力于开展专题调研、进行政策倡导。自成立起,他们争取每年年底举办"建筑工人关爱日",发布调研报告,旨在推动社会对建筑工人生存状况的关注、促进相关法律和制度的完善。该机构的公开资料显示,这一努力颇有成效,有关建筑业工伤保险、欠薪机制等的调研报告得到中华全国总工会、人力资源和社会保障部等相关部门的重视,部分建议内容进入政策议程。2014 年 6 月,RJ 中心因"致力于建筑业农民工及流动人口子女的社区教育和组织",荣获国内社会工作领域的一个专业奖项。

2015 年 12 月底,在中国社会科学院一研究所举行的研讨会上,D 君在发言中将 RJ 中心的工作模式总结为:"通过工地探访和工人口述历史,重塑工人对自己劳动价值和尊严的认同;通过工地读书会、兴趣小组突破地域、班组障碍,拓展工人社交网络;通过报纸和工地书屋,教育工人,普及劳工法律政策;通过个案辅导进行意识觉醒和能力培养;通过工人骨干培养工人先锋,建立工人联合网络;推动成立建筑业移民工工会,形成工人集体谈判力量;链接资源,形成联合力量,进行政策倡导和宣传"。这一段文字中的"报纸",具体是指 RJ 中心专为建筑业农民工所创办的"小报"——*DGD*。采编、印制和发放报纸,是 D 君及其同伴开展工地综合服务的重要内容。对于这份"小报",已有过翔实的个案考察(吴麟,2017):从创办缘由、目标定位、传播内容等方面描述其基本状况,以及从政策空间、资源支持、内容生产等方面分析其具体境遇后发现,当代中国劳工自办媒体多为"倡导型"的另类媒体,重视劳工主体性、倡导批判与反思、呼唤行动者归来,有着担负底层发声、阶级启蒙与弱势赋权的自我期许。在表征维度上,它们在公共领域的抗争尝试有一定成效。总体而言,它们是"缝隙中的行动者",其努力呈现为"夹缝中的主体性建构"。

DGD 这份"小报"在其存续期内,有 7 个相对固定的栏目,其中之一便是"工友心声",全部刊登建筑工人通过手机短信、QQ 发来的原创小诗、短文和漫画等,他们主要"以诗发声"。据 D 君介绍,截至 2015 年底,他们共收到近千首诗歌,绝大多数都是"在难眠的深夜通过手机短信发给我们"的。一些工友有极大的投稿热情,其中更有 3 名工友每人创作了超过一百首。其中,多数为记录日常生活的原创诗歌,简单、质朴但饱含他们的喜怒哀乐。报纸篇幅相当有限,而工友们的表达意愿又非常强烈,这"刺激"了 RJ 中心的工作人员和志愿者们,他们酝酿筹办以建筑业为主题的诗歌节活动,使建筑工人能进一步在公共空间里"发声"。本文即是对这一活动的观察和分析。

三、研究内容

本文所依据的材料主要可分为三类:一是媒介内容,包括 2009 年 9 月至 2015 年 10 月之间的共 63 份"小报",虽然缺失了部分,但其内在理路相对稳定,几乎每期都有"工友心声"栏目刊登他们的原创诗歌。二是 2012 年至 2015 年为"大工地诗歌节"活动自行印制的 4 辑《诗歌集》,两者所收录的诗歌部分有所重合。三是访谈和观察,2014 年 4 月、2016 年 4 月,笔者分别对 RJ 机构的负责人 D 君和先后志愿担当"小报"主编的 P 大学生 F 君、X 君进行了实地访谈,并且自 2014 年 4 月开始接触至今(2017 年 9 月),一直与 D 君保持着联系,通过邮件、短信、微信等渠道与其进行讨论。2014 年 12 月 5 日,笔者还实地参与了由 RJ 中心筹办的"关爱日"活动,此次活动有超过 30 名建筑业农民工参与,笔者在现场感知和观察他们与机构间的关系;还包括相关二手资料,包括媒体对 D 君和 RJ 中心活动的公开报道,以及 D 君所撰写的系列劳工问题文章。

2012 年 5 月 1 日,由 RJ 中心筹划的第一届"大工地诗歌节"在北京举行。他们选择"五一国际劳动节"作为具体活动日,有其特别用意。

除了劳动节对于劳动者所具有的普遍性意义外,这对于建筑工人来说也有着特殊的行业意义。因为在全国各个行业都已经普及并严格执行五一休假的大背景下,五一带薪休假的争取对于建筑业农民工来说,仍只是现在进行时。主办方希望通过以在五一这天举办诗友会的方式,与建筑工友一道争取五一带薪休假权,一道聆听底层劳动者的声音,共同分享他们的经历,以此纪念劳动者的五一,奠定建筑者的尊严。

第一届诗歌节由工友 HZW 师傅、大学生志愿者 C 君共同主持。据 D 君描述,当天有 40 余名建筑业农民工从北京及周边地区赶赴活动现场,其中半数以上都是从 30 公里以外的工地赶来的,更有工友早上 5 点钟就出发去赶车;还有数位来自北京各高校的老师,他们一直关注农民工群体,也亲临现场共同探讨劳动者权益问题。HZW 师傅是中国建筑行业首例"追讨劳动合同维权事件"的当事人,近几年来积极在工地普及劳动权益知识,推动劳工文化活动。志愿者 C 君为知名高校 T 大学生,自 2009 年加入"安全帽"志愿服务队以来,就致力于工地劳工教育活动。湖北籍工友 LDZ 还特意为此次诗歌节活动写了一副对联,对联既讴歌了建筑业农民工的劳动价值,又表达了他们在现实中遭遇的不公。

上联:建高楼楼高千米寸铁寸土全是农民工奠基

下联:筑大厦厦有万间单间套间可有劳动者半间

横批:劳者何所获

在工友们朗诵多首原创诗歌之后,中共中央党校 LC 教授现场点评道:

"对当前农民工群体所遭受的一切不公平待遇,我也很愤怒,我们的劳动价值需要得到肯定和尊重,而这种价值与尊重不是依靠谁的赐予,而是我们的争取。现在我们只不过刚刚开始,我们就是星星之火,我们要相信星星之火是可以燎原的。"北京大学的 ZXY 教授则认为这些诗歌写得很好,不少有"一种唐风宋韵的味道",此外,他还提出"从诗歌所传达的诗意来说,不是建筑工人,绝对写不出这样真实的诗歌,我们不论做学问的,还是打工的,都得有思考。而我们建筑工友的很多诗都是有思考的,我觉得这些诗非常有力道、有深度。我们需要将这些诗、手稿出版,让很多人都能够看到。我们想要改变自身境遇,除了依靠我们自身的努力,还要使整个社会改变对我们这个群体的看法。我们要发声!要让我们的声音发出去,被人听到!"

在 2012 年至 2015 年,RJ 中心已连续举办四届"大工地诗歌节"。对于为何坚持这一行动,D 君表示:"我们更想去建造一些具有永恒意义的东西——尊严"。他提出,"建造者建造的尊严,不是太阳那般预定升起,但会形成于自身中"。每次现场活动之后,RJ 中心还会编辑、印制《大工地诗歌集》,虽然未正式出版,但是能结集成册,对工友们而言也是一份难得的激励。

如今是一个诗歌凋敝的时代,整日在建筑工地上为生计而辛苦劳动的人们为何还要写诗?因为诗能"言志",诗可"兴观群怨"。换言之,诗之所以为诗,在于它是一种源自生命的言说,抒胸中之志,发心头之怨。第 1—4 辑《大工地诗歌集》共有 219 首诗歌,它们源自 70 名建筑业工友的投稿,其中既有年过六旬的老一代,亦有未及而立的新生代。这些未经修饰和雕琢的原生态文字,主题大致可归结为 6 个类别:离愁别意、思乡情怀、怨愤不满、自我认同、批判抗争和感恩敬重。这一首首"我的诗篇",是作为劳动者的他们,在大工地奏响的生命之歌。限于篇幅,以下只能在每类之中选取一二呈现。

(一)离愁别意

河南籍工友 SS 的《春日别乡》,写于早春赴北京打工途中:

离家孤北上,窗外正夕阳。风寒麦苗弱,霜凄老树苍。暝色淹晚霞,飞鸟向何翔。又是千里外,飘零路何长。

工友LYH的《钗头凤·别离》:

别离秋,上心头,自此化作相思愁。空回首,月如钩,酒醒花落,风淡霞收,忧!忧!忧!快乐否,难猜透,心似秋千人空瘦。念悠悠,何时休,望断高楼,可有来后,候!候!候!

(二)思乡情怀

河北籍工友GYQ的《忍别离》,写于北京海淀三星庄某工地——

夜深人静时,佳人渐入梦。冰屋寒月光床冷,忍别离,话忧伤,泪水悄然滑落孤枕旁。谁伴我入梦乡,可有脂粉香。良宵空度!诉衷肠,空悲伤,若有来世,只羡鸳鸯。

河北籍工友XZC的《佳节思亲》,2013年中秋节当天写于内蒙古赤峰某工地——

中秋喜庆乐万家,欢声笑语作表达。亲人相聚团圆时,庭院落满幸福花。中秋喜庆乐万家,我却悄然把泪洒。漂泊在外心伤痛,归心似箭盼回家。年迈父母我牵挂,小儿在家我想他。一日夫妻百日恩,我更思念孩他妈。一年四季把工打,远离故土走天涯。人情如水遭冷落,何处才是我的家。今日美酒难饮下,佳肴怎唤家乡话。一轮明月照山川,勾我魂魄倍思家。

“拆分型劳动力再生产制度”是当下中国“农民工生产体制”的重要构成部分(清华大学“新生代农民工研究”课题组,2013),是指劳动力的“维持”(maintenance)和“更新”(renewal),即农民工的日常生活维持——恢复体力和脑力的过程,与劳动力的代际更替——赡养父母和抚育子女等,本应在同一时空条件和相同制度背景下进行,却被迫拆分在城市和乡村两个不同空间中分别进行,以确保劳动力的低成本优势。农民工群体多数深受“拆分型劳动力再生产制度”之困,他们的生计劳作和家庭生活,被迫拆分在城市和乡村两个不同空间中分别进行;在不同工地间辗转的建筑业农民工更是如此,聚少离多几成宿命。因而,在219首诗歌中,抒发离愁别意、思乡情怀的占了将近50%。

（三）怨愤不满

在农民工群体中，从事建筑业的境遇相对更为困窘，这在《大工地诗歌集》中有明显的体现——相当比例的诗歌在表达具体的怨愤与不满，涵盖生活水平、劳作环境、欠薪、工伤、社会排斥等诸多议题。

河北籍工友 XZC 的《"快"与"块"》就形象地刻画了建筑工地伙食状况的恶劣：

食堂厨刀真叫快，一条小鱼切五块。每份都要卖六块，民工饭票少得快。肉片薄如玻璃块，每片也要卖五块。三口两口咽得快，到了肚里消化快。食堂进账无数块，老板赚钱来得快。可怜民工心不快，怨声载道恨这块。

这首小诗在第一届"大工地诗歌节"上朗诵时，得到了北京某工地总施工单位安全员杨工的回应："有的工地食堂厨师的刀功真的很好，电扇都能把肉片吹跑。"他还指出建筑工地上普遍存在的"二次榨取"现象，即"工资变饭票"这一通用"潜规则"——工地食堂由老板开设，其饭菜与市场水平相比，往往不仅价格高，而且味道也逊色；老板以自制饭票代替现金发放，使得工人通常只能在工地食堂消费；最后在年底结算工钱时，老板会直接将工人的饭票金额从其工资中扣除。

河南籍工友 GGZ 的《打工四季歌》则具体地描绘了一年辗转不同工地的辛劳与生活的沉重压力：

春天到来春风刮，我们离开家。北京、西安、哈尔滨，重庆、贵阳或长沙。哪有简易房、哪儿有吊塔，哪里就是我的家。夏季到来夏雨浇，我们四处飘。烈日暴晒身脱皮，蚊虫叮咬不在意。为了多挣钱，为了养儿妻，不惜筋骨血与泪。秋季到来秋霜降，我们心更凉。子女学费一夜清，医院更是阎王账；万儿八千不耐用，物价飞涨我心慌，今年没希望。冬天到来冬雪飘，我们心已焦。破衣破裤破棉袄，脚手冻伤钱难要。劳动仲裁成本高，诉求法律价更高。试问苍天和大地，'和谐何处求?''公平哪里找?'

湖南籍工友 ZXB 的《讨薪词》，2013 年端午节写于北京海淀六里桥某工地，饱含着讨薪的艰难、无奈和愤怒：

任凭风吹火烤,竭尽全力养家小,白发双亲可好?离乡背井数月,囊中不见分毫,并非不孝,工钱确实要不到。呼天不应,求地也徒劳。钟馗挂一梦,磨双刀,血染六里桥。

据称,这是其在迫于无奈参与“暴力讨薪”行动后所写的。对此,D君分析:之所以出现“暴力”,是因为建筑工人缺乏结社权利。

(四)自我认同

尽管建筑工人的劳作很辛苦,但其诗歌并不仅仅只是诉说苦难,自我认同也是不可忽视的主要旋律之一,他们为自己的勤劳骄傲、珍视工友的情谊、歌唱劳动的价值。

云南籍工友YDP的《上海滩》,写于上海某工地:

一层砂浆一层砖,哥们盖楼上了天。望着彩云擦把汗,对着太阳抽支烟。人言都说打工苦,我把苦来当磨炼。怒发可冲凌云志,双手擎起上海滩。

四川籍工友ZF的《苦中作乐》,写于北京某工地:

学而亦浅见识薄,一身辛劳苦中乐。早出晚归披星辰,建筑工地任漂泊。

山东籍工友WYP的两首小诗,一题为《自重》:

莫笑衣陋体不堪,怎知腹内锦绣全。多少鬼斧神工手,能换日月改河山。

另一题为《工谊》:

地异言别语不通,有缘为伍即同盟。协力图得山河秀,不负家人嘱我情。

吉林籍工友WL的咏物诗,题为《可爱的升降机》:

绿柳带雨垂垂重,草绿花开温泉美。建筑工地工人忙,长龙运转升降机。载人载物争时间,安全可靠工人爱。司机带证要培训,平安实干来建城。

河南籍工友WXB的咏怀之作《平凡人生》:

元宵佳节过小年,龙灯雄狮舞团圆。二月花开春风暖,肩扛行李离家园。

临走妻儿送车站,出门时难别亦难。父母叮嘱记耳边,挣钱多少早归还。在外打工虽辛苦,为己为国心也安。待到工程完工后,归心似箭回家园。

四川籍工友 XZL 的《建造》,咏叹建筑业之丰功:

华屋生辉耀光明,劳工心血建造成。大厦拔地接日月,高楼矗天摘星辰。彩虹横贯江渚上,天堑跨越南北行。昔日荒凉村外村,如今闹市城中城。

第 4 辑《大工地诗歌集》的“代序”——《在大工地奏响生命之歌》一文,曾逐句赏析前述那首《上海滩》,肯定它的“歌唱劳动”之壮美,提出:“正如宗白华先生所言:‘美之极,即雄强之极。’这个时代有太多的柔美与浮华,而真正能擎起这个时代和国家的双手是需要有力量的。”的确,这首诗阳光且有力,传递出一种明朗的美感。如何评判这一类“自我认同”的诗篇?我认为第 3 辑《大工地诗歌集》编辑者的一则按语很恰切:“劳动者的生活是一种信仰,所以劳动者总是最坚强的。”

(五)困境与不满

美国学者埃瑞克·怀特(E. O . Wright,2002)提出,工人阶级的力量可划分为两个方面:“结社力量”(associational power)和“结构力量”(structural power)。其中,前者是指“来自工人集体组织形成而产生的各种形式的力量”,后者是指“工人由其在经济系统中位置而形成的力量”。而且,“结构力量”又可分为两类:一是“市场议价能力”(market bargaining power),直接源于紧张的劳动力市场的力量;一是“工作现场议价能力”(workplace bargaining power),源于在关键性生产部门工作的特定工人群体的战略性地位。沈原(2007:188 - 189)运用这一理论分析转型期中国工人阶级的能力时发现:“老工人”即原国有企业工人更倾向于展示出“结社能力”,“新工人”即农民工则更多表现出某种“结构能力”。在全球化的世界工厂时代,农民工尽管拥有一定“结构能力”,但在总体上呈“安抚性”的国家—劳工关系中(郑广怀,2010),他们的实际力量还相当微弱。具体到建筑业农民工群体,情况又有变化:他们缺乏“结社力量”,同时也难以拥有“结构力量”,因为“半无产阶级化的状态”影响了他们的阶级意识与行动能力,建筑业特有的“分包劳动体制”又降低了他们在工作现场的议价能力(潘毅等,2012:184 - 185)。受限于行动能力的缺失,建筑业农民工的生存境遇相对更为严峻。因而,表达对日常困境的不满,是其诗歌重要主题之一。

河南籍工友 LFL 的《华盖运》,感叹时乖命蹇:

运交华盖心情沉,如似行船失航轮。无奈世事多有变,背运压身几丢魂。幸福生活难实现,啥时笑迎福贵神。常言富贵勤劳换,缘何劳者终清贫?

这一类批判的诗歌,多数是在个人情感层面抒发愁怀;不过,偶尔在具体情境下,会有意外抗争之效。河北籍工友 XZC 的《充电难》,批判在建筑工地上管理人员和一线工人的生活条件悬殊,哪怕连手机充电这一小事都存在人为的区隔:

“红帽”充电不用忙,高压插座屋里装,电器一插灯闪烁,手机时刻都通畅。民工充电着了慌,东奔西找是瞎忙,手机没电通讯断,着急生气心不爽。一个工地两个样,阶级划分理难讲,只许州官把火放,百姓点灯你甭想。电线插座被没收,看谁还敢再犯上,公司应树好形象,以身作则是榜样。群众呼声要倾听,民工冷暖要常想,转变作风办实事,尽快督建充电房。

手机已成为建筑业农民工与外界沟通的首选通讯工具,然而,不少工地以节约用电和工地安全之名不为工人宿舍安装插座,使得他们为充电而发愁。据 XZC 师傅自述,他所在的工地就是这样,大家怨声载道但又只能忍气吞声。2012 年 11 月 19 日,他将这首《充电难》打印出来贴在食堂门口;待到中午开饭时,工友聚在一起争相观看,其中也有“红帽”人员围观。“大家对工地管理方的咒骂与抗议很快成为一股浪潮。”当天晚上,他们的充电问题就得到了解决。

工友们的批判与抗争意识,起初源自他们朴素的正义观;如果经由一定的外力启蒙,其内在主体性被激活,那么这一意识会更加鲜明,而且关注的主题会从具体的日常际遇扩展到抽象的本质问题。前述劳工“小报”*DGD* 尝试在“技术”和“理念”方面为工友们提供全面的知识启蒙,的确取得了一定效果,这在一些工友的诗歌中有所体现,他们往往是“小报”的忠实读者。

(六)感恩敬重

为建筑业农民工开展社会服务时,D君和志愿者们以实际行动赢得了工友们的信任与尊重。2016年,一中央级媒体所辖、专业声誉良好的*BD*周刊的报道中,HZW师傅说第一眼见到D君时,怀疑他有可能是“老板的人”,后来因他们积极援助受伤工友,方才觉得可以相信——“交往时像亲兄弟,不像是跑来忽悠我们的”。对工友们而言,RJ中心创办的“小报”*DGD*内容实用、立场鲜明、情感纯粹;该机构所筹划的“大工地诗歌节”以及编制的《大工地诗歌集》,更给予了他们一个公共的表达空间。因而,先后共有12首诗歌,表达了对行动的认同,以及对行动者的感恩与敬重。

山东籍工友NDX的一首《你的脚步匆匆》,为志愿者所作:

每当工友们下班总能看到你匆忙的身影/迎着夕阳,踏着泥泞/肩背工友们期待的资料/急匆匆、急匆匆

张师傅的工伤还没有痊愈/李师傅的工资拖欠调解还没有完成/王师傅儿子上学问题还没有落实/诸多师傅的维权意识还没有觉醒/还有、还有……/这些都是你的牵挂/这些都是你急需要的事情

世上真有一些好人,以助人为乐/工友们称你为新时期的雷锋/遇到你是工友们的幸运

你帮助了急待帮助的人/心里那个舒服啊无法形容/工友们都有你的电话号码/ 他们有千言万语向你诉说/当然也有祝福/祝福你身体棒,学业有成/ 保重啊,千万保重

今天下雨了/仍能看到你奔走的身影/肩背手携工友们的期待/仍是那样急匆匆、急匆匆……

河北籍工友HQZ的一首《致诗歌节》,强调“大工地诗歌节”活动对个体的意义:

相爱在三月的春风里/对我身份的平凡/你不嫌/对我地位的卑微/你不弃/却如春风般/抚平我紧皱的双眉/春雨般滋润我心中的土地

相爱在六月的骄阳里/在燥热难耐的夏夜/送阵阵清凉的是你/没有虚

伪的言辞/句句是真诚的话语/没有华丽的装饰/只有朴素的外衣/睿智似圣贤讲道/清新如豆蔻少女

相爱在九月的星空里/当浮华掩盖了污迹/世俗的友情等同于/可以利用的交易/你却没有得失的考量/名利的算计/像天上的星河/在远处点亮星空/却丝毫不会索取

相爱在腊月的飞雪里/ 洁白的雪花是你从天上寄来的信笺/把真情从象牙塔中传递/怎能不相爱/纯情的大工地!

四、结论与讨论

在转型期的中国社会,农民工群体的失语现象被认为不是偶然的、孤立的,而是制度性缺陷的必然产物。一项研究(陈成文、彭国胜,2006)聚焦农民工的"自生性失语、信息贫乏性失语、制度缺陷性失语和文化垄断性失语"四种具体状况,它指出:"从根本上说,农民工话语权的丧失,是制度性缺陷所造成的严重失衡的二元经济社会结构的必然产物。"聚焦于这一主题的已有相关研究,几乎都有一个基本共识:政府干预、制度保障以及媒体支持,是农民工群体实践话语权的有效途径。基于学理思辨与实践调研,本文认为:能否实现"主体性表达",是衡量农民工群体话语权状况的核心标准。主体性是"中国走向现代化的一个重要问题"(张法,2010),它被认为是改革开放以来"中国思想史上出现的三个重要观念"之一。此处的"主体性表达"概念,旨在强调话语表达能够彰显主体地位、反映主体意识、体现能动关系。

如何实现农民工群体的"主体性表达"? 提升他们的传播主体性应是可行方向。他们在信息传播活动中是弱势社群,必须增加他们的社会资本,即组织资源、文化资源和经济资源的拥有量。实现这一转化,根本上有赖于破除既有的"农民工生产体制",使之能够享有平等的公民权。对农民工群体而言,落实平等公民权和发展话语权是一个互相关联的问题。历史经验显示,实现公民权的平等,是一个长期而艰难的过程。在此期间,如何提升他们的传播主体性? 可在话语能力与话语空间两个方面进行尝试。其中,话语空间建设更具有决定性意义。

一名年轻的新工人"扬尘"是"小报"*DGD* 的编委会成员之一,也是第 2 辑诗歌集的编辑主力,他在该辑"序言"中如是写道:

> 鲁迅先生曾描写过一种病,叫作"因聋而哑",就是说一个人本身不是哑巴,但是因为是个聋子,从小听不见别人讲话,还以为别人讲话不过是"嘴巴对着嘴巴动几下"而已,时间久了自然就失去了说话的能力。如今我们似乎又要落入这样的窠臼。现实已经让我们不容易听到社会的声音,假如我们自己相互之间再不交流交流,恐怕真有人以为我们已经变成"哑巴"了呢!幸而,事情还没有那么糟糕。当我走街串巷,和广大工友接触的时候发现,我们的"听"的途径虽然少,但我们毕竟可以"自言自语",所以还不至于成为"哑巴"。更让我感到兴奋的是,天长日久之后,我们的"自言自语"也逐渐地有了成就,这第一点值得肯定的就是,交流起来亲密无间。我们不但"自言自语",说的人多了声音就开始大起来,我们还要把声音传得更远些呢!

文中所引的建筑业农民工的原创诗歌可归类于"打工诗歌"(migrant worker poetry)。不过,对于"打工诗歌"能否真正反映打工群体的心声,却常存争议。华裔传播学者孙皖宁关注当前中国底层群体的媒体文化实践,其研究发现:农民工群体往往只是媒体文化的纯粹"消费者",但有时亦通过另类的社会和文化实践成为"生产者"。在以主流新闻和都市电影为代表的"霸权话语"中,农民工通常被"他者化",所采取的策略只能是"嵌入"这一"主流文化空间"。相关 NGO 组织和"积极的农民工行动者"往往通过"纪录片和摄影"两类"小众媒体"实践 ,积极参与认同政治过程以及对社会不平等和公民身份的抗争活动。此外,农民工群体还会尝试运用"打工诗歌"等文学形式进行自我呈现;不过,由于存在大量"文化掮客"和"文化资本"的渗透,以及一些"打工诗人"对主流认可的期冀,这类表达动员底层主体性的能力在相当程度上被削弱(Sun,2014:185 – 216)。2015 年底,D 君在一次研讨会发言中表示:"其实许立志的诗,工厂工人不太爱读";郑州富士康工业区的工人说"看不懂,太文艺了"。相较于一些有更多人关注的"打工诗歌"及如纪录电影《我的诗篇》中所收录的农民工诗人作品,建筑工人诗歌整体显得粗糙和直白,在艺术性上有所不及。然而,这些文字朴素鲜活地记录了他们的日常生活中的苦楚与情感,彰显出他们的主体意识,是能够反映一个时代镜像的可贵文本。

囿于转型期中国社会的政经结构,建筑业农民工的制度化表达空间相当逼仄,他们作为弱势社群在主流话语空间中往往被遮蔽以及被他者化。上述 RJ 中心的活动,尽管限于规模,直接惠及的建筑业农民工还很有限,然而,其所显示的社会意义相当深远——通过创造一种另类的实践空间,提升农民工的传播主体性,使其能够进行呈现其主体意识和能动关系的话语表达,进而可能形成一个积极的交流共同体。D 君曾言:主办"大工地诗歌节"、编印《大工地诗歌集》,是一种试图建造"平等与尊严"的尝试,尽管传播范围如此小,但是"有建筑工友的在场、认可与传诵就已足够"。在他看来,当每位建筑工人师傅将自己的作品置于工友、公众面前时,就标志着他们已经历了一个质的飞跃——"从被动、沉默中醒来,走向主动、发声的跨越性变化"。相较于已然成为社会文化现象的纪录电影《我的诗篇》,"大工地诗歌节"更为纯粹,并未隐藏"来自中产阶级的目光与视角",对于农民工与诗歌的关联也并未停留在审美与启蒙的维度,其旨在推动农民工群体进行"主体性表达",这一点弥足珍贵。

然而,这一另类实践的具体境遇,在当前中国语境下,只是摇曳着的微弱星火。这由"分类控制"的国家—社会关系所决定。此种关系模式形成于 20 世纪 90 年代,国家控制社会是其根本特征;但控制策略和控制强度,则取决于"政府的利益需求以及被控制对象的挑战能力和社会功能"(康晓光、韩恒,2005)。换言之,在国家与社会权力格局中,国家主导地位不变,依然控制公共领域,但与以往"总体性社会"制度有着明显区别,允许有限的结社自由,出现了不少社会组织,且依各自类型拥有不同的自主性。不过,劳工社会工作组织是当前国家的重点关注领域,整体而言绝大多数面临着"制度合法性不足"和"组织资源匮乏"的双重困境(和经纬等,2009)。文中所述的 RJ 中心亦不例外,负责人 D 君囿于具体情势,目前转向环保公益领域,"大工地诗歌节"活动也随之沉寂。因此,即使是有助于提升建筑业农民工话语权的积极尝试,在当下腾挪施展的空间也相当有限,可预期的未来也充满不确定性。

参考文献

陈红梅. 大众媒介与社会边缘群体的关系研究——以拖欠农民工工资报道为例[J]. 新闻大学,2004(1).

陈心想. 走出乡土——对话费孝通《乡土中国》[M]. 北京:生活·读书·新知三联书店,2017.

丁未,田阡. 流动的家园:新媒介技术与农民工社会关系个案研究[J]. 新闻与传播研究,2009(1).

丁未,宋晨. 在路上:手机与农民工自主性的获得——以西部双峰村农民工求职经历为个案[J]. 现代传播,2010(9).

葛笑如. 农民工公民资格研究[M]. 广州:中山大学出版社,2013.

和经纬,等. 在资源与制度之间:农民工草根 NGO 的生存策略——以珠三角农民工维权 NGO 为例[J]. 社会,2009(6).

黄典林. 从"盲流"到"新工人阶级"——近三十年《人民日报》新闻话语对农民工群体的意识形态重构[J]. 现代传播,2013(9).

黄宗智. 重新认识中国劳动人民——劳动法规的历史演变与当前的非正规经济[J]. 开放时代,2013(5).

康晓光,韩恒. 分类控制:当前中国大陆国家与社会关系研究[J]. 社会学研究,2005(6).

郎友兴. 安东尼·吉登斯:第三条道路[M]. 杭州:浙江大学出版社,2002.

李艳红. 传媒市场化与弱势社群的利益表达:当代中国大陆城市报纸对"农民工"收容遣送议题报道的研究[J]. 传播与社会学刊,2007(2).

卢晖临,李雪. 如何走出个案——从个案研究到扩展个案研究[J]. 中国社会科学,2007(1).

孟昭丽,刘佳婧,刘晓莉. 死囚王斌余的心酸告白[N]. 新华每日电讯,2005-09-05(1).

潘毅,等. 大工地:建筑业农民工的生存图景[M]. 北京:北京大学出版社,2012.

清华大学"新生代农民工研究"课题组. 困境与行动——新生代农民工与"农民工生产体制"的碰撞[J]. 清华社会学评论,2013(6).

沈原. 市场、阶级与社会:转型社会学的关键议题[M]. 北京:社会科学文献出版社,2007.

王江松. 刘建伟的尘肺病维权之路[J]. 中国工人,2014(7).

王锡苓,李笑欣. 社交媒体使用与身份认同研究——以"皮村"乡城迁移者为例[J]. 现代传播,2015(6).

吴麟. 主体性表达缺失:论新生代农民工的媒介话语权[J]. 青年研究,2013(4).

吴麟. 提升传播主体性:论新生代农民工媒介话语权的建设[J]. 中国劳动关系学报,2014(3).

吴麟. 夹缝中的主体性建构:当代中国劳工自办媒体境况[J]. 青年研究,2017(2).

《新京报》社论部. 取消农业户口,让平权时代来临[N]. 新京报. 2014-07-31(2).

谢立中. 走向多元话语分析:后现代思潮的社会学意涵[M]. 北京:中国人民大学出版社,2009.

杨善华,朱伟志. 手机:全球化背景下的"主动"选择——珠三角地区农民工手机消费的文化与心态解读[J]. 广东社会科学,2006(2).

张法. 主体性、公民社会和公共性——中国改革开放以来思想史上的重要观念[J]. 社会科学,2010(6).

郑广怀. 劳工权益与安抚型国家——以珠江三角洲农民工为例[J]. 开放时代,2010(5).

SUN W, Subaltern China: rural migrants, media, and cultural rractices[M]. London: Rowman &Littlefield, 2014.

WRIGHT E O. Working-class power, capitalist-class interests, and class compromise[J]. American journal of sociology, 2000 (4).

港澳台地区公立美术馆的观众和观众发展*

◎ 黄微子*

摘要:公立美术馆的运营主要依靠公共资源的支持,本文试图探讨公众是否能真正从中获益。本文以港澳台地区四座有代表性的大型公立美术馆为研究对象,发现观众以受过良好教育的中等收入群体为主,女性多于男性,低收入群体和老年群体则是少数。文化资本的差异造成品位的区隔,但这种区隔是隐晦的,导致美术馆观众的阶层分化被自然化,从而损害了公共文化政策的公平性原则。尽管这些美术馆有不同程度的观众发展策略,但是如果不从整体上反思公共文化政策,美术馆仍不过是中等收入群体美学品位再生产的工具。

关键词:美术馆,观众,观众发展,公共文化政策

Audience and Audience Development of Public Art Museums in Hong Kong, Taiwan and Macau

Huang Weizi

Abstract: Public art museums are funded by the government mainly. This paper

* 本文受澳门基金会项目“澳门艺术博物馆观众发展研究及其港台经验”(项目编号:0253a)资助。

* 黄微子,澳门科技大学人文艺术学院助理教授,主要研究方向为媒体与文化研究。

discusses whether the public can truly benefit from them. The project studies the audiences of four major public art museums in Hong Kong, Taiwan and Macau. It finds that the audiences dominantly consist of well-educated middle class with a majority of female, while low-income and elder people seldom visit museums. The distinction is a result of unequal cultural capital owned by different social groups. However, the class distinction of art museum audience was naturalized, which blinds the public and public cultural policy makers. If pubic cultural policy was not re-considered as a whole, art museums are still a tool of middlebrow cultural reproduction, and existing audience development strategies employed by these museums will not make effective change.

Keywords: art museum, audience, audience development, public cultural policy

一、缘起:为什么要关心美术馆观众

在有关文化生产和消费的研究中,美术馆,尤其是公立美术馆,常被人忽视。在中国,只有一些美术界和博物馆界的专业人士在谈论美术馆的运营和整体战略时,会涉及其观众。① 在广义的博物馆(通常为历史类博物馆)的观众研究中,研究者比较关注参观实践与身份认同之间的建构性关联。② 美术馆的观众没有充分进入文化研究者的视野,这从侧面反映出其本身从数量和话题性上都不是引人瞩目的文化事实。那么,为什么我们要关心美术馆的观众?原因有二:第一,中国艺术品市场规模居世界前列(据欧洲艺术基金会《TEFAF 全球艺术品市场报告》显示,2011 年中国列全球艺术品市

① 例如黄光男. 美术馆管理[M]. 北京:文化艺术出版社,2011;张子康,罗怡. 美术馆[M]. 北京:中国青年出版社,2009.

② 例如李晓欣. 香港地区博物馆与小区身份认同研究:以"香港故事"为个案[J]. 美术馆,2008(2).

场首位,2012—2014 年稳居第二位,2015—2016 年略微下滑至第三位)。[①]这样的市场规模是否具备与之相应的艺术欣赏人口?他们是否将参观美术馆作为惯常的艺术实践?这些都是值得了解的问题。第二,大部分大型美术馆的运营主要依靠政府拨款亦即公共资源的支持,我们需要知道公众是否能真正从中获益。

我们看到,当前政府主导的文化产业发展偏重于硬件设施、场馆建设,内容生产尚且跟不上,遑论系统性的观众发展(audience development)。本文虽然研究的是美术馆,但其中存在的问题和弊端却可供其他文化事业参考。

需要说明的是,研究者们对 Art Museum、Museum of Art 或者 Art Gallery 的称呼并不一致,大陆和台湾的研究者们沿用了一个转译自日文的名称——"美术馆",香港和澳门的研究者们则分别称之为"艺术馆"和"艺术博物馆"。本文用"美术馆"作为统称,涉及专有名词时除外。

二、理论:视觉艺术作为社会区隔

布尔迪厄(Pierre Bourdieu)等人对 20 世纪后期欧洲美术馆及其公众进行研究后发现,美术馆观众主要由受过良好教育的中等收入群体构成(特别是高级管理人员、教师和艺术专业人士)。布尔迪厄的"阶级"差别主要基于经济资本、文化资本和社会资本构成的资本总量进行划分,他所谓的中等收入群体是资本总量处于中等水平的社会群体。欣赏艺术品的品位不是天赋使然,而是经过教育灌输、熏陶、培养而成的性情(disposition)的结果,是一种分配不均的文化资本(cultural capital)。因此,美术馆观众通过对艺术的爱

---

① 刘华桢,金力. 中国超越美国首次成为全球最大艺术品与古董市场 [EB/OL]. (2012 - 03 - 16)[2015 - 08 - 20]. http://gb. cri. cn/27824/2012/03/16/5951s3603018. htm;郑苒. 欧洲艺术基金会 2013 年度报告:市场回暖 [EB/OL]. (2014 - 03 - 27)[2015 - 08 - 20]. http://collection. sina. com. cn/hwdt/20140327/1030147386. shtml;孙行之. 欧洲艺术基金会:2014 年艺术品市场规模达 510 亿欧元[EB/OL]. (2015 - 03 - 05)[2015 - 08 - 20]. http://www. yicai. com/news/2015/03/4585037. html;KINSELLA. TEFAF 2016 年度全球艺术市场报告出炉,揭示全球艺术产业走向[EB/OL]. [2017 - 06 - 28]. https://www. artnetnews. cn/market/tefaf2016nianduquanqiuyishushic-hangbaogaochulujieshiquanqiuyishuchanyezouxiang - 24899; TEFAF 年度报告:艺术品市场从拍卖模式转向经销商模式[EB/OL]. (2017 - 03 - 06)[2017 - 06 - 28]. http://www. cankaoxiaoxi. com/finance/20170306/1740770. shtml.

而与其他无从欣赏艺术品的人区隔开,彰显他们的优越性。布尔迪厄的研究提出了观众与艺术品、博物馆和美术馆的三类主要关系。第一类是艺术品的购买者,他们富有经济资本,通常也具有较多的文化资本。第二类是艺术品的鉴赏者,他们具有较多的文化资本,但一般没有能力拥有艺术品。这一群体占了博物馆和美术馆观众的大部分,艺术复制品的购买者也属于这一群体。第三类则由那些与艺术、博物馆和美术馆没什么关联的人组成。①

本尼特(Tony Bennett)等人在21世纪初的英国重新进行有关研究,再一次印证了布尔迪厄的判断。他们发现,视觉艺术比任何其他文化场域(如音乐、阅读等)更明显地体现出一种由排他的文化品位所带来的区隔。② 本尼特等人回顾了哈勒(David Halle)对美国家庭的研究③、佩因特(Colin Painter)以英国为重心的研究④、格伦费尔(Michael Grenfell)和哈代(Cheryl Hardy)对欧美博物馆和美术馆所做的研究⑤,证实了布尔迪厄的观点:从阶级的角度来看,个体的感觉和对周遭环境的认知与社会的组织结构相协调。尽管政府采取种种措施力图拉近博物馆与大众的距离,博物馆的观众依然主要是中等收入群体。对于画家和画派的熟悉程度仍然与一个人所处的社会阶级相关。在这个世界,阶级和教育形塑了通往文明世界的大门。受布尔迪厄的启发,厄普赖特(Craig Upright)关于美国的研究表明,影响文化实践的因素不仅包括文化资本的传递、先前教育和家庭的影响,还包括现在所处的社会关系,尤其是婚姻。⑥

本尼特等人在英国全国范围内做了问卷调查,数据显示超过一半(55%)的样本从未去过美术馆。大约30%的人每年只去一次,只有13%的人一年多次参观美术馆。其他西方国家的研究也呈现出相似的结果。⑦ 在

---

① BOURDIEU P et al. The love of art: European art museums and their public[M]. Polity Press,1997.

② BENNETT T et al. Culture,class,distinction[M]. Abingdon: Routledge,2010:131.

③ HALLE D. Inside culture: art and class in the American home[M]. University of Chicago Press,1993.

④ PAINTER C. Contemporary art and the home[M]. Oxford: Berg. 2002.

⑤ GRENFELL M and HARDY C. Field manoeuvres: Bourdieu and young British artists[J]. Space and culture,2003;6(1),19 -34;GRENFELL M, HARDY C. Art rules:Pierre Bourdieu and the visual arts[M]. Oxford: Berg. 2007.

⑥ UPRIGHT C. Social capital and cultural participation: spousal influences on attendance at arts events[J]. Poetics,32: 129 -143.

⑦ BENNETT T et al. Culture,class,distinction[M]. Abingdon: Routledge. 2010:123.

英国，随着人们教育程度的提高和精英艺术的普及，视觉艺术的观众人数在20世纪大幅增长。① 尤其是从20世纪下半叶以来，各种艺术风格百花齐放，打破了精英文化的垄断。② 可是，调查数据显示，美术馆和博物馆的观众依然以受过良好教育(the highly educated)的人为主。

通过占有(possession)艺术品获取客观的文化资本，只有少数人能够办到。因此，受过良好教育的中等收入群体，尤其是精英人士，更倾向于到博物馆来欣赏高质量的艺术。他们，以及他们的孩子，更可能培养出对于艺术的鉴赏力，以此来增加制度性的文化资本。

三、方法：我们做了什么

本文将检验港澳台地区的美术馆观众是否与西方的研究结果一致。本文选择了香港艺术馆、澳门艺术博物馆、台湾美术馆和台北市立美术馆作为主要的研究对象。

香港艺术馆是香港历史最悠久的公共博物馆，其前身是在1962年开幕、设于香港大会堂的香港博物美术馆。1974年市政局将香港博物美术馆分拆为香港博物馆(现为香港历史博物馆)及香港艺术馆。1991年香港艺术馆正式迁往现址——尖沙咀文化中心。现在香港艺术馆由康文署管辖，"致力保存中国文化精髓和推广香港艺术"，"亦经常举办本地及世界各地邀请回来的短期展览"③。

澳门艺术博物馆(简称"艺博馆")于1999年4月启用，是澳门规模最大的文物艺术类博物馆，行政上隶属于澳门民政总署。艺博馆楼高五层，设有五个展览馆和两个展览厅，展览面积近4 000平方米。除常设展外，还会定期与内

---

① TAYLOR B. Art for the nation: exhibitions and the London public[M]. Manchester: Manchester University Press, 1999.

② ZOLBERG V. Barrier or leveler? the case of the art museum[M]//LAMONT M, FOURNIER M. Cultivating differences: symbolic boundaries and the making of inequality. Chicago: University of Chicago Press, 1992.

③ 香港艺术馆官网[EB/OL]. [2015-08-21]. http://hk.art.museum/zh_TW/web/ma/about-the-museum.html.

地的文博机构合办展览,也与其他国家或地区举办各种类型的交流展。①

位于台中的台湾美术馆前身为台湾省立美术馆(或称台中美术馆),1988 年正式开馆。到了 1999 年 7 月,省立美术馆改隶台湾文化建设委员会,即现在的"文化部",并更名为"台湾美术馆"。2004 年,台湾美术馆空间整建后重新开馆,园区含户外雕塑公园,是目前亚洲最大的美术馆。台湾美术馆着重研究和收藏台湾现代与当代美术品,学术与教育并重,肩负深植台湾美术主体性的任务。②

台北市立美术馆(简称"北美馆")位于台北市中山区,是大台北地区唯一隶属于市政府的公立美术馆,也是台湾第一所现代美术馆③,1982 年 12 月正式对外开放。北美馆以收藏 20 世纪台湾杰出的、具有代表性的作品为主,但同时也收藏境外优秀作品,被认为比台湾美术馆具有更高的国际化程度。

这 4 座美术馆是港澳台地区最成规模、最具代表性的公立美术馆。

笔者及研究助理在整个项目中用到了参与式观察、访谈、焦点小组和简单的问卷调查 4 种方法。观察的地点包括但不限于上述的 4 座美术馆。访谈的对象主要是美术馆馆长、教育推广组负责人、政府文化官员及艺术界人士,共 9 人。焦点小组和问卷则针对观众展开调查。其中,在港台地区采用焦点小组法,共计 28 人先后参与 4 个小组的讨论;在澳门地区采用问卷调查法,派发 110 份问卷,回收 101 份有效问卷。研究资料是在 2013 年 1—8 月收集的。

四、数据:我们了解到什么

(一)参观人次

美术馆究竟有多少观众?

根据馆方向我们提供的资料,或者其公布在年报上的数字,我们了解到

① 澳门艺术博物馆官网[EB/OL].[2015-08-21]. http://www.mam.gov.mo/c/about.

② 台湾美术馆官网[EB/OL].[2015-08-21]. http://www.ntmofa.gov.tw/chinese/CP.aspx? s=18&n=10092.

③ 台北市立美术馆网站[EB/OL].[2015-08-21]. http://www.tfam.museum/Exhibition/Exhibition_page.aspx? id=447&ddlLang=zh-tw.

各馆的参观人次如表1、表2、表3所示：①

表1 香港艺术馆参观人次

年份	2010—2011	2011—2012	2012—2013
总入场人次	358 504	339 081	756 533

表2 台北市立美术馆参观人次

年份	2007	2008	2009	2010	2011
总入场人次	446 119	444 189	1 144 705	1 269 900	1 342 014

表3 澳门艺术博物馆参观人次

年份	2010	2011	2012
总入场人次	71 709	70 636	78 828

单从数字上看，这样的参观情况堪称理想。除去休馆日，平均每天有2 000多人到访香港艺术馆，4 000多人到访台北市立美术馆，就连澳门艺术博物馆，也有200多人到访。这是否意味着美术馆门庭若市呢？以我们现场观察到的情况而言，并不尽然。

笔者的研究助理在澳门艺术博物馆发放问卷期间（2013年7月13—28日）观察到，平日（周一到周五）到访的人次为20左右，他向当值保安询问、证实了这一点。笔者多次在没有特别活动的周末和节假日到馆观察，同时在馆参观人数一般不超过10人，在某一个展览区域参观的时候周围通常只有自己和同伴。

笔者在2013年2月20日和21日分别参观了台湾美术馆和台北市立美术馆，馆内人流量虽然明显比澳门艺术博物馆大，参观时视线所及的范围内有其他参观者，但也远未到熙熙攘攘的程度。

与此形成鲜明对照的是，笔者在2013年1月11日到访香港艺术馆时正值安迪·沃霍尔（Andy Warhol）的特展，这一特展共占两个展厅，笔者参观的同时每个展厅都有超过100名观众。然而旁边的常设展虚白斋，展示的是中

① 香港艺术馆和澳门艺术博物馆的数据来自馆方回复我们的电子邮件，台北市立美术馆的数据来自其官网提供的年报。台湾美术馆因为免费向所有人开放，所以没有参观人次的具体统计数据。同样，下节有关观众构成的资料台湾美术馆也阙如。

国古代字画,则门可罗雀,加起来不超过 10 个观众。楼上有新推出的瑞兽中国文物展和外销画展览,也一样人气惨淡。

展览主题对参观意愿和参观人数有着明显的影响,这在我们的问卷调查和焦点小组访谈中都得到了印证。在澳门,33.7% 的受访者表示是“专门为某一个展览而来”的。

香港艺术馆和台北市立美术馆的参观人数近年来大幅增长,这与它们有意识地引入国外知名艺术家作品有密切关系。香港艺术馆除了在 2012 年底到 2013 年初举办安迪·沃霍尔的大型作品展,还在 2009 年举办了法国奢侈品牌路易·威登(LV)的主题展览。台北市立美术馆先后举办过梵·高、高更、莫奈等名家的特展,在访谈中,时任馆长黄先生承认这些特展有效地提升了台北市立美术馆的人气。特展一过,人气就回落了。

(二)观众构成

美术馆观众究竟由什么人构成?

虽然没有针对香港艺术馆观众的性别和年龄的调查资料,但有一份针对包括艺术馆在内的香港主要博物馆的观众调查可供参考,其中,女性占总客流量的 52%,高出男性 4 个百分点。①

在台北,市立美术馆的观众 72% 为女性。②

我们在澳门艺术博物馆的调查数据也显示,63.4% 的受访者为女性。③女性比例较高受到女性观众比男性观众更乐意配合填写问卷的影响,也和女性家长常常陪同小朋友参观展览和参与活动有关。研究助理在 2013 年 5 月 5 日到艺博馆之友活动“亲子艺术游乐场——不一样的脸”现场观察,当日一共有 30 名左右的家长和小朋友参与,绝大部分都是女性带孩子参加,只有一名男家长带孩子过来。

---

① 本节有关香港艺术馆观众构成的资料皆引自 Economics Research Associates. 西九文化区博物馆和展览中心市场分析咨询研究报告[EB/OL]. [2015 - 08 - 21]. http://d3fveiluhe0xc2.cloudfront.net/media/_file/final - report - m - and - ec - market - study - chinese.pdf.

② 本节有关台北市立美术馆观众构成的资料皆引自台北市立美术馆秘书室. 台北市立美术馆观众参观意见及满意度调查[EB/OL]. [2015 - 08 - 21]. http://www.tfam.museum/File/files/01about/06opinion%20report/2010.

③ 本节有关澳门艺术博物馆观众构成的资料皆来自我们在 2013 年所做的问卷调查。

我们在香港的焦点小组访谈也印证了这一点。其中三位有子女的女性(A:博士研究生,女,35—40 岁;B:公关,女, 35—40 岁,硕士毕业生;C:编辑,女,30—35 岁,大学毕业)买了博物馆的套票,因为闲时会带子女到博物馆参观,将其当作家庭活动。

香港博物馆的观众 15% 为小学学龄,8—14 岁。15—19 岁的青少年目前占总客流量的 13%。最大一类客流占 20%,是二十几岁的年轻人。三四十岁年龄层占总客流量的比例也较大。60 岁以上的老年人占总客流量的比例相对较低,为 7.7%。

台湾有近 86% 的观众年龄介于 13 岁到 40 岁之间。

澳门艺术博物馆的观众 39.6% 是 18—29 岁,其次是 40—59 岁(27.7%),再次是 30—39 岁(16.8%)。18—29 岁的观众主要为大学生群体。事实上,有不少未成年观众参观艺术博物馆,但他们主要是由学校或义工组织的团体参观者,由于集体行动的原因,基本无法参与我们所做的调查。

总体来说,港澳台地区美术馆的观众都以年轻人为主,其中又以大学生为主。老年群体很少参观美术馆。

香港艺术馆的观众比香港其他公立博物馆观众的受教育程度更高,只有 4.2% 的观众为小学或小学以下文化程度,而 56% 的观众拥有大专以上文化程度。

台北市立美术馆的观众 90% 具有高中及以上学历。

我们在澳门艺术博物馆的调查显示,超过一半的受访观众(52.5%)具有本科学历,更有超过四分之一(25.7%)具有硕士及以上学历。根据 2011 年澳门人口普查结果可知,完成高等教育的人口只占澳门总人口的 16.7%。艺术博物馆观众的受教育程度之高,相对于整个澳门社会来说,是十分罕见的。

因此,港澳台地区美术馆的观众与西方社会一样,主要是由受教育程度很高的人士构成的。

我们没有取得香港艺术馆观众职业情况的资料。

台北市立美术馆的观众 75% 由大学生、民营机构上班族和商业人士、高中职学生、公教人员所组成。

澳门艺术博物馆的观众比较多的是学生(26.7%)、公务员(10.9%)和文职人员(10.9%)。此外,商人、建筑和设计行业从业者、退休人员和医疗、金融、IT 等行业的专业人士也是受访观众中较常见的职业身份。

可见除学生群体以外,美术馆观众主要由中等收入的专业人士构成。

在香港,艺术馆的参观者有 50% 是外地游客,其中大约有 30% 来自中国内地,占总参观人数的 15%。

台北市立美术馆的参观者有 43% 居住在台北市,57% 为外地游客。

澳门艺术博物馆 78.2% 的参观者在澳门居住,9.9% 为内地游客,9.9% 为香港游客。

可见,当地居民仍然是美术馆观众中很重要的力量,美术馆的忠实观众主要由当地居民构成。台北市立美术馆的调查显示:有 37% 的观众为初次访客,有 63% 的观众非第一次到访,外县市的观众第一次参观该馆的比例比台北市民高。我们在澳门的调查数据也显示,到访澳门艺术博物馆的以"回头客"为主,三个月内曾不止一次到访的观众达到 44.6%。而澳门艺术博物馆在吸引游客方面与香港和台湾相比还是有较大差距的。

港澳台地区美术馆的观众通常有比较高的视觉素养和成熟的参观美术馆的经验。

香港焦点小组的受访者全部都有参观国外美术馆的经验。

台湾焦点小组的受访者也大都能够自如地评价和比较台湾地区几个不同类型的美术馆,也有受访者提及纽约现代艺术博物馆和英国泰特现代艺术馆。

澳门艺术博物馆的观众到访包含艺术博物馆在内的各类美术馆的频率相对而言是比较高的。有 31.7% 的人一年到访 5—8 次,26.7% 的人在一年内到访 9 次或以上,25.7% 的人一年到访 2—4 次。36.6% 的受访者有到访国外艺术类博物馆的经验,其中卢浮宫、凡尔赛宫、庞比度(蓬皮杜)、大英博物馆等多次被提及。

综上所述,港澳台地区美术馆观众以受过良好教育的、视觉艺术知识及经验丰富的中等收入群体和他们的孩子为主,女性则因为家庭分工中的角色,比男性更有机会和责任陪同孩子参观美术馆。底层民众和老年人等弱势群体则不在美术馆的主要观众之列。

（三）观众发展

美术馆是否了解自己的观众？是否有计划、有策略、有远见地发展观众？

在目前美术馆的日常工作范畴中，与观众有关的主要是以下几个方面：观众调查、会员制度、宣传推广以及教育活动等。

香港艺术馆在给我们的回复中表示，馆方没有进行过观众调查，只在2013年首次推出年度报告，统计了该年展览的入场人次。台湾的公立美术馆针对观众的研究多为满意度调查。台北市立美术馆在其官方网站上公布的最新观众满意度调查是2010年所做的。澳门艺术博物馆提供给我们的最新观众满意度调查则是2012年8—11月做的。

香港艺术馆自1991年新馆启用开始，提出了香港艺术馆之友计划。澳门艺术博物馆则在2002年开始设立艺博馆之友会员制度，会员分几种类型：个人、家庭、团体和永久。非永久会员有效期为一年。2012年个人会员有1 140人左右，家庭会员大概有300组，一组最多有5个人①。台湾也有美术馆之友联谊会，但与香港艺术馆和澳门艺术博物馆主要由一般个人会员组成不同，其成员主要是企业家眷属，亦即艺术赞助人。

宣传推广指的主要是广告公关活动。港澳台地区的通行做法十分类似，广告渠道包括广播、报刊、户外（如广告牌、横幅、路灯旗、灯箱和电视墙）、网站、会员通讯（印刷或电子形式）及社交媒体等。公关活动主要是举办记者招待会和向媒体发送新闻稿。根据时任香港艺术馆馆长吴先生所述②，他们会根据不同的展览制定推广宣传策略，宣传经费一般占总预算的10%—13%。从年报上看，台湾美术馆2012年的广告经费（不含文宣品的制作和开幕活动的费用）约274万新台币，台北市立美术馆的“国际交流及公关事务之推广”费用约622万新台币。我们没有获得澳门艺术博物馆的相关资料。

---

① 来自我们于2013年1月份澳门艺术博物馆艺术教育职务主管吕女士、艺术推广职员李女士和馆长助理林女士的访谈，后续以电子邮件方式核实了有关数据。本节有关澳门艺术博物馆观众发展的情况皆来自此次访谈及后续电邮。

② 吴先生在2013年7月以电子邮件方式接受了我们的访谈。本节有关香港艺术馆观众发展的情况皆来自吴先生的书面答复。

美术馆发展观众的现行策略主要是举办教育活动。

香港艺术馆通过举办不同规模和类型的展览,以及为不同社群而特别设计的教育活动,来拓展观众群,特别是学童、专业人士、青年和游客。例如"周日音乐会"和特别为弱势群体而举办的"夏日艺术活动",便是让公众以非传统的方式享受艺术和创作,以便吸引一些不常参观博物馆的人来到艺术馆。艺术馆设有版画工作室、陶瓷工作室和绘画工作室。活动一般包括艺术示范、工作坊、亲子及儿童活动,也有为教师、学生以及弱势群体安排的活动。

台湾美术馆通过艺术银行和数字创意资源中心来做教育推广,前者是馆方将收藏的艺术品租赁给公私立机构、学校、民间企业、公司行号、法人、团体,后者可以让观众使用在线数据库查阅数据、借阅图书、观看或聆听数字艺术作品。①

台北市立美术馆则为观众提供免费的艺术创作空间(209艺想空间),鼓励观众通过绘画、书写、拼贴等手法感受创作本身的乐趣。另有与台北市政府文化局及教育局合作的艺术欣赏启蒙方案(育艺深远),让台北市小学三年级学生每年至少参观美术馆一次。此外,自2005年底开始于每周六实施夜间开馆计划,将博物馆开放时间延长到晚上8:30。同时,为了吸引大众夜间造访,台北市立美术馆推出了各种文化艺术休闲活动,如星光电影院、乐夜响宴、音乐广场、夜间演讲等②。

澳门艺术博物馆组织了一些会员活动,可以将其分为四大类:亲子活动、摄影、电影和艺博馆之友旅行会。旅行会邀请艺术家一起参与,为他们提供交流和互动的平台。另外艺博馆之友也会举办周年聚会。2005年起澳门艺术博物馆还针对不同群体(如儿童、青少年、成年观众)开设课程和举办工作坊。课程有版画、摄影、立体造型、绘画和艺术理论课等。澳门艺术博物馆还在2012年10—12月与"零距离合作社"合作,推出小区戏剧巡回演出,借此加强小区居民对澳门艺术的认识,也让观众分享相关的个人经验及感受。

---

① 综合官网上提供的年报信息及我们在2013年2月对台湾美术馆教育推广组研究员丘女士的访谈。

② 综合官网上提供的年报信息及我们在2013年2月对台北市立美术馆馆长黄先生、推广教育组组长刘先生的访谈。

五、结论:反思美术馆的观众策略

我们所研究的港澳台地区非常有代表性的美术馆,都是公立的,主要靠公共开支运营,香港、澳门的美术馆职员的待遇都比照公务员。公共性是它们的应有之义。然而,目前这种公共性是存疑的。虽然美术馆向所有公众开放,但观众实际上是阶层化的。

这种阶层化并不体现为经济上的门槛。事实上,港澳台地区的美术馆门票都非常便宜,台湾美术馆一律免票,其余三个美术馆平日的全票价为人民币4—9元,学生、家庭、团体等另有各种优惠,且每周至少有一天向公众免票开放(香港艺术馆为周三,台北市立美术馆为周五,澳门艺术博物馆为周日)。特展期间门票会调高,但以香港艺术馆的安迪·沃霍尔特展为例,门票也只是20港币而已。

我们在台湾的焦点小组受访者也多表示票价不是他们看展与否的决定因素。

> 我选择展览的决定因素依序是主题、便利性,最后才是票价。
>
> ——受访者1

> 讲到看展,对我来说(决定因素是)主题,然后票价不会考虑。
>
> ——受访者2

所以经济资本上的差异并不是影响观众构成的主要原因,主要原因是布尔迪厄所言的文化资本的差异,这种差异体现为品位上的区隔,但这种区隔是隐晦的。既然美术馆票价低廉,抑或免费开放,表面上看人人都可以参观美术馆,不去看是你自己的问题,似乎不存在不平等的因素,但实际上,文化资本低的底层和弱势群体由于无法或是没兴趣掌握文化精英的艺术语言,而被排斥在美术馆之外。文化资本的差异带来的隐晦区隔导致美术馆观众的阶层化被自然化,从而蒙蔽了公众和公共文化政策的制定者。免费政策和公共资源对美术馆的支持,实际上都是对占主导地位的中等收入群体美学品位再生产的倾斜。

一方面,公立美术馆的运营由于依赖行政拨款,所以不必迎合观众以达到收支平衡或赢利;另一方面,专业人士对普通观众缺乏真正的兴趣,导致这些美术馆都没有真正研究过自己的观众。有的美术馆对观众概貌都没有做过了解,做得最好的美术馆也不过就是进行了观众满意度调查,然而这种调查并不在于真正理解观众的视觉经验和美学偏好并将其作为策展的指导。

台北市立美术馆馆长坦言:“观众满意度是针对硬件服务的,对展览怎么办没什么帮助,而且展览怎么办有时是因为正好这些东西是这一段时间可以借到的,还有就是展览(规划)有个比例,我们整个美术馆必须有多少是要(展)老一辈的大师、多少是年轻的、多少是当代的。”①

这些公立美术馆对观众的重视主要体现在入场人数上。由于展览内容的确是吸引观众参观的一个重要因素,所以很多美术馆都喜欢采用这样立竿见影的措施——引进国际艺术大师的展览聚拢人气。举办这一类展览期间,参观的人流量的确比往常有明显的增长。然而,这一类展览往往是由国际策展团队一手包办的,会在世界不同地方巡回展出,有的甚至连宣传广告也不需要协办的美术馆操心,美术馆很多时候会沦为场地提供方,然后按照合同议定的比例拆账。不少公立美术馆乐意跟这一类国际策展团队合作,因为需要他们做的工作不太多,而展览效果又非常好,人潮涌动,能给上级机构交出漂亮的成绩单。所以,即使拆账的条件不理想,他们往往也愿意,因为公立机构经济上的压力较小,或者说市场化的动力较小,但这只是一种短期利益。美术馆如果满足于这样一种虚假繁荣,会造成不良后果。这样的合作形式对于其本身的策展和运营能力并没有明显帮助,观众只是冲着名家名作而来,对于培养观众长期逛美术馆的习惯,乃至对美术馆的情感认同,也都没有明显帮助。

过度依赖国际艺术大师的另一个后果是,本土艺术家得不到有力支持。虽然各馆都会展出一定比例的本土艺术作品,但相比较而言,本土艺术展览得到的资源和媒体曝光度都跟具有话题性、容易有轰动效应的国际名家名作不可同日而语。这样会造成观众与本土艺术的隔阂,使得本土艺术展人流量十分有限,而一些专门展出本土艺术作品的小型展出几乎是门可罗雀。

① 来自2013年2月我们在台北市立美术馆对黄先生的访谈。

这样美术馆就陷入了更加依赖国际名家名作的恶性循环中。

我们以台北市立美术馆为例。从2009年起,参访人次从每年40多万骤升到每年110万以上,这主要是因为举办了大型特展。2009年的三大特展包括"世外桃源:庞毕度(蓬皮杜)中心收藏展""皮克斯动画20年"与"蔡国强泡美术馆"。这种方式屡试不爽,但引起了本土艺术家的反弹,他们2011年发表了联署书《彻底调查北美馆"特展"案,及要求北美馆回归艺术专业》①。

特展尽管能拉升人气,却不一定能获得观众的认可。我们在香港的焦点小组收集到如下看法:

B认为近年香港艺术馆经常与外国著名美术馆合办大型展览,感觉是只注重名气,把有名的东西搬过来,没细想怎样把展览做好,而且来去都是法国的博物馆,因为对方的政府比较主动。其实欧洲很多国家的博物馆和展览也办得不错,香港的博物馆却没有发掘更多精彩的展览。

C认为虽然现在的整体感觉是博物馆观众多了,可是其展览内容和策展方法还有很大不足,只停留在文娱节目的层面。

无独有偶,台湾焦点小组的第10号受访者也说:台湾的展览常常都是借外国的展品,都没有自己的东西。

和利用特展立竿见影地拉升人气相似,在推广上,美术馆更舍得在效果直接和可测量的广告公关上投入预算。就算是广告公关也更看重对具体展览的短期营销,轻视对博物馆整体的品牌建设。

至于在教育上,我们的受访者也认为目前美术馆的活动并不够。

香港的受访者C认为,纵使美术馆看上去有很多导赏、讲座等教育方面的活动,但感觉只是例行公事,没有发展成长远的策略。她认为很多观众最初到美术馆可能只是将其当作休闲活动,但如何令他们成为艺术爱好者,甚至把艺术作为生活一部分,这也是美术馆要做的事。

现在不少美术馆都会和教育机构合作,组织学生团体参观,但这种团体参观的成效缺乏评估。学生是否能够理解艺术品?由学校组织的带有强制性质的一年一次参观美术馆活动是否会让学生爱上艺术?这些问题没有得

---

① 文化诸众联盟. 彻底调查北美馆"特展"案,及要求北美馆回归艺术专业[EB/OL].(2011-05-27)[2015-08-21]. http://campaign.tw-npo.org/sign.php?id=2011052720030500.

到有效的探讨。香港的受访者A表示,假如美术馆能够发挥培养观众的功能,那么待学生长大后,不用老师、家长刻意安排,他们也会有兴趣参观美术馆,这才是美术馆最应该做的事。

与此相关的问题是,现在各美术馆都意识到儿童在观众发展方面的重要性,纷纷推出了针对儿童的工作坊和短期课程等。儿童进入博物馆,一般都有一至两名家长陪同,这直接增加了博物馆的人流量;同时,如果儿童对艺术产生好感并具备鉴赏能力,则他们会成为潜在的忠实观众。不过,有时间、能力和兴趣带儿童去参加艺术工作坊和短期课程的,仍然主要是具有中等收入的父母。另外,很多时候,活动或课程满足的是家长培养儿童某种技能(比如绘画、手工或摄影等)的心愿。这种方法是不是真的能让儿童喜欢上艺术,进而喜欢上美术馆,我们不得而知。

就连美术馆的空间也体现出一种封闭的排他性。香港焦点小组的受访者反映,香港艺术馆每一层由扶手电梯连接的结构,给人以购物商城的感觉。澳门艺术博物馆以升降电梯连接各层,更像是写字楼,加之缺乏有效的指引和标志,使得不少首次来此参观的散客都不清楚一楼以上还有展览;没有专门对馆内的参观路线和氛围进行设计,其内部空间不易让人产生进去随意走走的欲望。这样的空间结构会令不了解情况的底层民众望而却步。相较而言,位于台中的台湾美术馆设计开放,包括绿化良好的户外空间、展出雕塑和书法碑林,给人可以闲庭信步的感受。但是,如果将其放到台中的豪宅区,它成了这些豪宅的一个卖点的话,就可以想见谁是美术馆的主要受益者。

尽管有的美术馆已经意识到需要为弱势群体和普通的小区居民举办教育推广活动,但这只是一种零散的点缀,并非一种基于文化平权目标的整体策略,因为美术馆的展出仍然主要是服务于中等收入群体美学品位的。具备艺术知识和鉴赏力,并且懂得通过参观美术馆的方式来增加制度性的文化资本的,绝大部分是中产人士。在艺术场域之中,美术馆服膺于少数文化精英主导的美学原则来组织展览和其他事务,这使得美术馆这一公共空间实际上与大众无关。如果不从整体上认识现行美术馆制度的实质和问题,不从整体上思考如何调整公共文化政策,仅靠几场“居高临下”的“教育推广活动”,断难产生真正有效的改变。

六、建议:迈向文化平权

综上所述,当前港澳台地区公立美术馆存在的问题有:少数专家主导策展运营、对国际名家名作过度倚重、重营销而轻视观众研究、教育推广急功近利、空间设计封闭而不友好等。这些问题是文化精英主义的产物,是少数文化精英和公共文化政策制定者共谋的结果。从参观美术馆和参与这类美术馆活动中获益的主要是一部分受教育程度较高的中等收入群体。普罗大众由于文化资本不足,无从欣赏此类艺术品,而被排斥在这些公共设施之外。以文艺之名,公共财政支出看似指向"去阶层化"的公众,实则襄助了居于文化霸权地位的中产美学的再生产。从近期香港西九文化区香港故宫文化博物馆规划的有关争议中,我们可以看到这种文化精英主义导向、漠视普通民众实际文化需求的弊端。

对美术馆及其观众的讨论,是不可能也没必要"去政治化"的,因为文化机制本身就是权力关系角逐的场域。除了本文着眼的社会阶层议题(作为主要的不平等因素)之外,美术馆的观众政策实践中还存在国别和性别等其他不平等问题。当然,这并非港澳台地区公立美术馆特有的现象,事实上,它是与现代博物馆起源相伴而生的,在全球范围内广泛存在。

我们呼吁一种迈向文化平权的实践,不过并没有现成的套路可以依循。它是以反思和批判现有的问题为前提的。我们主张,美术馆作为一种文化工具,必须为一般公众赋权(empowerment)。这不是说场馆建设和展览策划必须经过公众咨询和民主投票,或者反过来,以为经过公众咨询和民主投票就能保障民众的文化权益。事实上,普罗大众长期处于精英文化的边缘,他们未必能真正理解精英文化的语言,并用这种语言去反观和表述自身的文化需求,进而实质性地参与咨询和投票(而不是流于形式)。由于美术馆及其他文化机构和制度长期被文化精英所垄断,普通民众往往会采取一种"事不关己高高挂起"的消极态度。

迈向文化平权,首先要有一种持续不断的平等对话,这种对话不是以彼此区隔为目标的,而是以相互理解为要求。这种文化不是出自精英趣味的,而是根植于民众生活的;不是宏大叙事、消费主义的,而是有机的、社群的、和而不同的。

目前,港澳台地区都有一些由草根艺术家创建的、活化“历史”建筑的、立足于社区的小型艺术空间(在此仅列举一小部分,如台北当代艺术中心、香港的伙炭艺术工作室、澳门的牛房仓库等),做出了一些有益的探索。然而,它们较少得到公共资源的支持。有的也因为过于强调实验性而走向另一种文化精英主义。

为了实现文化平权的愿景,我们建议:

首先,文化精英和公共政策制定者要充分体认和反思当前包括美术馆在内的文化机制之中不平等的现实;

其次,与一般民众(特别是长期被精英文化边缘化的群体)展开持续不断的平等对话,以求达至对公众文化需求的真正了解,并使精英文化成果能够以某种有效的方式为普罗大众所共享;

最后,鼓励、倡导和支持一种有别于建制派(the established)的更加开放的文化实践,打破艺术与日常生活、艺术家与观众、展览空间与生活空间之间的隔阂。

希冀美术馆的艺术实践可以打破区隔高下的围栏,变成沟通的桥梁。

算法新闻的伦理挑战*

◎ 康斯坦丁·尼古拉斯·迪奥　凯瑟琳娜·霍毕希纳*

摘要:随着算法作为内容生产者逐渐在媒体组织中制度化,专业新闻媒体在转型过程中面临着新的伦理挑战。本文以自然语言生成为基础,重点分析算法新闻概念,并提供了一个明确讨论伦理问题的框架。本文的分析是建立在道义论(deontology)、功利主义(utilitarianism)、德性伦理(virtue ethics)和契约论(contractualism)基础之上的,并在数字媒体伦理和网络伦理的交叉领域着重分析、讨论算法新闻伦理。为了把握新闻伦理学整体范围内潜在的变化和挑战,本文将 Pürer 提出的"责任伦理多层次体系"与韦斯肯伯格、马利克、肖尔基于组织、职业/个人、社会/受众领域的新闻分类理论框架整合起来进行分析。此外,算法新闻技术所具有的特有属性丰富、补充了该分析框架。总之,不仅在客观性、权威性和透明度层面上,而且在隐含价值或明确价值层面上,本文分析、揭示了在新闻生产过程中,新闻实践与研究面临的新的伦理挑战和责任变化。

关键词:自动化新闻,网络伦理,数字伦理,算法伦理,新闻伦理,新媒体伦理,机器人伦理,价值敏感设计

---

* 本文英文版刊载于 *Digital Journalism*, 2017,5(4):404-419.本文已获得中文版发表授权。

* 作者康斯坦丁·尼古拉斯·迪奥(Konstantin Nicholas Dörr)和凯瑟琳娜·霍毕希纳(Katharina Hollnbuchner)为瑞士苏黎世大学大众传播与媒体研究所研究员。

Ethical Challenges of Algorithmic Journalism

Konstantin Nicholas Dörr　Katharina Hollnbuchner

Abstract: With the institutionalization of algorithms as content creators, professional journalism is facing transformation and novel ethical challenges. This article focuses on the concept of Algorithmic Journalism on the basis of natural language generation and provides a framework to identify and discuss ethical issues. The analysis builds on the moral theories of deontology, utilitarianism, virtue ethics, and contractualism, and remaps the ethical discussion for Algorithmic Journalism at the intersection of digital media ethics and cyber ethics. In order to capture the whole range of potential shifts and challenges in journalism ethics, the article combines the ethical multi-layer system of responsibility by Pürer with the classification of journalism by Weischenberg, Malik, and Scholl on an organizational, professional/individual, and social/audience sphere. This analytical framework is then complemented with attributes derived from the technical potential of Algorithmic Journalism. As a result, the analysis uncovers new ethical challenges and shifts of responsibility in news production for journalism practice and journalism research at the levels of objectivity, authority, transparency, and at the level of implicit or explicit values.

Keywords: automated journalism, cyber ethics, digital ethics, ethics of algorithms, journalism ethics, new media ethics, robot journalism, value-sensitive design

---

一、引言：变革中的新闻业

新闻业及其生产惯例、环境条件，一直受到技术的塑造和影响（Parry, 2011；Pavlik, 2000）。在生产、传播、消费与编辑环节，随着专业新闻媒体组织逐渐开始使用算法，新闻业和新闻记者一贯的采写活动也随之出现“翻天覆地”的变化（Broussard, 2014；van Dalen, 2012；Napoli, 2014；Pavlik, 2013）。

随着技术与社会的不断发展,新闻业和新闻记者被赋予的价值和责任也随之发生巨大变化(Brosda,2010; Culver,2016; Meier,2002)。自然语言生成(Natural Language Generation,缩写为 NLG,属于计算机语言学的一个研究领域)领域出现的巨大进步,让数字结构化数据可以自动生成大量文本(Reiter and Dale,2000)。比如,美联社就利用由这种技术开发出的软件工具 Wordsmith(由 Automated Insights 公司开发研制),来自动生成一些公司的收入状况报道。在本文中,对于这种使用自动化算法生成内容及在新闻业中使用的现象,我们称之为算法新闻(Algorithmic Journalism)(Dörr,2015)。在新闻业中,我们常常使用的类似术语还有机器人新闻(Robot Journalism)、自动化新闻(Automated Journalism)、机器写作新闻(Machine-written Journalism)(Anderson,2012; Carlson,2014)。

随着算法进入专业新闻生产领域,新闻业的各个领域内出现了新的伦理挑战。在数据搜索和数据来源(Bradshaw,2014)、算法权威(Carlson,2014)、算法客观(Gillespie,2014)、算法透明(McBride and Rosenstiel,2014a)、数据的使用与滥用(Zion and Craig,2014)等方面,我们都会看到这种挑战,在将价值观和理性嵌入程序时,我们也会遭遇这种挑战(Kraemer,van Overveld and Peterson,2011; Young and Hermida,2014)。Diakopoulos(2015)针对新闻报道也曾讨论过算法责任(Algorithmic Accountability)面临的伦理挑战。

诸多学者已经讨论过通常的网络技术系统伦理(e. g. Friedman,Kahn and Borning,2008; Kernaghan,2014; Spinello,2011; Tavani,2011),以及这类伦理知识在具体领域的应用,比如在高频交易(High - frequency Trading)中的应用(Davis,Kumiega and Vliet,2012),或者是在自动驾驶汽车领域的应用(Lin,2015)。目前,算法这类网络技术与以前的计算机技术有明显区别,这类网络技术发展非常快,也非常复杂,它们有自己独特的编码技术,而且能够将全球网络连接起来,甚至可以说是无处不在的(Ess,2009; Tavani,2011)。这种网络技术的特征同样适用于算法新闻(Dörr,2015)。

不过,针对这些新的网络技术现象,媒体伦理学和新闻伦理学并没有重新加以审视和分析(Prinzing et al.,2015)。因此,本文研究的第一个问题是:算法新闻伦理挑战的理论定位源自何处?

本文提供了一个框架来讨论新闻业中算法内容生产的伦理问题。为了概述和构建新闻伦理学的各种转变和挑战,本文所提出的理论框架主要是基于韦斯肯伯格、马利克和肖尔(2006)对新闻业的分类,他们将新闻业看作一个社会的、组织的和专业的领域。该理论框架还整合了 Pürer(1992)针对新闻伦理学提出的伦理多层次责任体系(Ethical Multi-layer System of Responsibility)理论。为了明确在新闻生产之前、新闻生产过程中、新闻生产之后,伦理挑战涉及的相关层面,本文也阐述了算法新闻技术的特有属性来完善分析框架。

本文研究的第二个问题是:在组织、专业和社会领域,算法新闻面对的哪些伦理挑战可以确定下来?

二、算法新闻的伦理定位

针对第一个问题,我们来分析一下伦理学概念中算法新闻的理论定位。

一般来讲,伦理学是处理人类行为的道德哲学的一个次领域(Prinzing et al.,2015)。道德是"引领人类行为的规则体系,也是评价人们行为规则的原则"(Tavani,2011:36),伦理行为应该通向所有人的共同福祉。因此,四类道德理论有助于我们分析和整理伦理争议中的不同观点。第一类是基于结果的伦理理论,像功利主义(Bentham 2015; Mill 2006),该理论主要回答的问题是何种行为会让最大多数人得到最大利益。第二类是基于责任的道义论,道义论可以回溯到康德(2003)和罗尔斯(2003)的观点,这种伦理理论主张道德是基于人类互动的责任和义务。第三类道德理论是社会契约论,这一道德理论主要源自霍布斯的《利维坦》(Darwall,2003),该理论主张通过社会契约来构建伦理体系。最后一类道德理论是德性伦理学(Virtue Ethics)(Aristotle,2003),这种伦理理论主要关注对人性的追问——"我们应该成为什么样的人?"尤其是在处理算法新闻涉及的伦理问题时,这些道德理论有助于我们把握新闻伦理学中的一般伦理问题。Ananny (2015)曾经提出过一个类似的方法。他建议将道义论、功利主义和德性伦理学整合起来,同时将这些理论应用于限定的领域。他认为,道德论一般只适用于政策和管制领域,功利主义主要应用于技术发展领域,而德性伦理只适用于个人层面。但当我们讨论新闻伦理和自动化内容生产所带来的影响时，笔者认为视野应进一步拓宽。Ananny（2015）提出的算法应用分析模式主要关注何时（When）、如何（How）、为谁（For Whom）等伦理问题，本文在分析过程中，还会考虑来源（通过谁，By Whom）和动机（出于何种原因）等问题。

伦理问题一直是媒体研究的一部分（Brosda，2010；Hömbergand Klenk，2014；Ward，2006），传统的媒体伦理学属于应用伦理学的范畴，主要研究专业大众媒介系统的日常工作和专业实践（Horner，2013:5）。因此，媒体伦理学的确可以为可能出现的冲突提供一种前瞻性的检视，这种可能性冲突是伴随着新闻业中技术与社会的发展出现的。

像网络技术、新的中介（New Intermediaries）、新闻业中的"去职业化"（Deprofessionalization）以及建立在互联网和技术变化之上的新工作惯例这些新的变化发展，常常会被贴上"新媒体伦理"（Debatin，2010）或"数字媒体伦理"（Ess，2009）的标签。"新媒体伦理"这个术语并不太让人满意：首先，"新"这个词有时间依赖性，比如在20世纪50年代，电视就是新媒体，但今天它肯定不是，甚至作为新媒体伦理的主要研究目标的互联网也不是"新的"，因为它现在已经是一种广泛传播和应用的技术（Debatin，2010:318）。其次，"媒介"仍然主要指大众媒介，尽管新技术并不需要拥有同样的功能。目前，由Ess（2009）提出的"数字媒体伦理"一词，好像更适合用于与算法新闻相关的伦理讨论，因为它主要关注技术的核心特征，而不只是对技术创新状况进行描述。

遵循这种常规分类，社会科学中的媒体伦理学近年来受到了计算机科学中网络伦理学的影响（Maner，1996；Spinello，2011）。网络伦理学主要指涉及网络技术的道德、法律和社会问题的研究，比如隐私权、财产权、言论自由等问题。按照Tavani（2011:11）的观点，可以将其理解为"核心（传统）道德观念的具体表达，像自治、公平、正义、责任，以及对人的尊重"。

在网络伦理学研究领域，研究新闻学中的算法伦理，尤其是算法新闻，必须要考虑到其他应用伦理学研究领域。在这些应用伦理学研究领域，尤其要考虑以下这些应用伦理学："计算机伦理学"（Computer Ethics）（Johnson，2009；Pierce and Henry，1996）主要研究的是计算机计算过程中的道德问题；"信息伦理学"（Information Ethics）（Capurro，2007）主要研究的是信息流动和处理信息的道德问题;“互联网伦理学”(Internet Ethics)(Langford,2000)主要研究的是有关互联网的道德问题,它主要关注互联网链接和技术基础方面的道德问题;最近大家讨论的“机器伦理学”(Machine Ethics)或“机器人伦理学”(Robot Ethics)(Shulman et al.,2009; Borenstein&Pearson,2012),主要研究人工智能系统和必须要包括在内的代理机构(Agents)的道德行为安全问题。这种数据结构与算法讨论紧密联系在一起,作为相对自主的行动者,人工智能系统也是委托代理(道德)机构(Just &Latzer,2016)。

因此,算法新闻伦理位于数字媒体伦理(作为新闻伦理的一部分)和网络新闻伦理的重叠交叉领域。图1展示了在伦理研究领域内算法新闻所处的位置,同时也回答了本文提出的第一个研究问题。

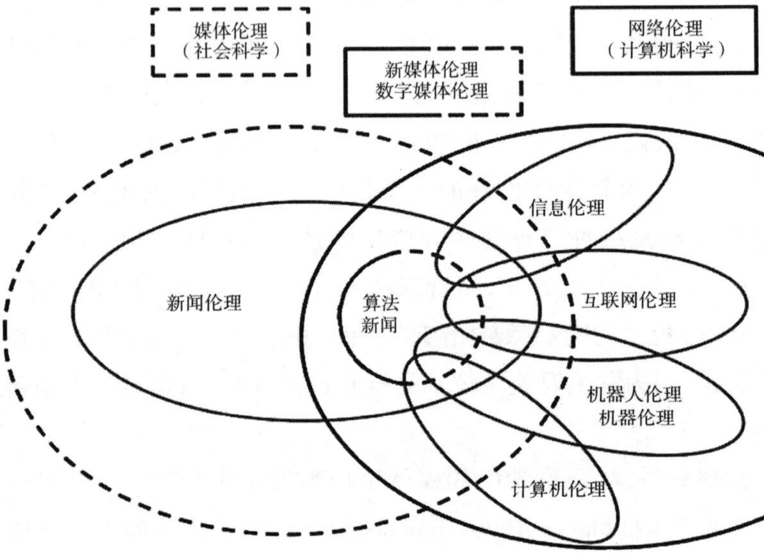

图1 算法新闻在伦理学研究中所处的位置

在媒体伦理研究领域,新闻业是最早得到详尽阐述的领域之一(e. g. Groth,1930)。在这一领域内,与新闻业相关的社会与技术发展塑造了伦理与道德话语,同时明确指出新闻业应该为社会做些什么贡献(Brosda and Schicha,2010)。

在整个新闻业与社会、技术互动演化发展的过程中,各种价值观被写入新闻业的行业规范中。起初,新闻业被认为仅仅是报道新闻而已——不受编辑干涉、再现事实(Brosda,2010:259)。新闻业的主要目标是提供信息,客观性、中立性(Neutrality)、可验证性(Confirmability)以及中介作用(The Role as Intermediary)等价值观逐渐确立起来。在18世纪末到19世纪初风起云涌的社会运动中,一种新的解释新闻的传统确立起来,这就是阐释新闻(Expatiating Journalism)。这种新闻理念认为,新闻应该"照亮"社会、找到真理、批评当权者、采取一定的立场,从而帮助社会确立一种主张。观点自由、新闻自由的理念,以及为少数弱势群体说话的理念,也在这一阶段确立起来。在新闻业要"照亮"社会的这一传统中,它有了很大发展,它强调真相的价值,打击权力滥用,保护消息来源(Brosda,2010)。在20世纪上半叶,另一种新闻业理念——解释性新闻(Interpretive Journalism)开始发展起来(Selgado,2012),这种新闻理念强调报道与阐释之间的平衡,同时也试图平衡各种对客观性道德价值观的不同理解,并促进公众舆论的形成。

在20世纪后半叶,新闻业的巩固阶段出现了,也就是在新闻业的组织层面,对于伦理的反思让嵌入新闻组织的职业实践惯例开始发展起来。最典型的例子就是报业伦理规则的制订,比如1973年德国制订的《报业伦理规则》(*Pressekodex*),1954年国际记者联合会通过的报业准则(IFJ 2015)。

由于新技术的发展,在21世纪初,新闻业的巩固阶段结束。科瓦奇和罗森斯蒂尔(2007)指出,"去职业化的"新闻报道形式,取代了传统上严格执行事实核查的"新闻查证"(Journalism of Verification)。首先,"断言式新闻"(Journalism of Assertion)回归到记者只做一小部分调查的报道传统,新闻记者只是利用背景信息来丰富现有事实。与此同时,"后事实"(Post-fact)或"事后核查"(After-fact Checking)这类新闻报道也有了一定的发展(Shirky,2014:15)。因此,像详细审核(Scrutiny)与更正(Correctness)这类传统新闻价值观受到了一定的影响。其次,"肯定式新闻"(Journalism of Affirmation)主要是提供意见,像客观性和支持弱势群体这类价值理念就会遭遇冲突。最后,随着"聚合式新闻"(Journalism of Aggregation)的出现,算法最终出现在新闻业中。利用算法,新闻组织可以"扫描"各种网络资源(新闻机构、网站、博客、公关组织),但它们不会对这些网络内容进行事实核查、验证这些消息来源的可靠性,或者是给这些内容付费。因此,新闻业的可靠性和正确性这类价值观受到一定的影响,像"你不能偷走(我的内容)"这种道德准则也被打破了(Debatin,2015)。

尽管数据搜索与来源问题(Bradshaw,2014)、算法权威性(Carlson,2014)、算法客观性(Gillespie,2014)、数据的使用与滥用(Zion and Craig,2014)、算法推理(Kraemer,van Overveld and Peterson,2011; Young and Hermida,2014)、透明性(McBride and Rosenstiel,2014a),以及责任(Diakopoulos,2015)等问题,都已经是算法应用科学讨论话语中的一部分,但对于算法新闻面对的伦理问题,研究者们并没有给予详细分析。

在讨论新闻伦理的最新研究时,新闻伦理的传统问题,像客观性报道、新闻受贿、将观点与事实分开、公关或广告对新闻业的影响、对报道事实的更正、尊重隐私与版权,或者是利用正当的研究方法等问题,都应该放到自动化内容生产的语境中来讨论,同时也要在职业化新闻生产的语境中讨论自动化内容的使用与传播。

三、分析框架

本部分提出了算法新闻的一个分析框架,目的是从各个层面揭示算法新闻面临的伦理挑战。

在新闻伦理的微观层面,有一种强调德性伦理的强大传统,这种考察新闻伦理的思维模式一般认为,作为个人的记者在道德上应该具有很强的责任心。他(或她)应该是勤奋的、可靠的、诚实的、值得信赖的,并且在行动中具有很强的辨别能力。这种道德常常被认为是记者本身应该具有的,或者在新闻教育中应得到足够强调的(Hömberg and Klenk,2014)。

由于媒介体制不同,对新闻伦理中的个人伦理,也经常会出现一些批评,当然,也不可能让个人对特定的后果负责。此外,专业记者有时会面临一定的外部限制(经济方面的限制或者等级结构方面的限制),这些限制有时会阻碍他们的道德行动(Funiok,2011 and 2015; Kraemer,van Overveld and Peterson,2011)。以上这些批评同样适用于算法新闻,因为在新闻生产过程中有多个参与者,显而易见,这些不同的参与者在不同层面应负不同的责任。因此,在组织、专业和社会领域,本文明确指出了媒体组织、专业记者、服务供应商、程序设计师、数据提供者,以及受众所面临的伦理挑战。

学者们有各种各样整合新闻伦理的实践，比如 Pöttker(1999)提出的伦理分隔三原则，Thomaß (2003)提出的新闻实践五种伦理准则，Haller (1992)对各种价值结构的分类，以及 Pürer 提出的多层次责任体系，这一体系是建立在一个更加抽象的层次上，在个人层面上，多层次责任体系还考虑、分析了媒介体制和受众因素。

在本文中，我们遵循 Pürer 的分析路径，来分析算法新闻在不同层面所面临的伦理挑战，同时依据韦斯肯伯格、马利克和肖尔(2006)对新闻业的分类，对这个分析框架进行补充。如果从制度层面来理解新闻业，它可以被结构化为组织的、专业的和社会的领域。在社会层面，通过观察局部社会、为公众提供相关信息，新闻业可以实现某些特定的目标。这些目标包括有一定影响的基于事实的产品(Weischenberg, Malik and Scholl, 2006:346)，以及公众特别感兴趣的产品(Rühl, 1980:382)。在专业层面，依据特定的规则和日常惯例，新闻业就是在媒体组织内部组织层面上的传统信息生产(Hohlfeld, 2003:127; Wolf, 2014:66)。在此，媒体组织被看作实现特定社会功能的机构，对媒体组织的这一理解非常重要(Weischenberg, Malik and Scholl, 2006:347)。对于媒体组织的伦理分析显示，在这些领域内，媒体的功能和面临的挑战有明显的变化。

正如上文所述，Pürer (1992)提出的伦理分层，与韦斯肯伯格、马利克和肖尔(2006)提出的伦理框架类似，因此，这两个理论能够互相补充，并且可以为各个层面的伦理讨论提供框架。

首先，个体记者道德依赖于个人道德水平，这一点明确反映在职业领域中。个人道德水平还会涉及法律管制和新闻准则，比如要求遵循客观性、透明性和准确报道的准则，以及适当应用研究方法。当然，在职业领域中，个人道德会受到组织、社会、文化结构的塑造和影响，同时也会受到记者工作中职业和个人准则的影响和塑造。在算法新闻中，这些准则被嵌入编程过程中，因为记者和程序员合作，让他们一起制作的新闻产品符合个人和媒体组织的伦理标准。我们认为，在算法新闻中，(道德)人类(Man Agency)所遵循的道德伦理部分地嵌入到算法当中。在算法建构现实方面，Just 和 Latzer 两位学者注意到“算法并不像传统的大众媒介技术那样机械古板，而是主要以被授权的形式运行，容许一定的目的性和自主性”。此外，他们认为，记者和算法代理人之间合作的复杂性,带来了伦理问题(比如较低的透明性、可控性、责任性)。从不那么极端的方面来看,个人伦理也逐渐开始发挥作用,在等级控制中,记者控制着最终产品,如果出现伦理问题,记者会不断地调整软件,或者改变基础数据集。

基于 Pürer (1992)提出的多层次责任体系,以及韦斯肯伯格、马利克和肖尔(2006)提出的新闻业不同领域的划分,笔者提出了本文伦理分析框架,见表1。

表1 伦理分析框架

道德理论		
组织领域	职业领域	社会领域
媒介系统伦理	个人伦理	受众伦理
-等级张力 -经济目标	-客观性 -透明性 -精确性 -尊重隐私 -适当的研究方法 -将事实与虚构分开	-媒体教育 -需求控制
框 架		

其次,在媒介体制层面,我们将个人伦理扩展到立法者、媒体工作人员和媒体所有者的具体责任层面。这也反映了在组织领域内,媒介组织所反映的社会、政治、经济需求和等级结构。

再次,Pürer 认为受众也应该负一定的伦理责任,因为新闻生产会受到公众需求的影响。受众有权利(经济权利)拒绝特定的新闻产品。这个道德责任层次可以与社会领域整合起来。不过,不同层次的责任并不能清晰地分离开来。正如报业伦理准则所显示的,这些伦理准则反映了记者日常工作的标准,同时又被整合到组织层面(媒体公司或媒体企业)。

最后,这个多层次框架还可以嵌入道义论、功利主义、契约论、德性伦理等相关的宏大道德理论中,因为在讨论算法新闻的具体伦理问题时,这些道德理论非常有用(见表1)。

新闻业必须要面对伴随着新技术出现的伦理挑战，因此，从技术角度来确定可能出现的冲突领域非常有价值。算法新闻技术的特殊属性，与韦斯肯伯格、马利克和肖尔(2006)以及 Pürer(1992)提出的伦理分析框架之间也有一定的相互补充关系。

四、来自技术的伦理挑战

算法新闻在本文的定义为：从私人或公共数据库中选择电子数据，进行(半)自动化的自然语言生成过程(Input，输入)，对预先选择或没有选择的数据特性(Data Characteristics)进行对应分配，将相关数据集(Data Sets)处理和结构化为一个语义结构(Throughput，数据处理过程)；在一定的范围内，通过在线或离线平台发布最终文本(Output，输出)(Dörr，2015)。

自然语言生成(NLG)的前提是有一个数据库，比如体育、金融、天气或交通数据。通过云计算或局部存储器(Local Memory)，可以使用这些数据。然后，依据预先定义的语言和统计规则，将数据处理为自然语言中的一个文本(Carstensen et al.，2010)。也可以通过云计算，或者软件的本地副本来处理数据，因为最终的结果是以文本形式出现的，比如，对最近一次足球比赛的报道，所以整个数据生成法则必须预先设定在编码程序中，文本生成过程——实际上就是“写作”过程，以及绝大部分出版过程(输出)，几乎是完全没有人力干涉的自动化过程。最后的出版阶段完全取决于一个媒体组织内部内容管理和网络出版系统中数据处理软件的运作情况(也就是取决于技术发展的潜力)(Dörr，2015)。

新闻生产过程中出现的这些变化，使得记者的作用发生了相应的转变，同时也引发了要解决的诸多伦理问题(见表2)。以技术为前提，在新闻业和伦理责任层次内，我们能够确认在内容生产之前(输入)、内容生产期间(数据处理过程)、内容生产之后(输出)可能会出现的一系列伦理挑战。

首先，有关数据输入层面的伦理问题可以确定下来。结构化数据是自然语言生成及其新闻使用的前提条件，因此有关数据来源的问题会随之出现。文本自动化生成过程中所使用的数据必须可靠准确。在金融报道方面，这一点表现得较为明显，例如错误的数据会报出错误的股票价格。基于错误的程序或数据资源,数据生成软件会一直生产错误的报道。因为自然语言生成还没有创造性或自我学习能力(Reiter,2010),在编程方面,算法新闻中依然存在人的因素。

表 2　算法新闻的伦理挑战

道德理论

	组织领域	职业领域	社会领域
	媒介系统伦理	个人伦理	受众伦理
输入	数据 ·数据来源 -可信度(精确性) -客观性 -责任 -尊重隐私 -适当的数据采集方法 -偏见 ·数据权利/数据权威 ·经济目标 代码 ·代码结构 -透明性 -客观性 -责任 -精确性 -偏见 -优化机器传播 ·代码权利 -责任 ·经济目标	代码 ·代码结构 -透明性 -客观性 -责任 -精确性 -偏见 -优化机器传播	数据 ·数据来源 -观察部分社会的数据多样性
数据处理	生产权威	软件/代码检测与监视	
输出	·结果权威 ·透明性 -披露数据来源 -自动化披露 -代码披露 ·法律责任	·结果监视导致权威	·透明性与信任 ·需求控制 ·数据与文本分析的可证实性 ·仅在本地的社会观察

框　架

8 月 5 日一则有关格雷厄姆控股有限公司收入的报道，是美联社数据生成软件 Automated Insights 依据来自查克斯投资研究公司的数据自动生成的。在美联社的这则报道中，格雷厄姆控股有限公司的股价自去年以来就一直下跌。不过，在将格雷厄姆公司状态调整为分拆之后，该公司股价今年上涨 33%，与一年前相比股价上涨 62%（Fox News，2015）。

其次，是否存在降低数据集信息价值的遗漏数据，或者是混乱无序的数据类目。在内容生产过程中，遗漏的数据类目有可能导致偏见，因为软件只能处理数据库显示的数据信息。那么这些数据能够满足客观性的前提条件吗？它能够完整地报道一个新闻故事吗？这些数据是从哪里获得的？是谁搜集了这些数据？这些数据又是如何收集的？

从传统上看，保护消息来源是与新闻业高度相关的一个要素。在算法新闻中，保护消息来源是否可以实现，这一点很值得怀疑，因为依据数据透明原则，互联网服务供应商及其新闻客户，应该提供所有的数据来源（Ward，2014）。另外，在数据搜集过程中，个人及其隐私权是否会受到侵害？之前，数据来源和质量问题处于传统新闻业中的个人责任层面。现在，这一责任问题转移到了媒体组织的管理层面或第三方代理机构，因为它们决定哪些数据用于制作新闻产品。因此，数据权利和数据权威的问题也随之出现。由于编程的复杂性，自然语言生成常常会外包给比较专业的公司，像 Automated Insights 和 Retresco 这些软件公司，而这会导致数据处理过程中出现一系列问题。媒体组织是否有权利处理数据，并将生成的文本商用？此外，媒体组织经常会面临经济紧张的压力，它们可能会有当务之急要做什么的疑问：搜集数据要符合新闻价值标准，还是通过处理数据来提供商业化的产品？

最后，由于算法新闻只能在编程语义结构和预先设定的规则中生成，在输入层面，有关程序代码编写的问题就凸显出来。程序代码能够反映媒体组织的新闻价值吗，比如透明性、客观性、责任和准确性？例如，美联社花费了一年时间让数据软件与其写作报道风格相匹配（ASBPE，2015）。对于不同的、更加复杂的算法新闻产品而言，将伦理价值融入这些新闻产品到底有多大的困难？媒体组织能够理解编程吗？它们能够透露公众需求的相关性和资源分配吗？此外，程序员的主要目标是解决一个特定问题，并且能够让软件运作，所以，这些程序员的工作惯例必然被重塑。因此，在编程过程中，应该嵌入新闻价值(Del Campo et al. ,2013)。比如，为了让新闻业中的编程设计体现伦理应用，Friedman、Kahn 和 Borning (2008)三位学者提出了“价值敏感设计”(Value-sensitive Design)理论。他们指出(2008:69)，“价值敏感设计是一种技术设计的理论基础路径，在整个设计过程中，它以一种原则性和全面性的方式，来解释说明人类的价值”。因此，伦理责任从个人层面转移到了媒体组织或第三方层面。

在数据处理过程中，媒体组织控制着生产权威性，同时，媒体组织必须要解决权威性和透明性等问题，像提供数据来源、自动化和编程代码，以及在输出层面的法律责任问题。目前，美联社利用一行特殊的文字来标记自动化生成文本，这个标记会告诉读者该文本是由 Automated Insights 利用查克斯投资有限公司提供的数据自动生成的(AI,2015)。不过，正如 Dörr(2015:14)所说，其他一些新闻组织并没有明确标记它们的自动化生成内容。

以往，选择匿名消息来源是保护记者免于迫害的一个基本前提条件。不过，这一新闻伦理准则与其他价值观会发生冲突，像透明性和责任。如果受众要履行道德责任(社会领域)，消息来源和作者是否可见就变得非常重要。如果在算法生成的文本及其数据来源上没有明显可见的信息标记，那么受众如何决定是否消费这则信息，或者是否可以依赖这则信息？因此，信息不对称的问题随之出现。最近的实证研究结果也表明，受众并不能够履行其道德责任，因为受众无法区分一些没有标记的新闻报道是由人类记者撰写的，还是由算法自动生成的(Clerwall,2014; Graefe et al. ,2015; Van der Kaa and Krahmer,2014)。此外，受众也不能确定自动化软件提供的信息是否准确，或者有无统计偏误。受众控制着算法信息的需求和表现形式，他们还决定着算法新闻观察数据资料的话题(对于可观察的社会而言，在数据输入层面，数据的多样性是一个前提条件)。

在专业领域，由于功能方面的转变，新闻记者必须要面对与媒体组织一样的编码结构问题。在数据处理和输出过程中，还会出现数据权威性的问题:如果在生产过程中出现错误，那么谁应该监测机器、软件、程序？比如，美联社已经停止监测通过公司收入报告生成的每一篇报道，因为这项工作太耗时间(Turi,2015)。这种监测也与输出层面有关,因为生成的文本常常是通过系统自动发布的(ASBPE,2015)。

在本文中,我们不可能完全展示所有层面的伦理问题,表2比较全面地列举了算法新闻面对的伦理挑战,同时为未来的研究提供了一个方向。

结论

在我们生活的各个领域中,算法正在建构着现实,而人工智能逐渐成为(道德)机构的委托代理人;算法作为内容生产者在社会生活中的制度化,必然会让专业新闻机构面临各种各样的伦理挑战。

首先,本文主要在数字媒体伦理和网络伦理的叠加领域定位算法新闻面临的伦理挑战,主要集中在新闻伦理上。功利主义、道义论、契约论和德性伦理学等道德理论是反思算法新闻对未来研究影响的基础。

其次,本文提供了一个伦理框架来明确和讨论这些伦理问题。以韦斯肯伯格、马利克和肖尔(2006)对新闻业的理解为框架,以 Pürer(1992)提出的多层次责任系统为基础(该多层责任系统为组织领域、职业/个人领域、社会领域都分配了相应的道德责任),本文提出了分析算法新闻伦理的一个理论框架。算法新闻的技术视角可以帮助我们进一步明确在新闻生产之前、新闻生产过程中,以及在发布新闻之后,新闻业所面临的诸多伦理挑战。

在新闻生产过程中,由谁来承担责任发生了重大变化。随着算法新闻的崛起,个体记者,即记者个人,不再是主要的道德主体(Moral Agent),因为其他一些参与者,不管是新闻工作者,还是非新闻工作者,都卷入了新闻生产的各个层面,比如,算法委托代理机构、媒体组织、自然语言生成的程序设计师或服务供应商、数据采集人员。所以,个人的重要性在逐渐降低,而作为道德主体的媒体组织和媒介体制,其重要性在逐步上升。

由于非新闻工作者也可以使用自然语言生成技术来生产文本内容,在一定的范围内,他们有可能接触到一定的受众,所以这也会进一步形成伦理挑战,对于那些参与到新闻生产过程中的非新闻工作者,我们也要制订一些伦理准则,让他们掌握一定的伦理知识。

媒体组织和编辑部门内部的等级制度会引发其他一些挑战,不过,外部供应商的技术属性和算法新闻程序,会使得这些挑战的重要性逐渐降低。不过,在搜集或处理数据过程中,偏误仍然可能是一个伦理问题。因此,法律与监管问题随之出现(Darling,2012; Weeks,2014; Saurwein,Just and Latzer,2015)。

在新闻生产过程中,新闻记者与程序员之间的关系是需要进一步研究的对象,同时这也有助于我们更好地了解算法背后的权力结构。

受众的作用也需要进一步考察,但受众这个层面可能并不是一个要求道德责任的适当层面,因为如果不做标记,受众几乎不能区分哪些报道是记者写的,哪些报道是自动化生成内容。

最后,重要的一点是,我们要注意到,算法新闻也能够克服传统媒介体制的伦理问题。算法新闻可以将人类记者从日常惯例工作中解放出来,它也可以减轻媒体组织的经济压力和数量需求压力。算法新闻还可以将记者的能力释放出来,让他们去做更多的深度分析报道,同时也会让这些记者去思考新闻工作中的伦理要求,比如,核查多种消息来源、反思工作惯例、更加勤勉地工作,以及维护人的尊严等。

在算法过程和算法应用的影响下,未来的研究有必要扩展对新闻业中有关责任的讨论。因此,在组织、个人/职业、社会/受众等各个层面,新闻工作者和非新闻工作者必须要制订相应的道德与伦理价值指南,比如,算法应用的价值敏感设计。这是让算法新闻以及所有其他自动化专业新闻产品满足同样的伦理标准的唯一路径。

〔译者张建中,西安外国语大学新闻与传播学院副教授、国际传播研究所所长。〕

参考文献

AI. Automated insights and the associated press[EB/OL]. http://automatedinsights. com/ap/.

ANDERSON,CHRISTOPHER W. Towards a sociology of computational and algorithmic journalism[J]. New Media and Society,2012,15 (7).

ANANNY,MIKE. Toward an ethics of algorithms: convening,observation,probability,and timeliness [J]. Science,Technology & Human Values,2015,41 (1).

ARISTOTLE. The nicomachean ethics [M]//DARWALLS. Virtue ethics. Malden: Blackwell,2003.

ASBPE. AP's Tom Kent: the time has arrived for robotics journalism ethical checklist[J/OL]. (2015 - 05 - 03). http://www. asbpe. org/blog/2015/05/03/aps - tom - kent - the - time - has - arrived - for - robotics - journalism - ethical - checklist/.

BENTHAM,JEREMY. The rationale of reward [M]. London: Forgotten Books,2015.

BORENSTEIN,JASON, PEARSON Y. Robot caregivers: ethical issues across the human lifespan[M]//LIN P,ABNEY K, A. BEKEY G. Robot ethics: the ethical and social implications of robotics. Cambridge (MA): MIT Press,2012.

BRADSHAW,PAUL. Data journalism[M]//ZION L,CRAIG D. Ethics for digital journalists: emerging best practices. New York: Routledge,2014.

BROSDA,CARSTEN. Journalism[M]//BROSDA C,SCHICHA C. Handbook media ethics. Wiesbaden: VS Verlag,2010.

BROSDA, CARSTEN, SCHICHA C. Introduction[M]//BROSDA C, SCHICHA C. Handbook media ethics. Wiesbaden: VS Verlag,2010.

BROUSSARD,MEREDITH. Artificial intelligence for investigative reporting: using an expert system to enhance journalists' ability to discover original public affairs stories[J]. Digital Journalism,2014,6(3).

CAPURRO,RAFALE. Intercultural information ethics[M]//CAPURRO R,FRÜHBAUER Y, HAUSMANNINGER T. Localizing the Internet ethical aspects in intercultural perspective. Munich: Fink,2007.

CARLSON,MATT. The robotic reporter, automated journalism and the redefinition of labor, compositional forms,and journalistic authority[J]. Digital journalism,2014,3(3).

CARSTENSEN,Kai - Uwe, EBERT C, EBERT C, JEKAT S, KLABUNDE R, LANGER H. Computational linguistics and speech technology[M]. Heidelberg: Spektrum,2010.

CLERWALL,CHRISTER. Enter the robot journalist: users' perceptions of automated content [J]. Journalism practice,2014,(8) 5.

CULVER,BARTZEN K. Disengaged ethics: code development and journalism's relationship with the public[J]. Journalism Practice,2017,11(4).

DARLING,KATE. Extending legal rights to social robots[J/OL]. [2012 - 01 - 18]. http://papers. ssrn. com/sol3/papers. cfm? abstract_id = 2044797.

DARWALL,STEPHAN. Contractualism[M]. Malden: Blackwell,2003.

DAVIS, MICHAEL, KUMIEGA A, VLIET B. Ethics, finance, and automation: a preliminary survey of problems in high frequency trading[J]. Science and engineering ethics, 2012, 19.

DEBATIN, BERNHARD. New media ethics[M]//BROSOA C, SCHICHA C. Handbook media ethics. Wiesbaden: VS Verlag, 2010.

DEBATIN, BERNHARD. The end of ethics in journalism? [M]//PRINZING M, RATH M, SCHICHA C, STAPF I. Neuvermessung der medienethik. Bilanz, Themen und Herausforderungenseit 2000. Weinheim/Basel: BeltzJuventa, 2015.

CAMPO D, MATIAS, FURE A, MCGEE W, MANNINGER S, FLEXER A. Autonomous tectonics—a research into emergent robotics construction methods[M]// SCHEURER F, NEMBRINI J, KILIAN A, GENGNAGEL C. Rethinking prototyping: proceedings of the design modelling symposium. Berlin: Berlin Press.

DIAKOPOULOS, NICHOLAS. Algorithmic accountability. journalistic investigation of computational power structures[J]. Digital journalism, 2015, 3(3).

DÖRR, KONSTANTIN. Mapping the field of algorithmic journalism [J]. Digital journalism, 2015.

ESS, CHARLES. Digital media ethics[M]. London: Polity Press, 2009.

FOX NEWS. Correction: earns-graham holdings story[EB/OL]. (2015 - 08 - 07). http://www.foxnews.com/us/2015/08/07/correction – earns – graham – holdings – story/.

FRIDMAN, BATYA, KAHN P H, BORNING A. Value sensitive design and information systems [M]//HIMMA K E, TAVANI H T. The handbook of information and computer ethics. New Jersey: Wiley, 2008.

FUNIOK, RÜDIGER. Media ethics: responsibility in media society[M]. Stuttgart: Kohlhammer, 2011.

FUNIOK, RÜDIGER. Topics and authors of the development of the German communications and media ethics[M]//PRINZING M, RATH M, SCHICHA C, STAPF I. Remapping media ethics, results, topics, and challenges since 2000. BeltzJuventa: Weinheim/Basel, 2015.

GILLESPIE, TARLETON. The relevance of algorithms[M]//GILLESPIE T, BOCZKOWSKI P, FOOT K. Media technologies: paths forward in social research. London: MIT Press, 2014.

GRAEFE, ANDREAS, HAIM M, HAARMANN B, BROSIUS H B. Perception of automated computer-generated news: credibility, expertise, and readability[Z]. Paper presented at the 11th Dubrovnik Media Days, 2015.

GROTH, OTTO. The newspaper: a system of journalism[M]. Mannheim: J. Bensheimer, 1930.

HALLER,MICHAEL. Journalists and the need for ethics[M]//HALLER M,HOLZHEY H. Media ethics. Opladen: Westdeutscher Verlag,1992.

HOHLFELD,RALF. Journalism and media research: theory, empirical research, transfer[M]. Konstanz: UTB,2003.

HÖMBERG,WALTER KLENK C. The responsibility of a journalist: individual and professional ethical maxims[M]. Wiesbaden: Springer VS,2014.

HORNER,DAVID S. Understanding media ethics[M]. Brighton: SAGE,2013.

IFJ. IFJ declaration of principles on the conduct of journalists[J/OL]. [2017 - 9 - 28]. http://www. ifj. org/about - ifj/ifj - code - of - principles/.

JOHNSON,DEBORAH G. Computer ethics[M]. London et al.: Pearson,2009.

JUST,NATASCHA,LATZER M. Governance by algorithms: reality construction by algorithmic selection on the Internet[J]. Media,culture & society,2017,39(2).

KANT,IMMANUEL. The metaphysics of morals [M]//DARWALL S. Deontology, malden: blackwell,2003.

KERNAGHAN,KENNETH. Digital dilemmas: values, ethics and information technology[J]. Canadian public administration,2014,57(2).

KOVACH,BILL,ROSENSTIEL T. The elements of journalism: what newspeople should know and the public should expect[M]. New York: Three Rivers Press,2007.

KRAEMER,FELICITAS,OVERVELD K V, PETERSON M. Is there an ethics of algorithms [J]. Ethics and information technology,2011,13 (3).

LANGFORD,DUNCAN. Internet ethics[M]. New York: St. Martin's Press,2000.

LIN,PATRICK. Why ethics matters for autonomous cars[M]//MAURER M,GERDES C J,LENZ B,WINNER H. Autonomous driving: technical, legal, and societal aspects. Berlin, Heidelberg: Springer,2015.

MANER,WALTER. Unique ethical problems in information technology[J]. Science and engineering ethics,1996,(2)2.

MCBRIDE,KELLY, ROSENSTIEL T. New guiding principles for a new era of journalism[M]// MCBRIDE K, ROSENSTIEL T. The new ethics of journalism. Thousand Oaks, CA: CQ Press,2014.

MCBRIDE,KELLY,ROSENSTIEL T. The new ethics of journalism[M]. Thousand Oaks, CA: CQ Press,2014.

MEIER,KLAUS. New journalistic genres [M]//. MEIER K. Internet journalism. Konstanz:

UVK,2002.

MILL,STUART J. Utilitarianism[M]. Stuttgart: Reclam,2006.

MITCHAM,CARL. Agency in humans and artifacts: a contested discourse[M]//KROES P, VERBEEK P. The moral status of technical artefacts. Dordrecht:Springer,2014.

NAPOLI,PHILIP M. Automated media: an institutional theory perspective on algorithmic media production and consumption[J]. Communication theory,2014,(24)3.

PARRY,ROGER. The ascent of media:from Gilgamesh to Google via Gutenberg[M]. London: Nicholas Brealey Pub,2011.

PAVLIK,JOHN. The impact of technology on journalism[J]. Journalism studies,2000(1)2.

PAVLIK,JOHN. Innovation and the future of journalism[J]. digital journalism,2013,(1)2.

PIERCE,MARGARET A, HENRY J W. Computer ethics: the role of personal,informal,and formal codes[J]. Journal of business ethics,1996,15(4).

PÖTTKER,HORST. Professional ethics for journalists? principles of separation on the trial [M].//HOLDEREGGER A. Communications and media ethics. Freiburg: Academic Press Fribourg,1999.

PRINZING,MARLIS,RATH M,SCHICHA C,STAPF I. Remapping media ethics:results,topics,and challenges since 2000[M]. Weinheim/Basel: BeltzJuventa,2015.

PÜRER,HEINZ. Ethics in journalism and mass communication[J]. Publizistik,1992.

REITER,EHUD. Natural language generation[M]//CLARK A,FOX C,LAPPIN S. The handbook of computational linguistics and natural language processing. Oxford: Wiley – Blackwell.

REITER,EHUD,and DALE R. Building natural language generation systems[M]. Cambridge: Cambridge University Press,2000.

ROSS,DAVID W. The right and the good[M]//DARWALL S. Deontology. Malden: Blackwell, 2003.

RÜHL,MANFRED. Journalism and society J[M]. Mainz: v. Hase& Koehler,1980.

SAURWEIN,FLORIAN,JUST N,et al. Governance of algorithms: options and limitations[J]. Info,2015,17 (6).

SELGADO,SUSANA,STRÖMBÄCK J. Interpretive journalism: a review of concepts,operationalizations and key findings[J]. Journalism,2012,13 (2).

SHIRKY,CLAY. Truth without scarcity,ethics without force[M]//MCBRIDE K,ROSENSTIEL T. The new ethics of journalism. Thousand Oaks: CQ Press,2014.

SHULMAN,CARL,TARLETON N,et al. Which consequentialism? machine ethics and moral divergence[C]//REYNOLDS C, CASSINELLI A. AP – CAP 2009: The Fifth Asia – Pacific Computing and Philosophy Conference, October 1 – 2, 2009: 23 – 25.

SPEAMANN, ROBERT. About the critique of political Utopia[M]. Stuttgart: Klett, 1997.

SPINELLO, RICHARD A. Cyberethics: morality and law in cyberspace[M]. Sudbury: Jones & Bartlett, 2011.

TAVANI, HERMAN H. Ethics and technology: controversies, questions, and strategies for ethical computing[M]. New Jersey: Wiley, 2011.

THOMAß, BARBARA. FünfethischePrinzipienjournalistischer Praxis [M]//DEBATIN B, FUNIOK R. Kommunikations – und Medienethik. Konstanz: UVK, 2003.

VON LISA ROSSEL. AP Setzt Auf Roboterjournalismus[EB/OL]. (2015 – 04 – 16)[2017 – 10 – 5]. http://www. turi2. de/aktuell/ap – setzt – auf – roboterjournalismus/.

DALEN V, ARJEN. The algorithms behind the headlines: how machine – written news redefines the core skills of human journalists[J]. Journalism practice, 2012, (6) 5 – 6.

KAA V D, HILLE, KRAHMER E. Journalist versus news consumer: the perceived credibility of machine written news[C/OL]. Presented at the 2014 Computation + Journalism Symposium, Columbia University, New York, NY, 2014. http://compute – cuj. org/cj – 2014/cj2014_session4_paper2. pdf.

WARD, STEPHEN J. The invention of journalism ethics: the path to objectivity and beyond [M]. Montreal: McGill – Queen's University Press, 2006.

WARD, STEPHEN J. The magical concept of transparency[M]//ZION L, CRAIG D. Ethics for digital journalists: emerging best practices. New York: Routledge, 2014.

WEEKS, LYNN. Media law and copyright implications of automated journalism[J]. Journal of intellectual property and entertainment law, 2014, 4(1).

WEISCHENBERG, SIEGFRIED, MALIK M, et al. Journalism in Germany 2005: central findings of a representative survey of German journalists[J]. Media perspektiven, 2006(7).

WOLF, CORNELIA. Mobile journalism: services, production routines and strategies of German editorial offices in print and audio[M]. Baden – Baden: Nomos, 2014.

YOUNG L M, HERMIDA A. From Mr. and Mrs. Outlier to central tendencies[J]. Digital journalism, 2015, 3(3).

ZION, LAWRIE, CRAIG D. Ethics for digital journalists: emerging best practices[M]. New York: Routledge, 2014.

网民公共性表达的法治优化问题*

◎ 陈堂发*　杨世宏*

摘要:司法执法主体对网民公共性表达的法律责任追究应体现法治理念,优化法律条文的适用范围。应增强执法机构追究不适当的网络表达的法律责任的程序环节的正当性,弱化诽谤案中的"刑事优先""公诉"意识,有必要作公诉案件起诉的,应强化必要性审查。在法条适用方面,"扰乱社会秩序""具有社会危害性"等标准有待清晰化及解释理性化,并应严格限制将其用于诽谤罪,诽谤责任追究应兼顾宪法性权利。援引"寻衅滋事"条款追究网民刑事责任时应注重对条文的实质解释而非形式解释。

关键词:公共性表达,法治理念,程序正当性,法条阐释

---

* 本文系国家社科基金重大项目"互联网与表达权的法律边界研究"(15ZDB144)阶段性成果。

* 陈堂发,南京大学新闻传播学院教授,博士生导师,国家社科基金重大项目"互联网与表达权的法律边界研究"首席专家,主要研究领域为大众传播法。

* 杨世宏,南京大学新闻传播学院博士生,安徽大学讲师,主要研究方向为大众传播法。

On the Optimization of Governing Netizens' Public Expression by Law

Chen Tangfa　Yang Shihong

Abstract: Charging the legal responsibility for netizens' public expression by subject of law enforcement should reflect the ideal of law system and optimize the application of law provisions. Law enforcement agencies exert responsibility on the netizens giving the improper network expressions by enhancing the legitimacy of procedures and weakening the libel case of the "criminal priority" and the "public prosecution" consciousness. Law enforcement agencies should reinforce the review if it is to be charged in the case of public prosecution. on the criteria for "disturbing social order" and "social harmfulness" should be clearer and explained rationally when they were applied. Crime of defamation must be limited and strictly applied. Crime of defamation should be charged in the consideration of Constitutional Rights. The criminal responsibility of netizens quoted by the Defiance and Affray Crime should be investigated by the essential explanation of the provisions rather than the form interpretation.

Keywords: public expression, ideas of rule of law, justification of procedure, interpretation of law

---

理性的网民公共性表达是国家法治理念的应有之义,保护网络舆论的正当与合法权益是地方政府提升理政能力的重要途径。2017 年 4 月 18 日,习近平在中央全面深化改革领导小组第三十四次会议上强调:"要重点解决好损害群众权益的突出问题,决不允许滥用权力侵犯群众合法权益,决不允许执法犯法造成冤假错案。"最高人民法院党组副书记沈德咏说:"我们坚持依法治国、健全完善人权保障的法律和司法制度,就有责任让人民群众享有免受无端侵犯权利的自由,真正让人民群众感受到制度带来的安全感和法

律的公平正义。”这些精神是地方权力部门正确对待网民公共性表达、优化治理手段的基本指导思想。

一、网民公共性表达失当的追责应强调程序正当性

在依法治理网络舆论方面,无论是追责违法行为还是惩治犯罪行为,都应当追求实质正义和程序正义。缺少实质正义,惩处过度或追责不足固然难以避免,但如果仅有实质正义,程序的非正义性可能消解其正义品质而导致恶的结果。实质正义与程序正义处于矛盾的关系中,两者的价值指向是相反的:实质正义所追求的是对不法行为的惩罚应当做到“得其应得”,力求对不法者的人身权利、财产权利、政治权利的限制或剥夺程度与损害程度对应;程序正义则强调对于不法者的上述权利的限制或剥夺必须有对抗或阻却机制,即遵循一定的办案流程与规则,其目的在于使有可能被限制或剥夺权利的人在罪责施加上受到公正对待,在案件办理的每一个环节通过强化执法司法程序性规范,对可能被施加罪责之人的相关权利予以切实保护。坚守公平正义底线,一靠制度,二靠程序。法治是制度之治。习近平总书记指出:“要靠制度来保障公平正义,在执法办案各个环节都设置隔离墙、通上高压电,谁违反制度就要给予最严厉的处罚。”

就程序正当性的核心内容而言,一是任何人都不得在涉及自己的案件中担任法官,二是任何人在受到不利影响之前都要被听取意见,三是未经法院、陪审团的审判不得宣告有罪。这些规则包含着对人类自身生命的关怀,是判断程序正义与否的标准,构成自然人性、理性的基本要求。正当法律程序有两项基本功能:一是防止公权力滥用,遏制腐败;二是保障个体的基本人权,使得其合法权益不受公权力主体滥权、恣意行为侵犯。

(一)法治思维的治理应经得起程序正当性追问

法律程序正当性理念源于自然法、自然正义观念。自然法蕴涵着行为理性、正义、公平及权利意识,“自然法包括了经过自然推理凝固在人们大脑里的权利和正义原则。它与自然正义、公平和善良保持一致……自然法被

认为在任何地方都一样,普遍适合于任何人,按照自然法则而与生命保持一致。"[①]自然正义,即自然的是非观,其核心思想可概括为"自己不得做自己的法官"和"对他人做出不利行为要事先告知、说明理由和听取申辩"[②]。英国著名法学家、英国上诉法院院长丹宁勋爵在其《法律的正当程序》中指出,"我所说的'正当程序'不是指枯燥的诉讼条例,它所指的是'未经正当法律程序答辩,不得剥夺任何财产和身份拥有者的土地或住所,不得逮捕或监禁任何人,不得剥夺任何人的继承权和生命'""我所说的'正当程序'也和麦迪逊提出美国宪法修正案时所说的非常相似,它已被1791年第五修正案所确认,即'未经正当法律程序,不得剥夺任何人的生命、自由或财产'""我所说的'正当法律程序',系指法律为了保持日常司法工作的纯洁性而认可的各种方法:促使审判和调查公正地进行,逮捕和搜查适当地采用,法律救济顺利地取得,以及消除不必要的延误,等等"。美国学者约翰·蒂伯和劳伦斯·沃克以法律纠纷解决程序为研究对象,通过实证方式证明,案件结果并不是决定人们事后感受的唯一因素,无论获得什么样的裁决结果,一个被认为公平的程序本身更能增加人们对法律制度的满意程度。只要决定的程序符合正义,裁决结果就更具可接受性。[③] 美国心理学与法律研究学者汤姆·R. 泰勒使用控制变量的社会心理实验方法,并在《人们为什么遵守法律》一文中表明,程序正义对人们主观感受的影响不但独立于程序适用的结果,而且也独立于所谓的掌控感。程序的重要意义在于它影响了人们对于权威合法性的态度,而这一态度决定了人们是否会主动服从法律。人们的正义感在很大程度上与其所属群体的身份感有关,程序正义有助于实现人们在社会地位方面的自我认知和满足。[④]

同样一项法律条款,可能导致截然相反的治理结果,"结果"的差异不仅体现在司法判决领域,也体现在行政执法领域。归根究底,执法、司法主体违背程序性规定是问题症结所在。在少数地方的网络言论案件办理实践中,因违反程序性规定而最终使得案件被迫纠错或撤销的情况是有的,虽然

---

① 沃克. 牛津法律大辞典[M]. 李双元,等译. 北京:法律出版社,2003:597.
② 安修. 美国宪法判例与解释[M]. 黎建飞,译. 北京:中国政法大学出版社,1999:183.
③ 萨拉特. 布莱克维尔法律与社会指南[M]. 高鸿均,等译. 北京:北京大学出版社,2011:473.
④ 泰勒. 人们为什么遵守法律[M]. 黄永,译. 北京:中国法制出版社,2015:294.

数量不多,但其也产生了一定的消极影响。如某地开展"打黑"活动期间,网民彭某因转发"打黑"漫画《保护伞》,并加了一句"这把伞好奇怪哟"的点评,被该地的劳教委认定为诽谤,劳教两年。当事人释放满一年后,收到了当地劳教委出具的《撤销劳动教养决定书》:"经复查,对被执行人的原劳动教养决定不当,撤销对被执行人的原劳动教养决定。"而根据有关规定:被决定劳动教养的人对主要事实不服的,由审批机关组织复查。经复查后,不够劳动教养条件的,应撤销劳动教养;经复查事实确凿,本人还不服的,则应坚持收容劳动教养。本案中,在公安机关决定执行之前,审批机关并没有依据规定履行审查职责。

对网络言论进行违法性判定,需要综合考察行为的不法性、结果的有害性。结果不具有有害性,有责性言论也不宜科罚。就程序性而言,对言论内容是否真实性的调查以及不实言论是否导致实质性危害后果的认证,应该在办案机关对当事人采取法律处罚措施之前依法进行。有些个案从报道所提供的信息看,不符合严格的办案程序,即案件直到结案,也没有提供可信的证明材料说明帖子内容的虚假性,或者先行举证言论确实已导致可以被社会普遍感知的危害性结果。从言论扩散行为发生或被发现,到公安机关对违法主体采取强制措施,其中应该有一段时间供公安机关去核查事实或确认社会危害后果的产生,但根据报道所提供的关于这些案件办理过程的不完全信息可知,几乎所有案件中,警方在发现、接受举报或当事人报案后,均立即采取强制执行措施。从严、从快查处,导致多数案件事后被纠错。

程序性问题还体现在有少数案件的管辖、侦办主体违反了"自己不得做自己的法官"的自然正义法则。如浙江张某某转发微博案,嫌疑人家属张某某在其弟涉黑案件一审判决后,转发了山东某律师事务所律师刘某发布的一条微博,质疑警方办案时进行了刑讯逼供,警方以"言论虚构事实扰乱公共秩序"为名,对张某某行政拘留四日。当事人张某某所转发的言论内容是否属实,作为被批评的一方当事人,办理此案的警方应遵从有关规定自行回避,不应成为该起言论案件的执法主体,这是"自己做自己案件的裁判"的体现。

（二）诽谤案中“刑事优先”“公诉”应慎重

英国法学家亨利·梅因认为：判断一个国家文明程度的高低，只要观察一下民法和刑法在该国法律文化中的地位即可获知答案。文明程度比较高的国家，其民法就相应地比较发达，并且会在整个国家的法律文化中居于核心和灵魂地位；与此相反，在文明程度比较低的国家，其刑法就特别发达，而民法则相对萎缩。① 民法具有显著的正义性品质，它把维护人的尊严、自由和人格独立作为焦点，正如孟德斯鸠所言：“在民法的慈母般的眼里，每一个个人就是整个的国家。”②所以，在罗马法时代，法被定义为“善良和公正的技艺”。③

就网络言论诽谤案件的司法实践来看，“刑事优先”问题不可忽略。作为“最后手段”的刑法，有时却被作为“优先手段”甚至是“第一手段”去使用。对于民法可以解决的问题，却放弃追究民事责任，刻意寻求刑事惩治手段。根据《刑法》规定，诽谤罪属于告诉的才处理的案件，诽谤罪案件属于被害人自诉案件，只有属于“但书”条款情形的，方属公诉案件范畴。“刑事优先”或“先刑后民”主要体现为重刑轻民的观念。在实体法的适用上，刑事追责取代民事责任已经成为一种地方权力管控网民言论的执法思维定式。对于不恰当或违法的网络表达，本该有多种治理手段和方式，包括道德的、纪律的、民事的和行政的，刑事治理方法只能作为最后的不得已手段，而非主要手段。刑事手段应该是在其他制裁性手段都确实无效时才作为托底手段使用的。刑法惩治应该强调谦抑品质与最后手段性，因为该手段的使用具有明显的对抗公民权利的属性。“刑事优先”的地方治理思维突出表现为对警察权的过度依赖，地方权力部门或官员面对网络批评性言论时，不是针对言论内容采取及时有效的回应与澄清，而是第一时间通知警方，以驾驭性的权力左右公安机关立案，以官员个体意志指挥办案，导致警察权过度介入言论案件。就部分地方公安、检察机关在办理侮辱诽谤案件过程中不依法律

---

① 梅因. 古代法[M]. 沈风一，译. 北京：商务印书馆，1959：27.

② 孟德斯鸠. 论法的精神（下册）[M]. 张雁深，译. 北京：商务印书馆，1963：190.

③ 彭梵得. 罗马法教科书[M]. 黄风，译. 北京：中国政法大学出版社，1996：6.

程序与法条精神办案,明显侵害当事人合法权益的突出现象,2010 年 8 月,最高人民检察院发布《不能把对领导干部的批评指责视为诽谤犯罪的规定》,指出一些诽谤案件的办理未严格审查把关,不能准确把握诽谤罪与非罪的界限,把对个别领导干部的批评、指责乃至过激的言语当作诽谤犯罪来处理。这一文件的出台直接印证了一些地方权力不能理性对待民众批评检举权利问题的突出性。

当然,并非绝对不允许警察权介入言论案件,《刑法》第二百四十六条除了将"但书"条款作为警察权介入的依据,还规定,对于通过信息网络实施的诽谤犯罪行为,"被害人向人民法院告诉,但提供证据确有困难的,人民法院可以要求公安机关提供协助"。这些条款对警察权介入刑事自诉案件或公诉案件都有明确的条件限制。就公诉案件的条件而言,根据《公安部关于严格依法办理侮辱诽谤案件的通知》规定,公诉案件所规定的"严重危害社会秩序和国家利益"主要指"因侮辱、诽谤行为导致群体性事件,严重影响社会秩序的",或"因侮辱、诽谤外交使节、来访的外国国家元首、政府首脑等人员,造成恶劣国际影响的",或"因侮辱、诽谤行为给国家利益造成严重危害的其他情形"。

对于自诉案件,法律明确规定,自诉人只有在收集网络侵害行为证据困难的情况下,如无法确认被告人真实身份信息或被告人下落不明时,自诉人可依据《刑事诉法解释》第二百六十八条的规定申请法院调取证据,或者人民法院依据《刑法修正案(九)》的规定要求公安机关提供协助,这意味着行使警察权不得超过受理诉讼案件的人民法院许可环节。网络诽谤犯罪行为确实需要依法打击,而利用信息网络实施诽谤犯罪的自诉案件被害人也确实存在举证不能的问题。针对这一实际问题,应规定进入自诉程序的案件明确提出法院可以请公安机关协助调取证据,虽然自诉案件不能进入公诉程序、由公安机关负责侦查,但公安机关的侦查职能也可以在自诉程序中发挥作用。让公安机关去侦查的原因有三:一是公安机关具备侦查人员和侦查技术,可取得事半功倍的效果;二是可避免法院被调查取证工作所拖累,保持其居中裁判的属性,增加裁判的中立性、权威性;三是可以有效解决被害人举证困难的问题,保障被害人能依法有效行使自诉权。

在刑事诽谤案件立案过程中,警察权的一项主要功能应是辨别、确定案件应遵守公诉程序还是自诉程序。被诽谤的当事人是非法律专业人士,或出于其他个人动机,首先求助于公安部门是正常反应,公安部门应根据报案人所提供的初步证据,先行判断该诽谤行为是一般的违反治安行为,还是犯罪行为。对于仅违反《治安管理处罚法》的,应力求先进行治安调解,最大限度地化解矛盾和纠纷,而非简单地采取行政拘留的强制措施。如果调解不成,再依法给予治安管理处罚。如果初步证据表明确应以刑事案件立案,依据《关于办理利用信息网络实施诽谤等刑事案件适用法律若干问题的解释》规定,应当满足以下条件之一:同一诽谤信息实际被点击、浏览次数达5 000次以上,或者被转发次数达500次以上的;造成被害人或者其近亲属精神失常、自残、自杀等严重后果的;2年内曾因诽谤受过行政处罚,又诽谤他人的;其他情节严重的情形。构成诽谤罪的,还必须确定其是否符合公诉案件的条件,如果不符合,公安机关应当问明情况、制作笔录、将案件材料移交有管辖权的人民法院,并向当事人说明此类案件依照法律规定属于自诉案件,不属公安机关管辖。警察权在案件中只能是协助人民法院确认被告人身份及固定相关犯罪证据,不得采取限制人身自由的强制措施。

自诉案件与公诉案件在发起程序、犯罪性质、危害程度、审查程序、当事人的诉讼权利、当事人诉讼地位、举证责任等方面存在诸多区别。刑事自诉案件的立案审查不同于公诉案件的形式审查。公诉案件经过了公安机关的立案侦查和检察院的审查起诉阶段,法院在立案时仅需要做形式上的审查即可。自诉案件的举证责任由诉讼能力相对较弱的自诉人承担,若立案审查的标准不严格,可能导致大量证据不足或被告人明显不构成犯罪的案件进入诉讼阶段。准确恰当地把握自诉案件的证据审查标准,才能确保自诉制度发挥其制度功能,才能够依法保护被害人的人身及财产权利。自诉案件立案的证据审查标准是自诉人提供的证据没有明显的伪造可能性,能够证明案件犯罪事实确实存在,以及能够证明被告人犯罪的时间、地点、手段、后果等犯罪行为主要情况。需要注意的是,自诉案件立案审查标准不同于定罪量刑的证据审查标准,不需要将整个案件事实查得非常清楚,证据齐全后才能立案,而主要审查证据的关联性。至于证据的客观性和合法性,主要进行形式审查。从证据形式上看,没有明显的伪造或违法迹象即可,证据是否客观真实、证据采集手段是否合法要经过庭审质证以及法院认证才能确定。如果选择公诉,就可以不提交这些证据,这对恶意打击报复网民的原告是有利的。

(三)公诉案件起诉应强化必要性审查

刑事诉讼关系到国家的安全和社会的稳定,关系到公民的人身权利、财产权利、民主权利甚至生命权利,涉及的利益事项重大,针对的社会冲突尖锐,必须严格依照法定程序与方式进行。是否有必要如此高比例地将网络言论批评案件纳入刑事诉讼路径,以高调的公诉案件形式处理,确实值得深思。对于批评公权力的言论案件应否采取公诉方式,应该向起诉合理主义倾斜,以显示批评监督权作为宪法权利的优先性。在诉讼制度方面,我国采取的是起诉法定主义兼起诉便宜主义。起诉便宜主义,也叫起诉裁量主义,是指检察机关对于存有足够的犯罪嫌疑,并且具备起诉条件的案件,可以斟酌决定是否起诉的原则。起诉便宜主义强调,公诉方可以依据法律的授权,基于刑事惩戒的目的,权衡各种利益,对其所审查起诉的刑事案件,选择是否做出控诉以继续或停止刑事程序。这就意味着检察机关对于某些侵害法益并不明显的刑事案件,可以不采取起诉法定主义。而目前地方检察机关对绝大多数网络政治性表达案件的处理都采取了符合"条件"必须起诉的起诉法定主义,放弃了对公诉案件进行必要性审查。

起诉必要性审查的前提要件是犯罪事实清楚、证据确实充分并依法应当追究刑事责任。起诉必要性审查要求检察人员在办理案件时,综合考量犯罪具体情形、国家公共利益、犯罪嫌疑人的人身危险性、社会危害性、诉讼的政治与社会效益等因素,将有益于行为人改造、有利于社会和谐等现代刑罚理念贯穿到具体案件中,摒弃"有罪必诉""有罪必罚""轻保护,重打击"等错误观念。少数属于网络批评性表达的诽谤行为即使存在法定的违法性,产生了一定的不利后果,也应当综合考虑将其作为公诉案件处理比不起诉或作为自诉案件处理所产生的多种消极意义。根据《刑事诉讼法》的有关条款,法律将相对不起诉案件的适用范围限制在"犯罪情节轻微"且"依法无需判处刑罚或免除刑罚"内,但这种不起诉规定过于粗疏,检察机关在审查网络诽谤行为是否应予以公诉时,应将诉讼效益、国家公共利益、犯罪嫌疑人的人身危险性、社会危害性、主观恶性、民主价值倡导等核心因素纳入起诉必要性审查中，这样才能切实体现对网民监督权、知情权、参与权、表达权的法治化保障。

对公诉案件的起诉进行必要性审查，目的在于维护实质公正、提高诉讼效益。在办案实践中，不仅要坚持法定的“犯罪情节轻微”案件不予公诉，更要注重将言论犯罪的事实虽然清楚、证据虽然确实充分，但危害结果轻微的案件纳入不予公诉范围。特别是符合以下条件的案件，经起诉必要性审查后，检察机关可以做出不起诉决定：(1)可能判处三年以下有期徒刑、拘役、管制等刑罚的案件，如果犯罪情节不具有恶意、当事人表示悔罪、关涉国家公共利益程度高，其公开道歉行为足以弥补所造成的不良影响，给予其刑事处罚的意义不大，检察机关可以做出不起诉决定；(2)过失类犯罪案件，主要指网民转帖行为，如果当事人主观上是疏忽大意过失，客观上社会危害性不明显，检察机关可以做出不起诉决定；(3)预判刑罚为非监禁刑的案件，当事人所发表言论涉及公职机构或人员的负面事实真相一时难以查清的，虽对他人造成不利影响，受害方可以通过网络予以回应与澄清的，检察机关亦可做出不起诉决定。

二、“扰乱社会秩序”“社会危害性”标准及解释需优化

“扰乱社会秩序”“社会危害性”是判别某些无明确伤害对象的行为是否构成违法的重要依据，也是区分罪与非罪的本质属性。作为法益保护的“社会秩序”具有理解上的过大收缩性，因此，对“扰乱社会秩序”“社会危害性”准确把握与合理解释至关重要。

（一）弱化“扰乱社会秩序”“社会危害性”适用诽谤罪

就法律条文规定而言，“扰乱社会秩序”“社会危害性”具有一定的模糊性，所以，“影响社会秩序”“扰乱社会秩序”“扰乱公共秩序”“影响社会稳定”“扰乱社会治安秩序”“严重危害社会秩序”等在一些网络言论案件中出现的频率比较高。之所以出现这种现象，是因为对行为有害性的结果举证是案件被立案的基本条件，而有些有明确批评指向的言论如果具有诽谤性，可能使当事人社会评价显著降低，甚至导致伤害产生。在此种情况下，危害

性结果的举证并不困难。也有一些批评或检举性言论有一定的事实依据，言论所导致的消极后果并不明显，或者没有产生不利后果，或者不利后果并未明确指向某个具体的人，但如果地方官员不接受批评意见，就会选择没有明确所指、难以被证伪的"扰乱社会秩序"等泛化的社会危害性结果作为诽谤的事由。法理上，构成犯罪的诽谤行为所侵害的对象与民事侵权行为上的名誉侵权的对象应该是一致的，侵害的客体只能是具体的人格权。但实际上，为了加重不适当网络言论行为应受追责的过错分量，特别是为了使案件符合公诉的条件，在诽谤性案件中，除了强调当事人名誉严重受伤害外，"严重危害社会秩序"等也被不适当地适用了。

由诽谤罪来规制"严重危害社会秩序"的犯罪情形，既不是诽谤罪立法的本意，也不能承受其重。其一，不符合罪责刑相适应原则。根据最高人民法院、最高人民检察院《关于办理利用信息网络实施诽谤等刑事案件适用法律若干问题的解释》及公安部《关于严格依法办理侮辱诽谤案件的通知》的规定，"严重危害社会秩序"主要是指诽谤行为引发群体性事件的，或诽谤行为引发公共秩序混乱的，或诽谤行为引发民族、宗教冲突的，或诽谤外交使节造成恶劣政治影响的，或诽谤国家领导人造成恶劣影响的，或诽谤多人造成恶劣社会影响的。显而易见，"严重危害社会秩序"所指情节非常严重。而诽谤罪是轻微刑事犯罪，它的社会危害性不大，刑法立法的目的是制裁那些"以暴力或者其他方法公然侮辱或者捏造事实诽谤他人，情节严重"的行为，最高法定刑为三年有期徒刑。而严重危害社会秩序的犯罪往往是指犯罪情节特别严重或危害后果巨大的行为，按照罪责刑相适应原则，理应受到刑法的严厉制裁，显然不适用诽谤罪的三年内的量刑幅度。其二，不符合诽谤罪犯罪构成要件。诽谤罪侵犯的犯罪客体是个人的人格权、名誉权，客观方面表现为捏造并散布虚构的事实，损害他人人格、名誉，情节严重的行为。其犯罪客体是个人的名誉权、人格权。而严重危害社会秩序的行为，其侵犯的客体是社会的公共管理秩序，客观方面表现为行为人出于故意的犯罪动机，采取蛊惑、造谣、诽谤等手段，通过多种方式散布虚假事实，导致产生群体矛盾、社会恐慌，引发群体性事件、扰乱公共秩序等犯罪行为，根据不同的犯罪动机，可能构成不同的犯罪。其三，不符合公众的一般社会认识。诽谤罪对象为特定的人，一般情况下，诽谤特定的人只是损坏其人格、破坏其名誉，但尚不足以达到严重危害社会秩序的程度，把诽谤个人上升为危害社会秩序，有悖于公众的一般社会认识。诽谤政治公众人物或国家政要可能引发比较严重后果，但如果单纯地诽谤个体，个体与个体之间应当是平等的，诽谤政治公众人物与诽谤非政治公众人物应受的法律惩罚应当是相同的。如果属于借政治公众人物或国家政要的特殊身份，捏造并散布虚假事实，以造成可以明显感知的社会混乱，则诽谤者已超出了诽谤他人的目的，可以煽动颠覆国家政权罪，煽动民族仇恨、民族歧视罪，煽动暴力抗拒法律实施罪，编造、故意传播虚假恐怖信息罪等言论型罪名予以规制，这样更为适当、有效。

（二）援引“寻衅滋事”应以实质性解释为前提

从刑法的社会调控机能来说，寻衅滋事罪的存在是不可或缺的。就网络空间的表达而言，任何一次过激的、粗鄙的言辞辱骂或编造涉及民众切身利益的谣言，都有可能将表达者的暴戾情绪引向现实空间，导致影响社会正常秩序的群体事件。如果造成比较严重的后果，则构成犯罪。尤其是抱怨或批评矛头指向地方权力的某些言论或不实之词时，其更具有鼓动性，容易导致事端，对社会秩序造成不必要的冲击。因此，网络型寻衅滋事罪的出现，体现了寻衅滋事罪治理的新样态，而网络空间的特征赋予了网络型寻衅滋事罪新的特点，也提出了新的法律适用标准问题。

《刑法》第二百九十三条规定，寻衅滋事罪是指无事生非，随意殴打、辱骂他人，强拿硬要或者任意毁损、占有公私财物，在公共场所起哄闹事等严重扰乱社会秩序的犯罪行为。从法条的字面规定看，该犯罪行为具体表现为：随意殴打人等情节恶劣的行为；追逐、拦截、辱骂他人等情节恶劣的行为；强拿硬要或者任意损毁、占用公私财物等情节严重的行为；在公共场所起哄闹事，造成公共场所秩序严重混乱的行为。违法者必须出于故意并实施了寻衅滋事的行为，犯罪结果是严重扰乱社会秩序。在罪与非罪的界限方面，行为恶劣或严重地扰乱社会秩序的行为构成寻衅滋事罪，没有达到恶劣或严重程度，或属于过失行为，均不构成犯罪。[①] 网络批评性言论被禁止，

---

① 周其华. 中国刑法罪名释考[M]. 北京：中国方正出版社，2001：406.

显然其只可能与该条“在公共场所起哄闹事,造成公共场所秩序严重混乱的行为”侵害法益有关。《关于办理寻衅滋事刑事案件适用法律若干问题的解释》第五条则将“在公共场所起哄闹事,造成公共场所秩序严重混乱的行为”的适用范围明确限定为车站、码头、机场、医院、商场、公园、影剧院、展览会、运动场或者其他公共场所,“其他公共场所”不应该包含网络空间,因为该条已经列出的“公共场所”都是现实环境空间,“其他公共场所”作为对象未穷尽的表述方式,在空间属性上应该与所列举的场所是一致的,否则,应该单列一个条款规定,以示场所物理属性的区别。此外,从该解释第五条后半部分的“应当根据公共场所的性质、公共活动的重要程度、公共场所的人数、起哄闹事的时间、公共场所受影响的范围与程度等因素,综合判断‘造成公共场所秩序严重混乱’”这一规定是否可以间接推定,寻衅滋事的场所应该为现实空间环境,因为对这些衡量要素的描述都强调了行为主体的行为所造成后果的即时性与在场性。这是刑法形式解释论的判断。若适用《治安管理处罚法》对“寻衅滋事”追究行政责任,在违法性要件的认定上应持同一判定标准。

网络表达行为所处的环境的“虚拟性”,使得“行为”可能产生的结果与当然性推测结果之间往往出现“断裂”,明显失当的网络言论可能会促使他人产生错误认识,但这种错误认识本身不能直接等同于扰乱社会秩序的行为。以法益衡量为核心的法条实质性解释,才是弥补“断裂”、正确适用法律的有效手段。就此而言,对于网络批评性言论,无论施加行政责任的“寻衅滋事”还是科处刑事责任的“寻衅滋事”,都必须基于合理的解释。《治安管理处罚法》《刑法》及相关司法解释对“寻衅滋事”行为的追责均有规定,但在执法实践中,由于缺少适用精确限制原则,办案人员采取限缩或扩张性解释具有很大的随意性,网民对其行为后果所应承担何种责任存在不确定性。实质解释论则主张,对刑法中犯罪构成要件的解释不能停留在法条的字面含义上,必须以保护法益为指导,考虑行为所导致的社会危害性的有无及程度,使行为的违法性与有责性达到值得科处刑罚的程度;在遵循罪刑法定原则的前提下,可以做出扩大解释,以实现处罚的妥当性。对违法构成要件的解释,必须使行为的违法性达到值得科处刑罚的程度;对责任构成要件的解释，必须使行为的有责性达到值得科处刑罚的程度。[①] 与形式解释相区别的是，实质性解释强调如果社会危害性是客观危害与主观恶性的统一，那么对构成要件的解释必须使符合构成要件的行为具有应受刑罚处罚程度的社会危害性。形式解释则要求，如果构成要件只是违法类型，对构成要件的解释就必须使符合构成要件的行为具有值得科处刑罚的违法性。[②] 现代刑法基本上都是既充分考虑保护社会利益和社会秩序，又充分保障公民权利和个人利益。民主、法治和人权的本质就是在有效地控制国家公权力的现代价值观面前，优先保障包含言论批评自由在内的公民权利和个人利益，是现代刑法理念的核心。地方权力为了实现社会控制，完全可以借用"法益"概念对法律进行不适当的扩张性解释，但网络表达使"法益"的内涵从物质利益、人身利益延伸至精神自由与政治价值时，司法不应当过分强调向超越个人法益的国家利益、社会秩序、公共秩序挺进，因为这明显损害了刑法对个人权利与利益的保障机能。如果一味推崇个体利益对社会利益、国家利益的让步，当"法益"成为国家刑罚权扩张的理论依据时，许多本不该纳入刑法控制范围的情形就顺理成章地被犯罪化了。

禁止寻衅滋事行为所保护的法益是抽象的社会秩序，而社会秩序的修复程度主要取决于被批评的公权力主体对真实信息的公开与事件真相的澄清，执法实践中对言论导致严重扰乱社会秩序的认定则更多地出于缺少事实根据的主观认定。网络批评性言论的法益衡量标准之一是言论本身的法律价值。有些类型的言论表达权应该获得优先地位，比如刑法不禁止宪法所保护的言论。宪法规定言论自由的核心目的是政治性的，即公民通过发表言论参与公共事务的管理。参与公共事务管理的言论，批评政治公众人物的言论以及正当行使宪法权利的其他言论，是落实宪法的行为。此外，宪法未明确保护但刑法未禁止的言论以及需要具体判断宪法是否保护及刑法是否禁止的言论，[③]对这些言论的限制亦应以有利于当事人的解释为前提，不应轻易科以责罚。只有宪法不保护且刑法所禁止的言论，如煽动分裂国

① 张明楷.实质解释论的再提倡[J].中国法学,2010(4):49–69.
② 陈兴良.形式解释论的再宣示[J].中国法学,2010(4):27–48.
③ 张明楷.言论自由与刑事犯罪[J].清华法学,2016(1):56–74.

家的言论、煽动恐怖主义言论、破坏宪法秩序的言论,才会被追究刑事责任。法益衡量的另一重要标准是政治目标价值追求,民主政权应该设立充分容纳民众善意但并不正确的批评言论的机制。不同时期的党和国家领导人一直对此十分重视,如邓小平曾强调:“人民群众的意见,当然有对的,也有不对的,要进行分析。党的领导就是要善于集中人民群众的正确意见,对不正确的意见给以适当解释。对于思想问题,无论如何不能用压制的办法。一听到群众有一点议论,尤其是尖锐一点的议论,就要追查所谓‘政治背景’、所谓‘政治谣言’,就要立案,进行打击压制,这种恶劣作风必须坚决制止。”① 在2016年4月召开的网络安全和信息化工作座谈会上,习近平也指出:“对广大网民,要多一些包容和耐心,对建设性意见要及时吸纳,对困难要及时帮助,对不了解情况的要及时宣介,对模糊认识要及时廓清,对怨气怨言要及时化解,对错误看法要及时引导和纠正,让互联网成为了解群众、贴近群众、为群众排忧解难的新途径,成为发扬人民民主、接受人民监督的新渠道。对网上那些出于善意的批评,对互联网的监督,不论是对党和政府工作提的还是对领导干部个人提的,不论是和风细雨的还是忠言逆耳的,我们不仅要欢迎,而且要认真研究和吸取。”

(三)诽谤责任追究应兼顾宪法性权利

网民检举、批评性言论在名誉、人格尊严侵害问题的法律关系处理上较之一般性言论更加复杂,办案机关在接纳当事人选择民事诉讼或者刑事诉讼解决诽谤问题的意志时,必须面对宪法条款规定所承载的公民政治权利属性。与非公职的普通公民明显不同,国家机关工作人员在面对确实符合诽谤的违法性要件的言论而主张人格权利时,必须尊重宪法所体现的精神。国家机关工作人员的名誉保护是民事法律层面、刑事法律层面的问题,更是宪法层面的问题。宪法之所以被推为国家根本法,是因为它是“治理国家”的法律而非“国家治理”的法律,治理国家的主体当然是人民,公职人员接受民众的批评、检举是宪法规定的义务,只要这种公开的批评、检举不是出于故意地捏造事实。

---

① 中共中央文献研究室.十一届三中全会以来重要文件选编(上册)[M].北京:人民出版社,1982:22.

对于公职人员,尤其是党政干部提出的诽谤追责要求,案件办理机关应当考虑两个因素:其一,诽谤行为的主观状态,即有过错的言论是否属恶意或故意。办案机关未经调查核实就轻易地认定内容构成诽谤的情况,不在此种情形讨论之列。由于对公权力的监督、检举普遍存在信息不对称的问题,批评、检举者的言论不可能与实际情况完全相符,只要基本的事实存在,或对问题性质的判断符合一般人的认知水准,即便有所夸大,对被批评、检举对象造成一定程度的不利影响,也不应认定为法律意义上的过失,更不应认定为故意。消除不利影响的方式是公职人员所在机构以单位名义对事实予以澄清说明。只有确实能以证据证明的故意捏造事实的虚假言论,才构成对公职人员的诽谤,这符合宪法所规定的故意责任的追责原则。其二,追究责任的法律意志的行使需要考虑社会效果,只要能达到追究责任、维护法律尊严的目的,就应优先采取民事诉讼的追责方式,以体现对宪法精神的遵从。目前,民法层面对于公民名誉权保护的立法已经相对完善,诸多的司法解释条文在处理名誉侵权的纠纷方面已经够用,刑法条款可以少用或不用。虽然“诽谤去罪化”还有待立法的进一步完善以及整个社会法律文化氛围的逐渐形成,但从民主政治发展的前景来看,这是最终目标所在。在目前的反腐廉政建设环境下,虽不能完全放弃以刑事责任追惩出于故意的诽谤性言论,但不提倡权力机关轻易采取刑事诉讼的方式,只有民事诉讼确实不能解决的诽谤行为,才能采取刑事诉讼。

实际上,考察诽谤罪的立法旨趣,原意是把诽谤界定为公民个人之间的纠纷。鉴于该纠纷不具有暴力性质,又兼具民间矛盾的性质,司法机关无为而治,反而有利于双方当事人根据具体情况作出判断,防止矛盾升级和扩大。所以,在司法制度设计时强调个人自治原则,不告不理。根据刑法第二百四十六条第二款规定,犯诽谤罪,“告诉的才处理,但是严重危害社会秩序和国家利益的除外”。“告诉才处理”,根据刑法第九十八条的规定,是指被害人告诉才处理,但如果被害人因受强制、威吓无法告诉的,人民检察院和被害人的近亲属也可以告诉。需要指出的是,“告诉才处理”并不是说不告诉不构成犯罪,而是说不告诉对这种犯罪就不提起诉讼。对诽谤行为实施惩罚的目的是救济个体权利,而不是处罚本身。鉴于该类言论的属性特殊,只要能对被侵害人的权利施以救济即可,惩罚手段不具有唯一性,民事诉讼所追究的民事责任同样可以达到救济目的。

通过网络检举反腐,是互联网环境下一种有效的个体监督方式。但与传统的个体监督手段相比,这种方式的扩散瞬时性、不可撤销以及信源利用存在不确定性,决定了损害他人名誉的法律风险的显著性。一些个案表明,网民在参与过程中大多存在一种“有罪推定”意识,通过搜集到的各种信息碎片拼凑出“证据”。如庐江县委书记王某“不雅照”事件中的不雅照,经查实系网民拼接所成。但在作出权威的认定之前,网络舆论的“有罪宣判”已经生成。从人格权保护的一般性原则出发,不能被证实的检举性言论草率公开,对被检举对象确实不公平。但如果不实之言损害了官员的声誉而必须承担侵权的民事责任、行政责任、刑事责任时,法治思维下的反腐要求权力机构将网络反腐信息视为一种线索来源而加以正视的政策性要求则难以落实,宪法明确规定的故意责任原则就失去了指导意义。为了避免如此,对于一时难以核实的检举言论,立法完善方面应当以党政干部日常的履职失误行为信息的充分公开为基础,结合举报人对于检举信息客观性的审慎程度与主观过错状态,就涉及官员名誉权的保护尺度做出适当的利益平衡,尤其应注意弱化诽谤罪的适用。在网民检举行为的性质上,如检举人与被检举官员之间不存在可以被合理解释的“私人恩怨”且有明确的消息来源,则网络检举行为属于公民行使批评、建议、控告、检举等监督权利的行为,不属于捏造事实、诽谤他人的违法性行为。

《刑法》第二百四十六条对于诽谤罪的规定被认为是刑事诽谤与民事侵权之间的界限:“以暴力或者其他方法公然侮辱他人或者捏造事实诽谤他人,情节严重的,处三年以下有期徒刑、拘役、管制或者剥夺政治权利。犯前款罪的,告诉才处理,但严重危害社会秩序和国家利益的除外。”从该条款的字面表述看,“捏造”强调的是不实之词扩散者的主观愿望,“事实”是有关曾经发生或现时存在的客观事态的描述性言论必须是具体的虚假事实。不实之词只是一种未经证实的言论,如果必须追究不实之词发布者的诽谤刑事责任,前提是其所公布的事实纯粹是无中生有,完全缺乏相应的事实根据,而不应当包括有一定的事实根据却与事实并不完全相符的情况。诽谤所指的“伪称事实”应当强调事实性信息的具体性,包括对事件中人物、地点、内容等方面的具体描述,如果仅仅是高度抽象或概括的事实断言,缺乏具体的事实性元素，那么这类话语不构成事实。但根据《关于办理利用信息网络实施诽谤等刑事案件适用法律若干问题的解释》有关“明知是捏造的损害他人名誉的事实，在信息网络上散布，情节恶劣的，根据‘捏造事实诽谤他人’论”的规定，存在将诽谤罪的认定扩大化的倾向，即将明知是他人捏造的事实而“单纯予以散布”的行为解释为“捏造”，无疑超出了诽谤罪的立法本意，更超出了一般人的认知水准。法理层面上，“捏造事实”与“诽谤他人”是不可分割的，诽谤罪是一种故意犯罪，捏造事实的目的在于损害他人名誉，诽谤者希望并追求这一结果的发生，而捏造事实行为本身并不能对他人名誉产生任何损害，不存在直接或现实的危害，不具备犯罪所具有的严重社会危害性，因而缺乏刑事处罚的必要性。

公民检举权属于“宪法性权利”，而包括名誉权在内的人格尊严则属于“宪法规定的权利”，在权利的位阶上，“宪法性权利”应高于“宪法规定的权利”。因此，政治价值实现的优先性要求对官员名誉权的保护必须是极为有限的。有课题组受中国记者协会的委托起草《新闻侵害名誉权、隐私权新的司法解释建议稿》时就曾提出，对包括政府官员在内的公众人物应当减让名誉权保护力度：“人民法院在审理公众人物提起的名誉权诉讼时，只要内容涉及公共利益，被告没有主观恶意，对于公众人物提出的侵权要求，人民法院不予支持。”①作为具有特殊价值的检举言论，其应享有的相对自由表达权利，即便与官员名誉权产生冲突，也不属于私权利的冲突。在事关公务行为的言论批评上，政府及其官员提起的名誉权主张，尤其是刑法层面的惩治要求，必须确立以满足官员的主张为例外的原则。

---

① 徐讯.新闻(媒体)侵权研究新论[M].北京:法律出版社,2009:338.

新媒体环境下政务微信采纳的影响因素研究

——基于广东区县级政府的实证考察

◎曾丽红 *

摘要: 本文聚焦探讨中国情境下的政治—技术关系命题,即在转型社会语境下,一种新媒体技术何以进入到政治传播的机会结构与流通管道?是哪些因素在背后推动它?又是哪些因素在背后制约它?本文对广东省121个区县级政府政务微信的采纳情况进行了实证考察(N =114)。研究发现,在新媒体语境下,一方面,上级政府的压力、政府间的竞争、政府间的学习等常规压力指标仍然是影响政务微信采纳的主导因素;另一方面,公众压力指标中的群体性抗争事件数量对政务微信的采纳也产生了显著的正向影响。本文推动了创新扩散理论在政治传播领域的本土化发展,同时亦丰富了政策扩散理论在新媒体技术采纳过程中的经验内涵。

关键词: 新媒体环境,政务微信,采纳,技术治理

---

* 曾丽红,广州大学新闻与传播学院副教授、博士,主要研究领域:政治传播。

Exploring the Impact Factors on Government Wechat Adoption in the Transforming Society

—An Empirical Study on District and County 's E-governance in Guangdong

Zeng Lihong

Abstract: This paper focuses on the discussion of relationship proposition of politics and technology in the context of China. In the context of transforming society, under what conditions can a new kind of media technology enter the opportunity structure of political communication and distribution channels. What factors are pushing behind it? What factors are restricting behind it? This paper conducted an empirical survey of adoption of government Wechat in 121 district and county governments in Guangdong province (N = 114). The study found that in the context of transforming society, on one hand, pressure from higher levels of government, intergovernmental competition and intergovernmental learning are still the main factors affecting the adoption of government Wechat. On the other hand, the number of mass incidents of public pressure indicators conducts a main effect on the adoption of government Wechat. This paper explored the localization development of the theory of diffusion and innovation in the field of political communication, and enriches the experience connotation of policy diffusion theory in the process of new media technology adopted.

Keywords: new media, government WeChat, technical governance

一、引言

当下社交媒体技术席卷全球，各国政府都在积极采纳，这使“政府2.0”呼之欲出。在Web2.0技术语境下，政务微信是指政府利用微信平台，向公众提供信息公开、政务互动、实时管理和服务的一种电子政务手段。它通过信息的精准传递和双向沟通,推动了政民之间对话机制、信任机制和动员机制的创新。2013 年被视为中国的“政务微信元年”,在这一年里,政务微信在全国范围内得到了数量上的规模增长。越来越多的党政机构在微信上开通公众账号,将其作为政府信息发布渠道、行政办事在线服务平台和政民互动交流空间。政务微信成为中国政府继政府网站、政务微博之后采纳的又一项信息技术创新,在社会管理和公共服务方面发挥着越来越大的作用。尽管政务微信的传播功效得到了多方实证①,但在实践情境中,不同地区的政府对待其的态度却截然不同:热情拥抱者有之,裹足不前者有之,冷淡漠然者亦有之。在这种实践悖论的背后,我们不禁要追问:信息技术在政府内部的采纳究竟遵循着什么样的逻辑和规律? 作为电子政务的一种即时互动的高级形态——政务微信,其采纳在政府内部究竟受到哪些因素的推动和制约?

自从罗杰斯开创创新扩散研究范式以来,国内外不同学科的学者们在电子政务的创新扩散领域开展了一系列的实证研究。国外学者 West 指出,电子政务的发展受到辖区特征、组织属性、财政资源和政治特征等因素的影响。② Tolbert 等研究发现,地方政府的行政能力、改革和改良的意愿、政府财富资源和公众的受教育程度都正向影响了政府的创新扩散行为。③ Lee 等研究揭示,与他国间的竞争、对外交流学习、政治规范和公众压力对于电子政务的发展皆具有显著影响。④ Bauer 发现,政府经济发展水平、科技财政支出、居民教育水平以及城市化率等都与电子政务的发展水平呈显著正相关关系。⑤ 马亮的研究显示:政府资源和能力、区域环境特征、公众需求与电子

---

① WEST D M. Digital government:technology and public sector performance[M]. Princeton:Princeton University Press. 2005;郑方辉,张兴. 2013 中国政府绩效评价红皮书[M]. 北京:新华出版社. 2014.

② WEST D M. Digital government:technology and public sector performance[M]. Princeton:Princeton University Press. 2005.

③ TOLBERT C J,MOSSBERGER K,MCNEAL R S. Institutions policy innovation and e-government in the American states[J]. Public Administration Review. 2008,68 (3):594 - 663.

④ LEE C P, CHANG K, BERRY F S. Testing the development and diffusion of e-government and e-democracy: a global perspective[J]. Public Administration Review. 2011,71(3):444 -454.

⑤ WU Yuehua,BAUER J M. E-government in China: deployment and driving forces of provincial government portals[J]. Chinese Journal of Communication. 2010,3(3): 290 -310.

政务的发展水平呈显著正相关关系。[①] 马亮的研究还揭示：除了公众压力的影响不显著之外，府际竞争、府际学习、上级政府压力、政府资源与能力等因素都与政府网站发展水平呈显著正相关关系；影响政务微博扩散的主要因素是同级政府竞争及政府资源与能力。[②] 此外，城市经济状况、规模和行政级别等也同政务微博的开通数量呈显著正相关关系。[③]

尽管以上文献研究为本文提供了清晰的理论逻辑和丰富的案例实证，然鉴于理论脉络和经验导向的殊异，此领域仍有进一步情境拓延和理论挖潜的空间：第一，既往研究对象较多地围绕政府网站和政务微博展开，政务微信的研究较少涉及。事实上，网站、微博和微信的技术属性和功能特征差别很大。信息技术的功能属性不同，其采纳使用的路径和特征或有差异。第二，既有研究单位大多聚焦于省市级层面，带有较强的顶层意识和精英导向。殊不知在中国五级政府的“压力型体制”下，基层政府有一套不同于省市级政府的操作理念和实践逻辑。第三，既有研究忽略了中国当下的转型社会情境。伴随着社会的发展，新的信息传播技术成为社会管理的重要手段。作为“主动的地方政治”，地方政府回应社会的方式正在不断转变。正如 Graham 等指出的，当下最有发展前途的研究不再是追问扩散是否已经发生或扩散涉及哪些主体，而是去深入探索创新扩散的情境特质（conditional nature）。[④] 前人研究中的诸多缺失，恰好给本文研究提供了创新依据和突破契机。

二、文献综述

长期以来，学者们一直认为分权政体结构下政府的创新有助于“民主实

---

① 马亮. 政府创新扩散视角下的电子政务发展——基于中国省级政府的实证研究[J]. 图书情报工作，2012(4)：117－124.

② 马亮. 电子政务发展的影响因素：中国地级市的实证研究[J]. 电子政务，2013(9)：50－63.

③ 马亮. 政务微博的扩散：中国地级市的实证研究[J]. 复旦公共行政评论，2013(2)：169－191.

④ GRAHAM E R，SHIPAN C R，VOLDEN C. The diffusion of policy diffusion research in political science [J]. British journal of political science，2013，43 (3)：673－701.

验室”的建设①,因此许多经典的创新扩散研究均聚焦于民主联邦的政体结构②。然而,新近的关于非联邦政体结构的国家例如转型中国的研究,也得到了高度重视。③ 研究证明,中国地方政府在经济政策和公共服务上的政策实验和扩散促使中国经济高速增长并出现了能够适应复杂环境的政党适应性。④ 理论上认为,在联邦结构下,集权不可能有利于地方政府的创新行为,因为地方官员存有避免风险的倾向。⑤ 作为公共商品的创新有利于其他地方政府搭便车,因此,集权制度的结构有利于数量较大的地方政府的创新。⑥然而,中央或上级政府的垂直干预比民主分权国家更加复杂,地方政府采纳一个全国性的政策可能并不是因为经济上的刺激,而是为了表达对中央权威的忠诚。⑦

在中国,中央政府经常发布一些国家政策鼓励、促进和中止地方的创新和试验。⑧ 在地方创新的例子中,中央政府经常通过国家政策工具来推广或中止地方创新,包括协调、指导、保护、赞助,甚至是政治威慑和惩罚。⑨ 另外,吸引投资是中国区域经济绩效评估体系中最重要的一个指标⑩,在同一个上级政府管理的行政辖区内,地方政府经常与邻近地区政府为吸引投资

---

① GREVE M S. Laboratories of democracy: anatomy of a metaphor. [EB/OL]. [2012-07-15]. http://www.aei.org/article/politics – and – public – opinion/elections/ laboratories – of – democracy/.

② BULMER S, DOLOWITZ D, HUMPHREYS P, PADGETT S. Policy transfer in European Union governance: regulating the utilities[M]. London: Routledge, 2007.

③ YANG D. Economic transformation and its political discontents in China: authoritarianism, unequal growth, and the dilemmas of political development[J]. Annual review of political, science, 2006(9).

④ HEILMANN S, PERRY E J. Mao's invisible hand: the political foundations of adaptive governance in China[M]. Cambridge. MA: Harvard University Asia Center, 2011.

⑤ ROSE – ACKERMAN S. Risk taking and reelection: does federalism promote innovation? [J]. Journal of legal studies, 1980(9): 593 – 616.

⑥ STRUMPF K S. Does government decentralization increase policy innovation? [J]. Journal of public economic theory, 2002, 4(2): 207 – 241.

⑦ MONTINOLA G, QIAN Y, WEINGAST B R. Federalism. Chinese style: the political basis for economic success in China[J]. World politics, 1996, 48(1): 50 – 81.

⑧ CAI H, TREISMAN D. Did government decentralization cause China's economic miracle[J]. World politics, 2006, 58(4): 505 – 535.

⑨ MEI C Q, MARGARET M, PEARSON. Killing a chicken to scare the monkeys? deterrence failure and local defiance in China[J]. The China journal, 2014(72): 75 – 97.

⑩ ZHANG P, Zhao G C, Luo Z. Sources of central officials and local economic growth[J]. China economic quarterly, 2012(11): 613 – 634.

而展开竞争①。

社会运动研究者普遍认为，正是社会变迁本身为社会运动的肇端提供了种种结构性的条件。中国社会的转型，首先是从“总体性社会”向“后总体性社会”的转变，具体表现为市场经济时代市场对稀缺资源的有效配置取代了计划经济时代国家对稀缺资源的垄断性配置，从而促使“自由活动空间”和“自由流动资源”诞生，为公民行动的发育提供了良好的条件。② 中国社会自进入到20世纪90年代后，其社会结构转型逐渐走向了“断裂”的发展方向，“断裂”的现象不但出现在城市和农村之间，而且出现在就业者和失业者以及中产阶层和底层弱势群体之间。③ 这种“断裂”的表征为：“从政治上来看，至少体现为：在国家和公民关系上，政治忠诚被法律制度的调控和萌芽中的公民意识所取代；地方政府成为具有自身利益的行动主体，导致各级政府的合法性和权威性持续受到各种事实性证据的考验。”④因此，有学者认为，“抗争性政治”已然成为当代中国政治社会学的基本问题。⑤ 当下中国的抗争性政治通常以群体性抗争事件的压力形式表现出来，并成为转型社会的风险征候。

在既有的文献脉络中，学者们大多沿袭政策扩散的研究范式对电子政务的创新扩散及其采纳情况进行了富有针对性的实证研究。例如 Berry 夫妇提出了一个整合性的理论分析框架，他们认为政府创新的扩散主要受到社会学习、经济竞争、政治规范与公民压力等四大因素的驱动。⑥ Shipan 等针对美国 675 个大城市的三种禁烟政策的扩散研究发现了四种扩散机制，它们分别是从早期采用者那里学习、邻近城市之间的经济竞争、对大城市的效

---

① XU C G. The fundamental institutions of China's reforms and development[J]. Journal of economic literature, 2011: 1076 - 1151.

② 孙立平，晋军，何江穗，毕向阳. 动员与参与——第三部门募捐机制个案研究[M]. 杭州：浙江人民出版社，1999.

③ 孙立平. 断裂：20 世纪 90 年代以来的中国社会[M]. 北京：社会科学文献出版社，2003.

④ 刘能. 当代中国群体性集体行动的几点理论思考——建立在经验案例之上的观察[J]. 开放时代，2008(3)：112.

⑤ 于建嵘. 抗争性政治：中国政治社会学基本问题[M]. 北京：人民出版社，2010.

⑥ BERRY F S, BERRY W D. Innovation and diffusion models in policy research[M]//SABATIER P A. Theories of the policy process. Boulder: Westview Press. 1999.

仿以及州政府的强制要求。① Sugiyama 指出,政策扩散的机制研究主要强调自上而下、水平和自下而上的模仿压力,表现出扩散机制的多向性,并提出了一个将国内、跨国和国际三种扩散机制融为一体的理论框架。② 为了更好地契合中国语境,国内学者修正和改良了西方学界流行的政策扩散研究模型,马亮在整合多个理论模型后得到一个综合性的理论框架,并通过检验发现,中国政府信息技术创新扩散的影响因素主要来自府际竞争、府际学习、上级政府压力、公众压力以及政府资源与能力五个方面。③ 本文在参照马亮的研究模型的基础上兼顾转型中国的情境特质,最终提出一个综合性的研究假设框架。为了更好地将研究对象操作化,本文将以党政机关政务微信的开通数量作为衡量政府政务微信采纳的具体指标。本文的研究假设如下。

(一)上级政府压力

从制度理论上来说,上级政府对下级政府的影响可以归结为强制性压力的影响。上级政府的激励对下级政府是否采用某项创新具有至关重要的作用。一项来自民主联邦体制的美国的研究发现,中央政府的激励会对地方政府采纳某项政策创新产生不可忽视的影响。④ 当下"压力型体制"和"政治锦标赛"的特征在转型中国非常突出。因为上级政府在很大程度上决定了下级政府及其官员的资源分配与任务安排,所以在中国政府部门中,"上行下效"的色彩非常普遍和浓厚。⑤ 此外,外部激励也极可能变成强制性的激励,如果领导干部得不到"优秀"的评定可能会面临得不到升职机会甚至终结其政治生涯的危险。这样一来,行政体制内部定期的干部考核和评价机制将会促使地方政府对他们的上级政府产生高度的政治依赖。

---

① SHIPAN C R,VOLDEN C. The mechanisms of policy diffusion[J]. American journal of political science,2008,52(4):840 - 857.

② SUGIYAMA N B. Bottom - up policy diffusion: national emulation of a conditional cash transfer program in Brazil[J]. The journal of federalism,2011.

③ 马亮. 政府信息技术创新的扩散机理研究[D]. 西安:西安交通大学, 2012.

④ DALEY D M,GARAND J C. Horizontal diffusion,vertical diffusion,and internal pressure in state environmental policymaking,1989—1998[J]. American politics research,2005,33(5):615 - 644.

⑤ 李侃如. 治理中国——从革命到改革[M]. 北京:中国社会科学出版社,2010.

因此，当上级政府部门开通政务微信后，下级政府部门“亦步亦趋”的可能性也会很大。与此同时，上级政府部门在开通政务微信后，一般都会要求下级政府部门提供链接地址和信息服务，这样一来也会促使下级政府部门为了迎合上级要求而随之开通政务微信。因为积极响应上级政府的政策与要求是承认上级权威并向上发出“示好”信号的有利机遇，这样有利于下级政府官员更好地获得上级政府的认可乃至更好地谋求事业发展和职位升迁。研究者从访谈中也得知，“政务微信的开通，上级的行政命令是最重要的。从政务公开的角度来说，政务微信也是一条渠道、一个途径。首先趋势肯定是要做的，但是上级肯定要求限时限刻立马启动，我们不一定是在非常成熟或者准备很充分的情况下来做的，因为上面要求你这个月底之前建你就必须建。”①此外，“上级部门的要求和倒逼，是政务微信开通的重要助推力之一。由于业务上的关联性，政务微信的很多功能也需要跨层级、上下联动才能实现。”②

于是，综合上述理论指引和经验导向，本文提出如下理论假设：

H1：下级政府政务微信的开通数量与上级政府政务微信的开通数量呈正相关。

（二）政府间竞争

地方政府由于受到同级政府之间的竞争压力、学习压力以及来自上级政府的压力，通常会采纳某些创新来获得竞争优势、降低学习成本或满足合法性需求。③ 从理论上来说，地方政府往往会将与其处于同级地位的政府视为自己的竞争对手，但是密切监测所有同级政府并将它们都作为竞争对手是不现实的，也是不经济的，因为竞争对手的数量较多，况且它们在规模、定位和发展阶段等方面也各不相同。在实际情况中，地方政府通常选取那些地理位置比较靠近、发展规模比较类似和发展阶段比较相近的政府作为自己的竞争对手，并且对其政策动向和创新趋势进行密切监测，比如在竞争对

① 田野笔记 1. 访谈对象：广州市 A 区宣传部新闻科科长 FX. 2015/09/10.

② 田野笔记 2. 访谈对象：佛山市 B 区行政服务中心政务微信运维人员 XL. 2015/09/25.

③② BERRY F S , BERRY W D. Innovation and diffusion models in policy research[M]//SABATIER P A. Theories of the policy process, Boulder. CO: Westview. ,1999.

手推出新的政策时往往会尽快跟进和效仿，以便赢得自身的竞争优势或避免由于政策缺位而在竞争中落败。西方语境下，所有的政策扩散模型都假定各州之间存在“竞争性效法”，为了服从全国或地区的既有标准，或者仅仅是为了规避劣势、占领优势，各州之间相互开展竞争。[②]既然地方政府习惯于将邻近区域政府视为自己的竞争对手，那么本级政府采纳使用政务微信的数量极有可能受到邻近区域的影响。因此，当同一行政辖区内邻近政府开通政务微信的数量较多时，本级政府开通政务微信的数量也会相应地增加。于是，本文提出如下研究假设：

H2：本级政府政务微信的开通数量与同一行政辖区内邻近政府政务微信的开通数量呈正相关。

（三）政府间学习

社会学习理论强调外部因素在改变个体行为方式方面的重要性，并且把沟通看作是导致个体行为变化的重要原因。因此，从根本上来说，社会学习理论认为学习是一个社会化的过程。[③] 从社会学习的角度来看，如果政府与外部环境的信息交换和信息沟通越频繁、越深入，那么其获取外部环境中同类政府创新的信息就越多、越丰富，学习和模仿其他政府创新的机会就越多，可能性也就越大。总之，无论是社会学习理论还是创新扩散理论，它们都强调信息交流在改变行为方式方面的重要性，并且都把网络视为个体改变其行为方式的主要因素。

最早开展的水平扩散研究受到了创新扩散理论的启示，即同级政府之间会模仿，特别是地理接壤的政府之间会相互学习。[④] “扩散的本质是信息的沟通，社会网络对这种扩散机制的解释是最为有力的，因为占据重要网络节点的主体更容易获取创新信息并做出采纳决策。”[⑤]当各州借鉴其他州创新的成功实践时，它们其实是在互相学习——寻求政策创新的捷径，以降低

③ 罗杰斯. 创新的扩散[M]. 辛欣，译. 北京：中央编译出版社，2003.

④ BERRY F S，BERRY W D. State lottery adoptions as policy innovations：an event history analysis[J]. The American political science review，1990，84(2)：395 -415.

⑤ IBARRA H. Network centrality，power，and innovation involvement：determinants of technical and administrative roles[J]. Academy of management journal，1993，36 (3)：471 -501.

搜索成本。因为学习不仅可以降低成本和风险，还可以提高创新的成功概率，所以推动政府创新的重要因素是政府之间的学习。[①] 研究显示，政府时常会通过私人关系网络、新闻媒体、专业培训、专业协会等多种渠道得知类似的同行创新行为的开展。政府间专业协会作为政府官员的职业交流网络，在政府间学习的过程中发挥着重要的作用。[②]

在调研中，一位政府官员告诉笔者："当前政府部门有两大中心工作：一个是维稳，一个是招商。我们区曾经爆发过不少的舆情事件，比如土地纠纷事件、讨薪事件和各个帮派之争等，让我们一直处在舆论的风口浪尖。但是，近年来由于我们建构了比较成熟的信息管理机制和学习交流机制，所以大部分舆情事件都被成功化解了。可以说，我们的政府部门和政府官员学习能力很强，一直在实践中磨砺，在实践中不断学习和成长。"[③]由此可见，政府间学习对政府信息技术的采纳使用至关重要。相应地，如果地方政府的学习资源越多，那么其效仿并采纳其他政府创新的可能性也就越大。因此，本研究提出如下理论假设：

H3：本级政府政务微信的开通数量与政府学习资源的多少呈正相关。

（四）政府资源与能力

组织创新的研究表明，财政资源和反映潜在采纳能力的其他特征，如组织规模，作为创新的有利条件对政府创新而言也同样重要。一些创新项目需要大笔的政府开支，因此政府的财政资源至关重要。不但经济资源在推动政策扩散时通常是重要的，而且地方政府的财政状态对于公共服务的创新也会产生重要影响。[④] 对于地方政府来说，政务微信是一种新的信息技术，可以从组织创新的方面来进行考察。既然创新对于采纳者而言意味着采用一种新的理念、新的实践和方法，那么组织创新则是指组织采纳了相对

---

① VOLDEN, TING, CARPENTER. The politics and administration of privatization: contracting out for corrections management in the United States[J]. Policy studies journal, 2008, 32(1): 41 – 57.

② BALLA S J. Interstate professional associations and the diffusion of policy innovation[J]. American politics research, 2001, 29(3).

③ 田野笔记 3. 访谈对象：佛山市 C 区网络宣传副科长 WH. 2015/07/17.

④ GRAY V. Expenditures and innovation as dimensions of progressivism: a note on the America States[J]. American journal of political science, 1974, 18(4): 693 – 699.

于它们而言的新的事物。[①] 一般来说,组织资源越多,组织创新的条件越优越,那么组织采用创新的倾向就越强,因为组织创新的基础条件一般为冗余资源,而资源冗余与组织创新之间存在着正向关系,因而本文提出如下研究假设:

H4a:本级政府政务微信的开通数量与政府组织资源的多少呈正相关。

在第十二届中国政府网站绩效评估结果发布会暨电子政务高峰论坛上,中国政府网站绩效评估指标体系正式将政务微信的开通和使用情况纳入其中,成为继“政府新闻发言人制度”“政府网站”之后的第三种政务公开途径。由此可见,政务微信昭示着电子政务未来发展的新方向,构成了当今电子政务系统的重要组成部分,但由于电子政务是一项组织内的信息技术创新,所以财力、人力和技术资源等的投入较高,对政府的信息技术基础设施的要求也较高。[②] 由于当下电子政务的发展水平保障了政务微信的技术平台的应用,所以政务新媒体对政府信息技术基础设施的要求也越来越高。[③] 有鉴于此,本文提出如下理论假设:

H4b:本级政府政务微信的开通数量与电子政务发展水平的高低呈正相关。

(五)公众压力

组织是否采用某项创新可能受到用户或服务对象等外部利益相关者的影响,因为采纳某项创新主要是为了满足特定的利益相关者的需求。从政府提供公共服务这一角度来看,辖区内所办企业和辖区公民的需求非常重要。[④] 政府为了满足企业和公民的需求,倾向于以完善配套公共服务设施、改善投资环境、增强政府的公共服务意识作为具体的改良措施。因此,政府

---

① ROGERS E M. Diffusion of innovations[M]. New York: Free Press,2003.

② TOLBERT C J,MOSSBERGEA K,MCNEAL R S. Institutions policy innovation and e-government in the American States[J]. Public administration review,2008,68(3): 594 -663.

③ EGGERS W D. Government 2.0:Using technology to improve education,cut red tape,reduce gridlock,and enhance democracy[M]. Lanham:Rowman&Littlefield Publishers. Inc. ,2007.

④ AHN M J. Adoption of e - communication applications in U. S. Municipalities:the role of political environment,bureaucratic structure,and the nature of applications[J]. The Amercian review of public administration,2011,41(4):428 - 452.

官员受到来自辖区公民的治理压力，他们要求政府采纳其他地区所推出的新政策和新服务。在政府创新的过程中，新闻媒体通过公开报道其他地区政府成功的创新项目，也可为引导公众向政府施加压力发挥重要作用。

政务微信的用户主要是辖区公民，尤其是辖区内的永久居民，因此政务微信的开通数量会受到辖区居民使用移动互联网络情况的影响。一般情况下，当辖区居民中的网民比例较高时，政府通过电子政务的形式来满足用户需求的意愿和压力也就更强了，因为政府提供电子政务的规模效应和网络效应会凸显出来。① 同时，如果辖区的网民通过互联网参政议政的活跃程度越高，那么政府提供并提高配套电子政务的兴趣就越能得到激发。③否则，如果辖区网民的数量较少，电子政务的利用效率较低，那么政府发展电子政务就会缺乏足够的兴趣与动力。鉴于当下政务微信信息技术的发展高度依赖于移动互联网络的基础设施和物理平台，本文提出如下研究假设：

H5a：本级政府政务微信的开通数量与辖区居民移动电话用户总数的多少呈正相关。

伴随着中国政经体制的改革和利益格局的调整，社会矛盾日益凸显，但由于各个区域政治生态和社会结构大不相同，一些地区拥有较为丰富的抗争资源和抗争文化，而这些地区的政府在“外压型体制”下往往会更倾向于较多地开通政务微信以服务于民，并以此来调节政民之间的鱼水关系。此外，在关系赋权的移动互联网时代，“信息和通讯技术通过降低成本、提升集体认同和创造新机会可以促进社会动员。同时，信息与通讯技术也加快并扩展了抗争的传播，丰富了抗争剧码，促进了分权的、非等级的组织形式的运用”②。一般说来，受教育程度较高、媒介素养较好的公民善于利用新媒体技术平台的话语诉求来进行资源动员，争取政治机会，这在沿海发达省份表现得尤为明显。据学者不完全统计，十年来（2002—2012）中国发生的重大网络事件中广东就有 15 起，占全国总比的 8.2%，仅次于首都北京。③

①③ TOLBERT C J, MOSSBERGER K, MCNEAL R S. Institutions policy innovation and e - government in the American states[J]. Public administration review, 2008, 68(3): 594 - 663.

② 杨国斌. 连线力：中国网民在行动[M]. 邓燕华，译. 桂林：广西师范大学出版社，2013.

③ 钟智锦，曾繁旭. 十年来网络事件的趋势研究：诱因、表现与结局[J]. 新闻与传播研究，2014(4)：53.

综上,针对转型社会的特殊情境,本文开创性地提出如下理论假设:

H5b:本级政府政务微信的开通数量与辖区居民群体性抗争事件数量的多少呈正相关。

三、研究设计

(一)样本与数据来源

1. 选择样本

(1)选择实证对象

本文选择广东省的121个区县级政府作为实证考察对象,主要是基于样本的代表性:第一,在中国的34个省级行政区域中,广东省虽幅员辽阔,但地区间的社会经济发展不够均衡,其政治、经济和社会结构状况与中国的整体分布状态大致吻合。第二,广东省作为中国的互联网超级大省,其互联网发展的各项指标在全国一直名列前茅,而其政务微信的发展更是抢占先机,其经年积累的电子政务实践足以支撑其成为一个观测中国政府内部信息技术创新扩散的自然实验室。第三,广东地处东南沿海,毗邻港澳地区,是新思想和新观念的策源地。改革开放以来,随着经济发展和利益格局的调整,一方面社会阶层矛盾渐次浮现;另一方面公民维权意识日趋浓厚,其独特的地理环境和人文语境孕育了广东较为活跃的抗争资源。例如近年来频频引爆全国舆论的乌坎事件、番禺垃圾焚烧事件、茂名PX事件和鹤山反核事件等,均凸显出广东丰富的政治和人文生态,同时亦折射出各种权力和行动的交光互影。

(2)选择分析单位

本研究选取基层区县级政府作为分析单位,主要基于以下三个理由:第一,既往研究主要集中于省、地市级行政层面,缺少对地市级以下基层政府的考量和观照。在中国的“政治锦标赛”和“压力型体制”下,基层政府或有一套不同于省、市级政府的操作理念和实践逻辑。第二,本研究需要综合考虑相关指标数据获取的有效性、可行性和难易程度。因此,本研究排除了区县级以下行政层面的分析单位(如乡、镇、街道办等,其数据指标难以获取),

最终选取了区县级政府(包括区、县和县级市)作为本次研究的分析单位。第三,基层区县级政府能够为本研究提供更多的观测样本,可以克服样本量过小的问题,从而提高研究的信度与效度。

(3)选择时间维度

本研究选取截至2015年6月30日这个时间节点所搜索到的数据资料来进行统计分析,需要说明的是,这仅仅只是一个截面数据。选择这个时间点,除了数据的可获得性因素之外,还有一个重要原因在于:2013年是政务微信元年,自2013年10月15日国务院办公厅发布《关于进一步加强政府信息公开回应社会关切提升政府公信力的意见》之后,越来越多的政府机关纷纷试水政务微信。截至这个时间点,广东省政务微信规模发展已经大致经历了两年的时间,而两年的积累足以满足一定的观测目的和研究效度。

2. 数据来源

本项研究的数据均来自于公开的二手统计数据资料和研究者本人亲自收集的第一手数据资料,因此,可以确保数据来源的可靠性和研究结论的可重复性。

(二)变量选取与测量

1. 因变量

早期有关组织创新和政策扩散的研究大多局限于某项单一的政策或管理领域,并且一般通过是否采纳某项创新扩散之类的二分法来进行简单测量,此后更多的研究开始采用更加复杂和周密的测量方法,比如同时考察多项政策的指标设计或采用反映创新程度的复杂量表。由于中国目前的政务微信发展还处于初期阶段,对其进行程序复杂的指标建构和量表分析可能还难以获得比较理想的结果。为了衡量广东省区县级政府政务微信的采纳情况,本文参照了马亮对政务微博创新扩散的研究设计,主要以广东省区县级政府党政机关政务微信的开通数量作为测量指标。

2. 自变量

地方政府通常的做法是将“顶头上司”视为其必须要服从的上级权力机

构,而不是中央或其他更高层级的政府部门。这是由于下级政府的资源分配和政府官员的职业生涯是由地方政府的直接上级部门决定的。鉴于中国政府场域的实践运作逻辑,本文采用地市级政府党政机关开通政务微信的数量,而不是中央政府开通政务微信的数量,作为考察指标来衡量基层区县级政府面临的上级政府压力,相对来说,这是本文能够获取的最接近的操作化定义。

如前所述,政府部门最有可能从邻近地区学习经验或者同其展开竞争,所以政策扩散研究一般把与地方政府地理接壤的地区采用某项政府创新的数量或比例,作为府际竞争扩散效应的主要指标加以衡量。① 目前支配中国地方政府的主要管理逻辑是"行政区管理"和"行政区经济"②,一方面,地方政府通常以邻为壑,市场壁垒和地方保护主义盛行;另一方面,以目标责任考核为人事升迁导向的"压力型体制"则加剧了地方政府之间这种横向的恶性竞争。③ 因此,在跨地区流动比较困难的情况下,为了争夺有限的区域发展条件和职业晋升机会,同一上级行政辖区内的政府官员不得不展开激烈的竞争。因而从这个角度来看,地方政府更偏向选取那些属于同一上级行政辖区的兄弟政府作为自己的竞争对手或学习榜样。④ 于是,本文选用同一地市辖区内所有区县级党政机关开通的政务微信数量的均值作为衡量区县级政府间竞争程度的指标。

如何选用一个合适的指标来衡量府际学习,是一个极其困难的方法论问题,学者们曾经对此进行了多维度的探讨和研究。就以对Berry夫妇的理论模型进行检验的两项实证研究为例,Walker等采用的是问卷调查的方法,揭示的是政府官员的主观认知,即探寻政府官员向其他政府学习的程度⑤;

---

① BERRY F S, WILLIAM D. State lottery adoptions as policy innovations: an event history analysis[J]. The American political science review, 1990,84(2):395 -415.

② 王健,鲍静,刘小康,王铂利."复合行政"的提出——解决当代中国区域经济一体化与行政区划冲突的新思路[J].中国行政管理,2004(3):44 -48.

③ 荣敬本.变零和博弈为双赢机制——如何改变压力型体制[J].人民论坛,2009(2): 28.

④ LI H, ZHOU L. A. Political turnover and economic performance: the incentive role of personnel control in China[J]. Journal of public economics, 2005, 89(9 -10):1743 -1762.

⑤ WALKER R M, AVELLANEDA C N, BERRY F S. Exploring the diffusion of innovation among high and low innovative localities a test of the berry and berry model[J]. Public management review, 2011, 13(1):95 -125.

Lee 等采用的指标是各个国家参与国际组织的数量,研究者假定政府参与的国际组织数量越多,那么其学习机会也就越多。① 马亮所采用的衡量政府学习的考核指标是中国国际友好城市联合会统计的与外国城市建立友好城市的地级市的数量②,然区县级政府很少有机会能够与外国城市建立这种友好亲密的城市关系,已有研究设计的考察指标均不符合目前中国基层政府的实际运作状况。

政府间学习的发生可能通过许多正式和非正式的渠道。"正式渠道包括政府及其官员之间的专业协会、研讨会和讨论组等,它们通过专业出版物、召开现场办公会、组织考察学习等方式来促进政府间创新的扩散。非正式渠道包括政府官员之间的私人关系网络,特别是同僚网络,为信息的传播和沟通提供了渠道。此外,府际学习还可以通过新闻媒体进行扩散,比如通过全国性或专业性新闻媒体的报道,政府创新得以快速和大面积地扩散,而这些很难从传统府际学习的操作化层面加以佐证。"③根据研究者的亲身参与和经验观察发现,中国基层政府之间的学习更多地体现在邻近区县政府之间的学习交流以及本级区县政府内部举办的各种培训活动、推广学习以及会议过程当中。鉴于社交媒体的滥觞与发展主要集中于最近五年(2010—2015),故研究者在综合前期理论假设的指向性和经验数据的可获得性之后,采取两个维度数值的汇总(维度一:邻近区县级政府之间开展的与政务改革以及政务新媒体相关的学习交流活动的数量;维度二:本级区县级政府及其职能部门之间开展的政务新媒体培训和学习研讨会的数量)作为衡量基层区县级政府学习资源多少的最终指标。

尽管直接衡量政府的资源状况比较困难,但是财政资源依然是政府组织资源的主要表征。一般来说,政府财政资源采用辖区内人均预算财政收入进行衡量,但也有学者认为应采用政府财政健康状况进行衡量。"财政收入只是衡量了政府可以利用的资源,但并未将政府必须支出的项目考虑在内,因而无法正确估计政府可以用于创新项目的财政资源。学者们建议将

---

① LEE C P, CHANG K, BERRY F S. Testing the development and diffusion of e-government and e-democracy: a global perspective[J]. Public administration review, 2011, 71(3): 444-454.

② 马亮. 政务微博的扩散:中国地级市的实证研究[J]. 复旦公共行政评论, 2013(2): 169-191.

③ 马亮. 政府信息技术创新的扩散机理研究[D]. 西安:西安交通大学, 2012.

财政收支之差占财政支出比重作为衡量政府整体财政健康状况的指标。"①参照既有研究,本文所采用的衡量政府财政健康状况的指标仍是政府的财政收支之差占其财政支出的比重。

目前学术界对政府电子政务发展水平的测量还没有一个统一和完善的标准,研究者也很难全面有效地获取基层政府电子政务发展水平的基础数据,故只能量体裁衣,充分利用现有的权威数据。本研究能够有效获取并利用的数据是中国软件评测中心的中国政府网站绩效评估报告,该评估具有较高的科学性和权威性,主要是从各类信息公开、互动交流、服务提供、日常监测和用户调查等方面进行综合评估的,满分为 100 分,是当下中国较为系统的政府网站绩效评估研究。然而,该网站仅提供了进入中国区县级政府网站绩效评估排名前 100 名的区县级政府的电子政务发展水平的基础数据,而其他区县级政府电子政务发展水平的基础数据却难以获取,所以本研究设置了虚拟变量:1 代表区县级政府的电子政务发展水平高——已进入中国区县级政府网站绩效评估排名的前 100 名;0 代表区县级政府的电子政务发展水平低——未进入中国区县级政府网站绩效评估排名的前 100 名。

由于目前在广东省地市级政府统计年鉴上仅能查询到地市级政府的年末移动电话用户总数的数据(仅从个别地市级政府的统计年鉴上可以查询到下属区县级政府的年末移动电话用户总数),所以本研究采用地市级政府的年末移动电话用户总数除以该地市区县级政府的个数,作为衡量区县级政府移动电话用户总数的代理指标。必须承认,这只是一个粗略的估计,但这是目前研究者可以获得的最为接近的数据。

对于广东省区县级政府的群体性抗争事件数量,本研究采用检索慧科新闻数据库的方法,检阅了其所涵括的报纸媒体公开的新闻报道,分别以"广东省""群体性事件""劳资纠纷事件""征地拆迁纠纷事件""环保纠纷事件""垃圾焚烧事件""山林土地纠纷事件"等关键词组合叠加的方式进行检索。鉴于群体性抗争事件对于区域影响的长期累积和叠加效果,研究

---

① 杨宇谦,吴建南,马亮. 服务型政府与政府绩效评估体系创新——基于德尔菲调查法的发现[J]. 经济社会体制比较,2011(5):141-148.

者选取了相对较长的一段时期（十年）来进行考察。本研究以慧科新闻数据库（2005—2015 年）各大报纸媒体对广东省区县级政府群体性抗争事件报道的数量作为衡量该辖区居民群体性抗争事件数量的指标。此外，本研究配合使用了百度网络搜索引擎，检阅搜索到一部分报纸媒体没有报道但在一些正式网站有过报道的群体性抗争事件，以此来补充、完善和修正这项指标。

3. 控制变量

首先，最有可能影响到政府信息技术采纳使用的主要因素就是该地区的经济发展水平。一般来说，辖区的经济发展水平越高，其公民收入水平和企业发展状况就越好，这样一来，公民和企业对公共服务的需求就会愈加强烈，并会通过多种渠道和方式来推动政府提供对其有利的公共服务。① 通常来说，经济发展鼓励公民追求更好的公共服务②，这就是为什么经济越发达，工业化、城市化程度越高的地方政府越倾向于创新③。"尽管政府创新的关键取决于创新者的意愿和能力，但创新本身也需要一定的物质条件，如经济发展水平、资源禀赋、财政状况、获得资金的渠道等。"④既有的政务微博研究显示，在党政机构微博样本的地域分布上东南沿海地区占优势，中国的南方省份经济比较发达、信息化水平相对较高，政务公开的意识比较强烈，因此政务微博的实践也较为积极⑤，这与各地的经济社会发展水平以及其媒体的发达程度、网络普及程度等指标都是比较相符的⑥。有鉴于此，本研究在理论模型中对经济发展水平进行了控制，按照惯例，采用人均国民生产总值（GDP）来衡量经济发展水平，并对其进行了对数化处理，使之数值更小且更

---

① TOLBERT C J, MOSSBERGER K, MCNEAL R S. Institutions policy innovation and e-government in the American States[J]. Public administration review, 2008, 68(3): 594-663.

② BERRY W D, DAVID L. Understanding United States government growth: an empirical analysis of the postwar era[M]. New York: Praeger Publishers, 1987.

③ WALKER J L. The diffusion of innovations among the American States[J]. The American political science review, 1969, 63(3): 880-899.

④ 杨雪冬. 简论中国地方政府创新研究的十个问题[J]. 公共管理学报, 2008, 5(1): 16-26.

⑤ 张志安，贾佳. 中国政务微博研究报告[J]. 新闻记者, 2011(6): 34-39.

⑥ 人民网舆情监测室. 中国党政机构和官员微博发展报告[EB/OL]. (2011-03-26). http://politics.people.com.cn/GB/30178/14242811.html.

便于操作和解释。

其次,组织规模作为反映组织资源状况的重要指针,其与组织的创新倾向也密切相关。通常研究认为组织规模越大,组织创新的资源和能力越强,因而其创新性也就越强。组织规模越大,组织创新条件越优越,创新绩效就越高;也有学者认为,组织初创时期的创造力最强,随着组织规模扩大和结构日趋复杂,组织惰性增强,创新动力也随之衰减。综合而言,大部分文献表明组织规模与创新采用呈正相关关系,而且有关电子政务的采用研究也证实了这一点。较大的组织规模会对政务微信的创新和扩散产生积极作用,相对于规模较小的辖区来说,规模较大的辖区具有"规模优势"和"规模经济"的效应,可能更倾向于投资和发展政务媒体。对美国城市的研究表明,人口规模是影响政府网站扩散的最关键因素。① 由此可见,辖区的人口规模可能影响到政务微信的创新扩散。为此,本研究控制了政府辖区的人口规模,并以辖区内年末总人口数作为衡量的控制指标。

四、研究发现

本文对所收集的数据采用 Stata 统计软件进行分析和处理,鉴于因变量(政府党政机关政务微信的开通数量)的数值均为 1—40 范围内的正整数,符合统计学意义上的泊松分布状态。在建模上,本文参照了马亮既有研究的理论逻辑,最终检验和比较的是政府信息技术扩散的五种竞争性机制(上级政府压力、政府间竞争、政府间学习、政府资源与能力、公众压力)。② 接下来,本文采用了包括控制变量在内的单个自变量单独进入回归方程,即逐步回归的方式,遵循着既定研究设计的路径——从宏观到微观的变量逻辑顺序依次进入到回归模型。本次研究的具体操作流程体现为:研究者将因变量(政府党政机关政务微信的开通数量)、控制变量(人口规模、经济发展水平)以及自变量(上级政府压力、政府间竞争、政府间学习、电子

---

① FRANZEL J M. Urban government innovation: identifying current innovations and factors that contribute to their adoption[J]. Review of policy research, 2008, 25(3): 253 - 277.

② 马亮. 政府信息技术创新的扩散机理研究[D]. 西安:西安交通大学, 2012.

政务发展水平、财政资源健康状况、移动电话用户总数、群体性抗争事件数量等10项指标)的数值依次纳入到泊松回归模型中进行统计检验分析,最终分别得到了9个嵌套的泊松回归模型,模型的最终拟合度检测值为Pseudo $R^2=0.57$,凸显出理论模型较好的解释效果。本次研究统计分析和数值运算的结果如表1所示。

表1　自变量对因变量的泊松回归分析表

自变量	模型1	模型2	模型3	模型4	模型5	模型6	模型7	模型8	模型9
	-1	-2	-3	-4	-5	-6	-7	-8	-9
人口规模	0.01 ***	0.00 ***	0.00 ***	0.00 *	-0.00	-0.00	-0.00	-0.00	-0.00 **
	(-0.00)	(-0.00)	(-0.00)	(-0.00)	(-0.00)	(-0.00)	(-0.00)	(-0.00)	(-0.00)
经济发展水平		0.00 ***	0.00 **	0.00	0.00	0.00	0.00	0.00	0.00
		(-0.00)	(-0.00)	(-0.00)	(-0.00)	(-0.00)	(-0.00)	(-0.00)	(-0.00)
上级政府压力			0.02 ***	0.01 ***	0.01 ***	0.01 ***	0.01 ***	0.01 ***	0.01 ***
			(-0.00)	(-0.00)	(-0.00)	(-0.00)	(-0.00)	(-0.00)	(-0.00)
府际竞争				0.05 ***	0.02 ***	0.02 ***	0.02 ***	0.02 ***	0.02 **
				(-0.01)	(-0.01)	(-0.01)	(-0.01)	(-0.01)	(-0.01)
府际学习					0.19 ***	0.19 ***	0.19 ***	0.21 ***	0.22 ***
					(-0.03)	(-0.03)	(-0.03)	(-0.03)	(-0.03)
电子政务发展水平						-0.08	-0.09	-0.14	-0.19 *
						(-0.09)	(-0.09)	(-0.10)	(-0.11)
财政资源健康状况							-0.01	-0.01	-0.01
							(-0.00)	(-0.00)	(-0.00)
移动电话用户总数								0.00	0.00
								(-0.00)	(-0.00)
群体性抗争事件数量									0.09 ***

续表

自变量	模型 1	模型 2	模型 3	模型 4	模型 5	模型 6	模型 7	模型 8	模型 9
									(-0.03)
Constant	1.76 ***	1.82 ***	1.16 ***	1.21 ***	1.08 ***	1.07 ***	1.05 ***	1.08 ***	1.08 ***
	(-0.05)	(-0.05)	(-0.08)	(-0.09)	(-0.09)	(-0.09)	(-0.09)	(-0.09)	(-0.09)
N	114	114	114	114	114	114	114	114	114
Poisson									
Likelihood	-482.71	-409.43	-353.76	-305.85	-281.91	-281.50	-280.76	-280.05	-243.58
Pseudo R^2	0.15	0.28	0.38	0.46	0.50	0.50	0.51	0.51	0.57

注:因变量为政府政务微信的开通数量,回归系数在括号外,标准误在括号内。*** $p<0.001$, ** $p<0.01$, * $p<0.1$。

泊松回归模型 1 结果显示,辖区规模即年末人口总数与区县级政府政务微信的开通数量呈显著正相关关系($p<0.001$);泊松回归模型 2 结果显示,经济发展水平即辖区国民生产总值(GDP)与区县级政府政务微信的开通数量呈显著正相关关系($p<0.001$)。可见,在控制变量方面,人口规模和经济发展水平与政务微信的开通数量均通过了较强的统计显著性检验(回归模型 1 和回归模型 2 即可显示),由此也进一步凸显出理论模型的较高信度与效度。

在控制了人口规模和经济发展水平之后,泊松回归模型 3 结果显示,上级政府压力与区县级政府政务微信的采纳呈显著正相关关系($p<0.001$)。这说明当地市级政府开通政务微信的数量较多时,其行政辖属内区县级政府开通政务微信的数量也会相应地提高,H1 即上级政府压力假设获得了实证支持。

在控制了人口规模和经济发展水平之后,泊松回归模型 4 结果显示,政府间竞争与区县级政府政务微信的采纳呈显著正相关关系($p<0.001$)。这说明当同一地市辖区内邻近区县级政府的政务微信开通数量较多时,会刺激本级区县级政府较多地采纳政务微信,以便更好地开展基层政府之间政治资源和

经济资源的争夺。因此,实证数据也支持了 H2,即政府间竞争假设。

在控制了人口规模和经济发展水平之后,泊松回归模型 5 结果显示,政府间学习与区县级政府政务微信的开通数量呈显著正相关关系($p<0.001$)。这说明如果基层政府的学习资源越多,那么其采纳政务微信的数量也就越多,于是,H3 即政府间学习假设也获得了实证支持。

在控制了人口规模和经济发展水平之后,泊松回归模型 9 结果显示,公众压力指标中的群体性抗争事件数量研究假设与区县级政府政务微信的采纳呈显著正相关关系($p<0.001$)。这说明,基层区县级政府所在辖区的群体性抗争事件数量越多、公众压力越大时,其政务微信采纳的数量就会越多,可见,H5b(群体性抗争事件数量假设)也获得了实证数据的检验支持。

在控制了人口规模和经济发展水平之后,泊松回归模型 6、回归模型 7、回归模型 8 结果显示,政府财政资源健康状况、电子政务发展水平以及移动电话用户总数与政府政务微信的采纳均没有构成显著的正相关关系。三个回归模型均没有通过统计显著性检验,即 H4a(财政资源健康状况假设),H4b(电子政务发展水平假设)以及 H5a(移动电话用户总数假设)均未获得实证支持。

五、结论与讨论

综上,本文运用了广东省 121 个区县级政府的实证调查数据,经验性地呈现了转型社会政务微信被政府部门采纳的基本状况,分析了其中主要的影响因素。研究发现:在当下新媒体语境下,影响政务微信采纳的主导因素来自于上级政府压力、政府间竞争、政府间学习和群体性抗争事件数量;而政府的财政资源健康状况、电子政务发展水平以及辖区居民的移动电话用户总数对政务微信的采纳均不构成显著影响。

研究的若干发现需要进一步展开讨论:首先,最为重要的探索是,本文基于转型中国的情境特质,在既有研究模型中增设了一个群体性抗争事件数量的公众压力假设,并且获得了实证证据的支持和检验。此研究假设隐含的逻辑是:公众主动抗争—政府积极回应—双方互动沟通—提高政治合法性,其间蕴涵了转型中国基层政府朴素的技术治理愿景。显然,当前的群体性抗争事件是对转型中国社会结构变迁和政治生态调整的必然回应。裴宜理认为,目前中国大部分的社会抗争应该是日常政治,是老百姓表达意愿的一种方式,是有利于政治稳定的。① 蔡晓莉的研究发现,如果国家与社会之间的正式沟通制度不完善,公民就更可能被迫采取"建设性抗命"的方式向政府机关反映问题。这种抗命看似忤逆了政府意志,实际上却通过抵制恶政而督促政府提升治理水平,从而达到善治的目的。② 由此可见,当下很大一部分的群体性抗争事件是由于政民之间正式沟通渠道受阻造成的。此种情境下,政府应致力于搭建政务新媒体平台,促成政民之间的良性沟通与和谐互动,体现出中央高层以技术治理为导向的政治策略与社会图景,同时亦可在一定程度上修复国家和社会的二元关系,增加政治弹性,客观上达到整合社会并提高政治合法性的目的。此外,群体性抗争事件数量成为预测转型社会政务微信采纳的重要指标,这说明制度诱因下以官员晋升为导向的内部驱动逻辑依然是推动转型社会政务微信采纳的原生动力,而"维稳"的逻辑仍然是主宰基层政府政治场域运作的根本逻辑。

其次,任何一种新媒体和信息技术的创新扩散都不应被看作是不证自明的,它都会被现存的政治制度实践和社会结构情境的棱镜折射出来。因此,当下中国地方政府对新媒体的采纳和信息技术的运用,不应被视为简单的"创新扩散"与"技术采纳"的单一线性过程,而是转型社会的特殊情境与政治、社会和技术的交互产物。一方面,中国的政策制定基本上是一种"内部输入"机制,即执政党及政府是最主要的政策制定者;③另一方面,数字媒体时代的信息技术赋权和关系赋权推动了转型中国从"大政府—小社会"的传统社会结构关系逐步走向了"小政府—大社会"的现代社会结构关系,这种国家—社会结构关系的二元变迁势必造成对精英决策结构的震荡与冲击。显然,政务微信的采纳取决于政治场域中那些有决策力和有行动力的政治行动者即政治精英的主导立场,而政治精英们则往往会基于政治场域的运行规则和实践逻辑的综合效应进行反复考量,并形成最终决策。在当

① 裴宜理. 崛起的意义——把人的尊严带给底层社会[N]. 社会科学报,2013-04.

② TSAI L L. Constructive noncompliance[J]. Comparative politics,2015,47(3):253-279.

③ 张小明. 内部输入:解读当代中国公共政策制定的输入机制[J]. 宁夏社会科学,2000(5):21-25.

下转型社会的特殊情境下，政治精英的决策必然会凸显出一定程度的绩效诉求和发展主义倾向。因此，上级政府压力、政府间竞争、政府间学习等常规压力指标依然是影响转型社会政务微信采纳的重要因素。

最后，尽管当下政府涌现出众多的信息技术创新项目，却无法完全摆脱“象征性创新”和“符号性创新”的窠臼。当下地方政府部门开通政务微信不但经济成本低廉而且技术门槛较低，一般来说也不需要召开特别的常务会议来讨论决定，某些主管宣传的领导甚至办公室主任都可以拍板决定是否采纳开通，因此政府的财政资源健康状况对政务微信采纳的情况影响并不大。此外，政务微信所依赖的移动互联网络平台与政府电子政务发展水平的关联也并不紧密，由于网站技术和微信技术操作的物理平台不同，故电子政务发展水平对地方政府政务微信的采纳情况的影响并不显著。引人深思的是，尽管微信技术依附于庞大的移动电话用户所架构、支撑起来的移动互联网络，但是公众压力指标中的移动电话用户总数假设却并未通过实证检验。由此可见，尽管当下地方政府热衷于采纳各种类型的创新扩散项目，然而资源约束下以用户需求为导向的外部驱动依然停留在纸上谈兵的形式层面。这也部分佐证了某些学者的论断：当下政府利用新媒体所提供的服务和信息公开是有限的，其本质是为了提高自身合法性而创建“象征性的环境”（symbolic environment）。[①] 因此，即便当下地方政府涌现出众多政务新媒体创新扩散的新气象，却仍需应对因“形式创新”而被诟病的情况。

概言之，本文除了运用调查数据实证地呈现了当下转型中国政务微信采纳的影响因素外，理论上的重要意义在于：第一，首次系统地在政府信息技术创新扩散的研究模型中增加了群体性抗争事件数量的研究假设，并经验性地加以验证；第二，本研究超越单一的“创新扩散”与“技术采纳”的线性思路，立足转型中国的情境特质，综合运用上级政府压力、政府间竞争、政府间学习、政府资源与能力以及公众压力等五个方面的指标，特别是重点考察公众压力指标中的群体性抗争事件数量对转型社会政务微信采纳的重要影响，为未来研究建立起较为扎实的理论基础。

---

① JAMES D W. After the propaganda State: media, politics, and “thought work” in reformed China[J]. China review international, 2000, 7(2).

在得到一系列研究发现的同时,也需要指出本文存在的若干局限,以便在研究结果推论和未来研究中加以注意。

首先,鉴于政务社交媒体的兴起与发展时间较短且还在继续变化当中,故对政务微信的采纳使用情况进行纵贯式的解剖和研究将是比较困难的;由于技术限制了数据的获取,本项研究最终选取的只是截面数据,此种数据取径必将舍弃和遮蔽掉一部分过程研究的丰富性和延展性,期望未来研究能够采用追踪数据或面板数据对本文的研究假设进行更加稳健的检验。

其次,由于受到搜索技术和舆情监测系统碎片化的限制,研究者难以获取中国所有区县级政府政务微信采纳的基础数据,故而只是选取了广东省的区县级政府作为本项研究的实证考察对象。一方面,由于观测数值较少,所以本文的研究发现是具有探索性和先行性的,将来的研究可以针对本文所提出的研究假设进行进一步检验;另一方面,由于广东省所处的特殊地理位置和社会经济条件,本项研究结论的适用范围仅谨慎地推及中国沿海地区的经济发达省份,不做过度的推论。

最后,本文重点考察了政府辖区属性、政府特征和政府间关系等政治因素对政务微信采纳的影响,而其他政治因素,如"政府内部结构、运作过程与政府官员的作用,以及政党属性和竞争程度、立法机构特征、意识形态等"①,因难以操作和资料获取不易而没有在本文中加以讨论。此外,本文"也没有充分考虑到地方政府官员的特征,如年龄、任期、职业背景、价值取向等,这些都有待于未来研究的继续深化"②。另外,"所谓的'意见领袖',他们对政府创新的影响也值得进一步考察"③。简而言之,未来研究的方向在于对那些重要且尚未得到系统性检验的理论假设进一步开展考察,对那些已经获得检验的理论假设进行拓展,同时有必要将这些理论假设在其他场域和其他类型中反复检验。只有这样,创新扩散研究才能不断地往纵深发展。

---

① TOLBERT C J, MOSSBERGER K, MCNEAL R. Institutions, policy innovation, and e-government in the American States[J]. Public administration review, 2008, 68(3): 549 - 563.

② MOON M J, NORRIS D F. Does managerial orientation matter? the adoption of reinventing government and e-government at the municipal level[J]. Information systems journal, 2005, 15(1): 43 - 60.

③ 陈雪莲,杨雪冬. 地方政府创新的驱动模式——地方政府干部视角的考察[J]. 公共管理学报, 2009, 6(3): 1 - 11.

建构主义国际关系视域下洞朗对峙事件的话语折冲与博弈

——基于中印媒体舆论场的语料分析

◎ 江作苏* 孙志鹏*

摘要:2017 年中印发生洞朗对峙,两国在国际性的"丛林语境"下展开了外交与传播博弈,各类媒体在其中扮演了重要角色。本文从建构主义国际关系理论出发,以新华社和印度媒体《今日印度》(*India Today*)的相关报道以及中印网民在微博与 Twitter 中的相关言论作为语料,展开内容编码和话语分析,探讨两国的媒体舆论场如何建构这一国际争端和冲突,中印主流媒体和民间舆论的话语包所展现的话语框架有何异同,以及两国在"丛林语境"中的话语折冲与传播博弈的若干特征。

关键词:话语折冲,国际争端,洞朗对峙,建构主义

* 江作苏,华中师范大学新闻传播学院教授、院长,武汉大学新闻与传播学院博士生导师,主要研究方向:媒介伦理与法制、传媒经济学。

* 孙志鹏,华中师范大学新闻传播学院硕士研究生,主要研究方向:媒介伦理。

The Discourse Negotiation of Doklam Standoff from the Perspective of Constructivism International Relations

—A Corpus Analysis of Media Public Opinion Fields in China and India

Jiang Zuosu Sun Zhipeng

Abstract: In 2017, China and India experienced Doklam Standoff. The two countries launched diplomatic and communication games in the context of international jungle law. All kinds of media played important roles in the dispute. Based on the corpus analysis of the Xinhua News Agency and the *India Today*, this research aims to construct the official and public opinion fields by encoding Chinese and Indian users´opinions in Weibo and Twitter. To explore the four communication fields of China – India, this research constructs Chinese and Indian mainstream media and public opinion discourse package through the corpus analysis and discourse package, and summaries some characteristics of discourse negotiation and communication game in the dispute.

Keywords: discourse negotiation, international dispute, Doklam Standoff, Constructivism

---

当下中国所遇的国际摩擦不断,特别是周边国家在领土、主权等方面不断制造矛盾和冲突,对中国的军事、外交和国际关系造成挑战,也时常激发大范围的舆论对抗。在新的全球化背景下,当代国际关系已进入一个混合转型时期,军事制衡、利益互嵌、文化互塑、观念建构和话语竞争共时性地发生作用,形塑国与国之间的关系。国际关系研究也相应出现了建构主义转向(温特,2009),在经济物质结构之外,强调观念、规范和文化因素,重视以关系性权力、规训和他者为核心的话语过程在国家行为及利益形成过程中的建构性作用。在国际摩擦事件中,媒体报道、舆论互动和话语竞争这些与建构主义密切相关的因素越来越突出,是国际关系研究不可忽视的着眼点。

在纷繁的国际社会中，博弈与妥协无时无刻不在发生，国际舆论场也在折冲中反复博弈。折冲，原意指使敌方的战车折返，意为御敌，同时也具有交涉、谈判、博弈的内涵。从政治学角度看，“政治折冲”指政治过程中不同权力、不同政策、不同理论的妥协、斗争、较量（戴德铮，1998）。本文以建构主义国际关系理论为视域，以 2017 年 6 月至 8 月发生在洞朗地区的中印边境对峙事件（简称“洞朗对峙事件”）为研究对象，对中印两国在此期间的媒体报道和舆论互动进行话语分析，探索对峙中的两国主流媒体如何塑形与造魅，如何建构自我和对方国家的他者形象，有哪些主要议题构成拟态环境的依托，又形成了怎样的话语特征。

一、研究缘起与事件过程

2017 年 6 月 18 日，中方人员在洞朗地区进行道路施工时，遭到印军阻拦，印军在中印边界锡金段越过边界线进入中方境内。针对这一损害中国领土主权、威胁中国安全利益的行为，中国保持高度克制并迅速表明态度。2017 年 6 月 19 日，中方通过外交途径向印方提出严正交涉，对印方非法越界行为予以抗议和谴责，要求印方立即将越界部队撤回到边界线印度一侧。中国外交部、国防部、中国驻印度使馆在北京和新德里先后多次向印度提出严正交涉，要求印度尊重中国的领土主权。2017 年 8 月初，中国外交部、国防部和《人民日报》、新华社、《解放军报》以及中国驻印度大使馆等 6 家机构在 24 小时内先后就印方越界事件密集发声。2017 年 8 月 28 日 14 时 30 分许，印方将越界人员和设备全部撤回边界印方一侧，洞朗对峙的外交和舆论博弈基本结束。

对峙结束的契机是 8 月厦门“金砖峰会”的召开。在这期间，中印不仅在外交、军事等层面进行了对弈，而且双方也都试图通过舆论交锋的方式投入到攻防博弈中。中印都通过本国主流媒体发声，对事件的原因和立场进行了主诉。同时，两国也都希望在国际社会中赢得话语主动权，两国国民则通过自媒体加入到话题讨论中。在两个多月的时间里，对峙不断发酵，渐次进入“丛林法则”（The Law of the Jungle）语境，媒介舆论气氛也浸入了武力取向的“丛林语境”中。从两国外交部进行多轮“隔空喊话”，两国媒体不断发声,到社交媒体的民族主义情绪被点燃,两国在多个舆论场域进行了多重博弈,舆情发展高低起伏。

二、理论框架与文献综述

(一)建构主义国际关系研究

20 世纪 90 年代中期以来,西方国际关系研究出现了“建构主义转向”,特别是美国学者亚历山大·温特的力作《国际政治的社会理论》面世之后,建构主义逐渐成为推动国际关系研究向纵深发展的新学派。

建构主义的兴起是冷战结束后伴随着全球化的进程而兴起的,建构主义国际关系理论摒弃传统的物质结构取向,注重国际关系中的观念、规范和文化在国家行为及利益形成过程中的建构性作用,强调主体互动建构身份和认同,突出观念在塑造行为方面的作用(Wendt,1995)。关系被视为全球化时代国与国之间交往的核心。建构主义认为,国家的身份和形象并不是固有和内生的,而是行为体在自我与他者的观念互动和共享中所产生的。建构主义理论更加重视人的能动性、文化的力量和社会性关系在世界政治中的重要作用。这一观念先是深入欧洲传播学领域,形成了一系列跨学科成果。

1. 建构主义的“身份互塑”与“关系过程”

建构主义国际关系理论强调“身份互塑”与“关系文化”,认为由国家与国家之间的互动交往所相互塑造出来的社会意义体现着国际关系中的国家身份。这种有关对方身份的认知通过互动的持续深入得到强化,成为一种相对稳定的关系文化系统(李颖,2001)。在此过程中,国家之间形成一种互应机制,互应会使双方产生一些共同的观念并逐渐趋于稳定,最终形成一种共享的文化结构(冯若谷,2015:51)。因此,建构主义是基于一种发生学的认识论,即作为施动者的国家与作为情境的国际体系结构之间存在一种互相构成的关系,对国际政治的理解需要放在这一互动的过程之中(李颖,2001)。作为一个崛起中的大国,中国正在越来越深地介入人类命运共同体,在其中建构自己的身份和地位,并向国际社会提供由五千年文明滋养的外交智慧和精神资源。中国主张打破固有的国际关系霸权,主张一种基于关系过程和实践理性的建构主义哲学。在这一点上,中国的外交实践与温特的理念具有一定程度的互洽。

2. 霍布斯文化与“丛林语境”

霍布斯文化是建构主义理论的重要概念之一。建构主义接受了现实主义的部分理论观点,如国际无政府状态、国家追逐自身利益等,同时认为社会关系结构主要是由共有观念决定的,而不是由物质决定的。温特提出,国际社会主要存在霍布斯文化、洛克文化和康德文化三种无政府文化,霍布斯文化是其中的一种重要类型(王毅,2007)。

“所有人对所有人的战争”是霍布斯无政府状态的逻辑,在霍布斯文化下,国家施动者将他者的角色再现为“敌人”,这种文化结构产生了四种基本趋势:战争常年不断、消灭“不适应”的行为体、最终趋于均势、国际社会所有成员都被拖入战争(温特,2000)。霍布斯文化常被隐喻为“丛林法则”。“丛林法则”暗含亚里士多德的广义修辞原则,指一种缺乏秩序、规范和伦理道德的人类初始状态,依据自然选择中“适者生存”的原始规则运行,充满暴力和强制力。温特解释,霍布斯文化的形成是因为人类在无政府体系初始之时的“适者生存”规则容易产生自助文化,这种自助自利文化逐渐成为自洽的逻辑,而在民族国家体系形成之后,由于存在“自群体偏向”,在资本扩张和世界殖民体系的建构中,一种利己的、富于侵略性的文化被不断再造,最终形成霍布斯文化(王毅,2007)。尽管温特坚信“霍布斯无政府状态是不稳定状态,它终将会向一个非霍布斯状态的方向移动”,发展演变为其他文化类型(温特,2003),但在现实的国际争端和冲突中,霍布斯文化和“丛林法则”常成为政治军事交锋和舆论互动的潜在语境。

3. 建构主义的语言转向与舆论互动实践

建构主义强调的观念分配和关系互动存在于文化群体和个体的交往过程之中,而人类最根本的交往就是语言交际,正是由于语言的交际性才产生了语言的社会功能。从这个意义上讲,建构主义国际关系研究具有语言转向的倾向,这种倾向强调关注语言在日常实践中是如何被使用的,以及规则如何通过语言赋予实践意义;强调要更加关注语言的语用研究和语境分析(孙吉胜,2007)。尼古拉斯·奥努弗就以言语行为理论为核心发展了规则建构主义,认为言语行为可以演绎出社会规则,从而把语言建构主义引入国际关系学界(Onuf,1989)。权力和规则不仅来自物质实力,也来自语言和舆论。在国际关系领域的体现就是谁的权力大,谁就易掌握话语的制定权,谁就容易在制定游戏规则时占据主动,进而塑造人们的观念。因此在国际关系的研究中,我们应该对话语、知识、权力和舆论互动实践的关系给予高度重视(孙吉胜,2006)。因为包括舆论互动在内的"互动"实践过程是社会结构最基本的组成要素(温特,2000)。在国际关系实践领域,以语言交往为核心的媒介话语和舆论风向往往左右着事件的进展,形塑着国与国之间的关系。

(二)关于国际争端的新闻传播研究

国际争端为当事国提供了话语自塑的场域,有时媒体所发出的声音,甚至可以超出国家外交、政治博弈所产生的影响。已有许多学者从新闻传播学的角度来研究国际争端问题。在现有的相关研究中,一些学者从争端所涉国家的主流媒体报道入手,对官方舆论态势进行分析。有些研究发现恰当的或者不当的网民言论都可能驱使舆论反转,网民的观点表达对于国际传播和国家形象的塑造也起到非常重要的作用。徐桂权等人(2016:44)以"亚投行是否侵害了国际金融秩序"为研究问题,对《中国日报》《纽约时报》与 BBC 三家国际媒体的报道进行内容分析,揭示了中国正在大力进行国际传播主体性的建构。沈国麟(2015:177)依托二次传播理论,选取新华社关于钓鱼岛的英语报道进行框架分析后发现:中国在钓鱼岛争端中的对外传播话语结构是"冲突、自卫与维护和平",中国对外传播话语结构的二次传播效果并不理想,除了"冲突"的话语结构外,自卫的姿态和维护和平的价值理念并未被国际媒体所接受。

在当下的国际舆论场域中,数字化技术和新媒体影响到了国际博弈的方方面面。2016 年的英国退欧、特朗普当选等一系列"黑天鹅事件",都受到滚滚洪流般的网络舆论的影响。如何提升国际传播中网络媒体和民间舆论场的作用,学者们也做了不少探索。江作苏与李理(2014:84)从政治传播视野出发,以“国家与市民社会良性互动”为理论基点,认为消除国家形象传播的盲区,既要依靠官方舆论场对核心要素进行系统梳理,又要依靠民间舆论场对国家形象差异化特色进行充分挖掘。相德宝(2015:59)通过数据挖掘的方法对 Twitter 涉华舆论进行研究后发现,个人用户影响力高于组织用户影响力。但从总体看,目前对新媒体环境下的国际舆论场域的研究明显不足,主要体现在两个方面:一是对以微博和推特为代表的民间舆论场域研究缺乏,这既可能因为受制于技术因素,也可能因为学者对以新媒体为代表的民间舆论对国际传播的冲击和影响力仍然估计不足。二是对于国内与国外、官方与民间等不同传播场域,研究者缺乏全局观念和视野统筹能力。

三、研究方法与路径

(一)框架与话语分析

本文主要采用框架和话语分析的方法对中印两国四个语境中的语料加以解析。戈夫曼(1974)把框架定义为一种“阐释基模”,个体用它来组织经验,赋予事物意义。恩特曼(1993)认为,框架在本质上涉及“选择”和“凸显”两个内容。甘姆森(1981)的框架定义强调框架与事件意义之间的联系。新闻报道的框架为特定的新闻事件赋予了意义,但在建构新闻事件上其实存在多重可能性。框架通常通过一定的选择来凸显特定内容,而忽略或淡化其他内容,以此来强调某种传播意图,强化新闻生产过程中的权力博弈和媒介策略。框架与话语分析已成为学界探讨大众媒体信息的结构和意义时所使用的一个主要研究路径。梵·迪克(2003)认为,话语分析可以由文本和语境两个方面入手。在文本方面,主要对具体的话语结构进行分析,在语境方面主要将话语联系起来考察。其中,文本在微观结构上考察词汇、词性、句型等,在宏观结构上考察整个话语框架的描述。语料分析的方法能够用来识别主题词和有意义的语言搭配,并能够表明特定话语的语言特征,通过语料分析,建立起话语与其背后政治、经济、社会和文化之间的联系(刘虎,2016:36)。

(二)样本与研究方法

在样本选取方面,中方选取国家通讯社新华社发布的相关新闻为研究对象;印方以主流媒体《今日印度》(*India Today*)及其官网“今日印度”为研究对象。对这个研究对象,以“中国+印度”(“China + India”)为关键词进行检索,分别提取从6月15日到8月29日的报道,对这些新闻样本进行类目构建和内容分析。在网络媒体的选择上,以中国“新浪微博”和Twitter言论为样本,分别运用“中国、印度”和“China、India”为关键词进行数据挖掘,获取对峙分析的语义与数据相关性。笔者对这些语料样本进行类目建构和编码,再对编码内容进行框架识别以及媒介话语包(media package)分析(Gamson,1981),探析中印两国的媒介报道框架和传播博弈的过程与特征。

四、中印主流媒体对“洞朗对峙”事件的报道分析

(一)消息来源

消息来源在本研究中主要指的是媒体在报道中的信源,即新华社和《今日印度》的报道主要是从何处获得消息的。

如表1所示,新华社报道以官方消息源为主,集中于国防、军队和外交部门。内容显示,这些报道大多是将中国国防部和外交部发布会或者公告作为新闻进行报道。《今日印度》在报道中主要的信息来源则是对方国,即中国。样本中有40%的消息来自于中国方面,通过引用中方消息源来进行报道的方式显然与新华社有着路径差异。同时,《今日印度》对于社会舆论观点的引用也比较多,达到了17%。

表1 消息来源分布表

	本媒体采写	外交部	国防、军队	其他媒体	对方国	民众	总计
新华社	19(18%)	29(28%)	23(22%)	12(12%)	11(11%)	9(9%)	103
《今日印度》	30(12%)	35(14%)	21(8%)	22(9%)	102(40%)	48(17%)	258

（二）议题类型

议题的构建是信息沟通中的重要环节，影响着对认知框架的建构。分析不同的框架偏向，可以发现传播者所要传达的隐藏在信息背后的观点。

如表2所示，新华社和《今日印度》都主要集中于对峙事件的进展，可见主流媒体都非常重视新闻的基本信息功能。另外，两国媒体都对军事部署和外交博弈进行了大量报道。相较于新华社，《今日印度》将报道的主要议程设置为民众情绪，在报道中关注两国国民对于事件的认知。同时，新华社和《今日印度》都对局势走向进行了较多预测。

表2 报道议题分布表

	事件进展	军事部署	外交博弈	经济态势	民众情绪	局势的预期	总计
新华社	32(31%)	28(27%)	18(17%)	6(6%)	4(4%)	15(15%)	103
《今日印度》	112(43%)	31(12%)	46(18%)	17(7%)	23(9%)	29(11%)	258

（三）报道倾向

报道倾向主要指进行新闻报道时所蕴含的态度倾向，本研究主要对样本新闻的文本态度进行分析，而不对事件本身进行情感性判断。

在新华社和《今日印度》对洞朗对峙的报道中，敌意倾向性报道都占据了主要部分，可见无论是中国还是印度媒体都对军事对峙事件持有一定的“丛林”意识（见表3）。新华社的《第一次边境自卫反击作战：一场“军事政治仗或者政治军事仗”》等报道，宣示曾在历史上通过自卫反击的形式击败过印度。《今日印度》的报道自称中立，不做价值层面上的宣传，只描述事件，但印度国防部部长的自诩性言论报道等表意强硬。

表3 报道倾向分布表

	和解	中立	敌意	总计
新华社	39(38%)	13(13%)	51(49%)	103
《今日印度》	47(18%)	102(40%)	109(42%)	258

(四)事件归因与归咎

洞朗对峙持续两个多月,两国间的政治、外交博弈使得事件本身成为全球性媒介事件,媒介成为主诉与自塑的平台。通过表 4 可以发现,主流媒体的框架偏向与其自身利益和价值观密切相关。新华社和《今日印度》均将洞朗对峙归因于对方国家,认为对峙是由于对方国家不理智、不遵守两国已有边境条约所造成的。

同时,新华社的报道中还将对峙归因为美、日等国在其中或隐或现的作用力以及逆全球浪潮下印度对华的不正常心理,而《今日印度》则认为中国崛起对印度产生了巨大的威胁,中国的民族主义情绪推波助澜,最终导致洞朗对峙的发生。

表 4　对峙的归因与归咎分布表

	涉事对方国	美、日等国家影响	中国威胁论	逆全球化	经济	民族主义情绪	历史	总计
新华社	73(71%)	17(17%)	0	3(3%)	7(7%)	1(1%)	2(1%)	103
《今日印度》	87(34%)	20(8%)	35(14%)	22(9%)	33(12%)	31(12%)	30(12%)	258

(五)中印主流媒体的话语框架

新华社与《今日印度》在洞朗对峙中都传递了各自国家的态度与立场,以其报道作为分析的话语结构是比较具有代表性的,所以本文选取新华社与《今日印度》的新闻样本分别进行编码, 提炼话语框架。

在对新华社的洞朗对峙报道进行话语框架提炼后,形成了如表 5 所示的三个话语包:“中国官方的鲜明态度”“对印度侵犯领土的批判”“两国国力的差距”。

1. 中国官方的鲜明态度

在新华社的报道中,最常见的就是对中国外交部、国防部新闻发布会和新闻发言人的言论的详细报道,借此来展现官方对于“洞朗对峙”的立场,如《外交部:中国边防部队继续在洞朗地区巡逻驻守》《国防部发言人:中国军队将保持高度戒备》《外交部发言人:印军非法越界行为不负责任、不计后果》《国防部:就印度边防部队非法越界进入中国领土发表谈话》等。通过“中国官方的鲜明态度”话语包构建,可感知中国政府的强烈情绪:责任完全归咎于印方的态度。

2. 对印度侵犯领土的批判

对于印度引发洞朗对峙,新华社进行了态度鲜明的批判。在《印度勿执迷不悟,以免陷于更大被动》《外交部谈中印洞朗对峙:责任完全在印方,中方不会做任何妥协》《印军非法越界践踏国际法准则》等新闻中,新华社都通过充满倾向性的话语对印方行动进行了批评。“侵略”“践踏”“执迷不悟”等关键词将印度方面在洞朗对峙中的行为进行了归谬。这些可看作折冲的话语要件,势必成为修辞行为的逻辑占理。

3. 两国综合国力的对比

在洞朗对峙中,中国和印度两个发展中的新兴大国发生了边境冲突,但是在军事对峙背后的是两个国家综合国力的比拼与政治智慧的博弈。

新华社构建了中印两国“综合国力对比”的话语框架,在对峙期间,《尼泊尔 8 月将接入中国互联网 印度“网络垄断”将被终结》《印媒惊叹中国高铁快速发展:现代气息的火车头让人心跳加速》等类似的新闻报道突出了中国先进的互联网技术和高铁技术在区域内产生的重要影响。同时,也通过《印度推进“大国梦”急不可耐》的相关报道分析了印度在近年来经济腾飞背后的大国崛起梦想,从而更深层地分析洞朗对峙背后的综合国力、大国梦想等因素,其言语态度的修辞声势,为外交折冲做了背书。

表 5　新华社关于洞朗对峙的话语框架

	描述	例证	关键词	问题提出	论述过程	结论
中国官方的鲜明态度	报道中国政府对于洞朗对峙的态度、事件进展,以及中方在外交和军事上采取的措施	《外交部:中国边防部队继续在洞朗地区巡逻驻守》《国防部发言人:中国军队将保持高度戒备》《商务部:望印度谨慎克制使用贸易救济措施》	戒备;非法;入侵	对峙发生的原因;中国外交部、国防部等对于对峙的态度	引用外交部、国防部等部门发言人的言论作为观点,论述问题	中国政府强烈反对洞朗对峙,事件责任完全在印方

续表

	描述	例证	关键词	问题提出	论述过程	结论
对印度侵犯领土的批判	报道在洞朗对峙中,印度军队不顾历史边境条约、非法进入中国领土,对印方的侵略行径强烈批判	《印度勿执迷不悟,以免陷于更大被动》《外交部谈中印洞朗对峙:责任完全在印方,中方不会做任何妥协》《印军非法越界践踏国际法准则》	侵略;践踏;执迷不悟	印度方面违背了两国在领土上的固有原则,严重侵犯了中国主权,中方对此要表达鲜明的态度和立场	引用中国官方的表态,对洞朗对峙进行批判;引用国际媒体的报道来佐证印度的侵略行为	印军越界进入中国领土是对中国主权的践踏,中方表达了最强烈的愤慨
两国综合国力的对比	报道中印两国从经济、城市发展水平、互联网等方面的对比,分析两国在综合国力上的差距	《尼泊尔8月将接入中国互联网 印度"网络垄断"将被终结》《印度推进"大国梦"急不可耐》《印媒惊叹中国高铁快速发展:现代气息的火车头让人心跳加速》	快速发展;差距;距离;合作	印度入侵中国领土的背后是印度近年来军事力量发展的一个缩影;印度与中国之间,存在着怎样的差距	通过印度媒体的报道和国际媒体报道展现中国经济高速发展和强大的综合国力;通过对印度发展现状的反思展现印度在发展中的局限和瓶颈	印度在发展的过程中急不可耐地想要走出去,但其综合国力还远远不能支持其扩张的野心

在对印度的主流媒体《今日印度》进行同样的话语建构后,本研究发现印度主流媒体形成了与中国主流媒体截然不同的话语体系,主要是三个话语包:"中国威胁论""从对峙中尽快解脱""国际社会关注",它们成为印方折冲的话语支点,印方期冀以此形成对中方心理的修辞性对峙和侵袭。

1."中国威胁论"

随着中国发展步伐不断加快,"中国威胁论"的论调如影随形。《今日印度》多次引用印度军方的信源,指责中国在洞朗地区修建公路,打破了边境战略平衡才是引发洞朗对峙的最重要因素。同时也大力渲染中国军事威胁论,对峙期间中国海军舰队在印度洋海域开展演习,就被解读为中国通过海军"秀肌肉"的方式威胁印方尽快撤军。

2.从对峙中尽快解脱

在《今日印度》的报道中,各方对于在洞朗对峙中取胜持悲观态度,认为这场旷日持久的对峙会给印度带来非常大的伤害,易导致与中国发生战争。《今日印度》通过多次引用专家和民众的话语表达印方对于尽快结束洞朗对峙的期待。*Experts Welcome India, China Troops Disengagement at Doklam* 一文中就报道了印度专家和美国专家对于洞朗对峙的看法，认为对峙对印度会造成巨大的国际政治压力，同时由于两国间联系非常紧密，也会造成经济上的贸易休克。报道通过引用的方法，表达出了希望对峙尽快解决的态度。

3. 国际社会的关注

洞朗对峙的影响波及整个国际社会。如表6所示，印度主流媒体在构建洞朗对峙的话语框架过程中，对于"国际社会的关注"进行了着重报道，希望能够引起国际上的同情。《今日印度》引用西方媒体对事件的报道和西方领导人的观点作为报道重点，反映国际社会的关注和对印度的支持，并借此表达对中国崛起的担忧。

表6 《今日印度》关于洞朗对峙的话语框架

	描述	例证	关键词	问题提出	论述过程	结论
"中国威胁论"	报道中国长期以来对印度的威胁，以及中国在洞朗对峙中的"挑衅行为"	《中国在洞朗道路修建上言而无信》《中国媒体渲染海军在印度洋海域游弋》	威胁；尖锐；承认；镇压	在洞朗对峙中，中国扮演着怎样的角色；中国崛起给地区战略平衡带来冲击	引用印度军方对边境地区的监控和国际媒体对中国的发展的报道	中国不断增强的国力和军事实力，以及对外扩展的野心是洞朗对峙的核心原因
期待对峙尽快解决	报道印度方面对于长期对峙的不乐观态度，以及对峙对印度造成的压力	《不丹对中国与印度在洞朗问题上达成一致表示欢迎》《印度专家对中印在洞朗实现撤军态度积极》	一致；撤军；谈判；欢迎	中印两国在洞朗地区的军事对峙给印度方面也带来巨大压力，印方尤其是民间迫切希望对峙尽早结束	引用对印度民众、专家学者的采访	洞朗对峙是不可持续的，由于两国的合作非常紧密，对峙会在短时间内解决
国际社会的关注	报道洞朗对峙的形成在国际社会中引起的轩然大波，以及国际媒体对对峙事件和对峙双方都予以极大的关注	《美国媒体深入洞朗地区采访》《日本首相针对对峙事件发声》	表态；发声；关注	洞朗对峙虽然发生在中印两国间，但是背后却体现着国际社会中各方力量的博弈与角逐	引用西方媒体对洞朗对峙的报道；引用西方领导人和政府官员对对峙事件的观点	洞朗对峙引起了全球范围内的关注，中国在区域内的霸权行为将会得到国际社会的谴责

五、“洞朗对峙”中网络舆论场的话语解读

(一)讨论议题

以微博和 Twitter 为代表的中印两国民间舆论围绕洞朗对峙展开了激烈的讨论,议题广泛。分析后可以发现两国的网民是如何建构自己的话语体系的:网民游走于丛林心态与和解心态之间,形成外交折冲的心理高地。

中印网民热衷于转发对峙事件最新的消息,对进展的关注位列两国网民的首位。中国网民相较于印度网民更倾向于使用戏谑的议题框架来发表自己的观点,类似于“打印”的谐音的网络段子充斥于微博中。印度网民则更加关注美、日、俄等国对对峙的态度,认为这对于洞朗对峙产生着重要影响。同时,两国网民都对 1962 年中印战争的历史进行了较多的回顾,同一场战争的不同集体记忆充斥于两国的民间舆论场。

(二)情绪性表达

在舆论场域中,个体情绪性的表达是最常见的。情绪作为动员其他公众参与议题讨论的手段,能够增强事件的社会影响力。通过对微博和 Twitter 用户的样本评论进行分析可以发现,网民表达了非常鲜明的情绪和反应。

两国网民言论“无情绪”的分别仅占 7% 和 10%。从情绪的划分来看,中印两国积极与理性的观点表达所占比例总体也较低,分别占 13% 和 15%。在中国网民中,批评与质疑的情绪性表达所占比例最大(18%),而对印度侵占中国领土一事用纯粹情绪化的语言来表达的比例也达到了 17%,另外也有一定比例的网民号召和动员其他民众不要再前往印度旅游或者经商;而印度网民在针对洞朗对峙的意见表达中,也有与中国网民类似的情绪化倾向:批评质疑和谩骂的印度网民都分别达到了 17%。

(三)中印网络舆论场的话语框架对比

与前文中印主流媒体话语框架的分析相似,本文选取在洞朗对峙中,中

国网民在微博中和印度网友在 Twitter 中所发表的言论与观点作为样本。

1. 中国网民的话语框架

在对中国网民的话语框架进行提炼后,形成了以下三个话语包:“印度自不量力”“期待中国军队反制”“洞朗对峙背后的阴谋论”。值得关注的是,大 V 的话语能量释放有限,引爆值高的语义在传播中自滤明显,形成折冲中的和平。

(1)印度自不量力

洞朗对峙在中国民间舆论场引起了轩然大波,相较于中国官方和主流媒体较为严谨的措辞和表态,网民则采取了“印度自不量力”的话语语态,认为印度此举无异于以卵击石,终将吞下苦果。

在对峙期间引用较多的一篇新闻报道系台湾“《中华时报》”的《大陆捍卫领土决心如钢铁 绝不畏战》。网友纷纷转载,并以“台媒警告印度:中印若开战,印度付出代价更大”表达了对印度挑起洞朗对峙的愤慨。同时,类似于“印度情报部门称:中国战争愿望空前高涨。每一座城市的每一条街道都贴着标语:打印,激光打印,快速打印,双面打印……尤其双面打印值得注意,可能跟巴基斯坦有关”的网络段子,通过调侃的方式对印度进行了戏谑性矮化,展现了中国民众认为印度自不量力的心态。

(2)期待中国军队反制

洞朗对峙中,官方保持了最大的克制,但是在民间舆论场中,“喊打”的情绪化表达成为中国网民的一个重要话语框架,有些网民在微博上表示希望中国军队尽快出兵洞朗,像 1964 年中印边境战争那样给印度一个“教训”。

“如果中印爆发军事冲突,中国应该坚决果断,借这个机会好好教训一下印度。”(@海不扬波 c)类似的话语表达充斥着情绪化的宣泄。

(3)洞朗对峙背后的阴谋

对于隐藏在洞朗对峙背后的深层次原因,一些中国网民认为是国际社会波谲云诡的一个反映。网民通过对日本等国政府官员的涉洞朗对峙言论进行分析,以及对相关国际政治局势帖子的转发表达自身对于洞朗对峙背后的阴谋论的猜测与分析。中国网民对美联社、路透社、法新社等西方媒体接受了印方邀请,结伴前往洞朗前线报道“中国入侵”的行为表达了不满。

又如网民纷纷转发张召忠等军事评论家的微博,认为正是有美、日等国的撑腰,印度才敢挑战中国的底线。从话语策略角度来分析,这些示弱与示强的交替,成为折冲的两面修辞依据,也是成熟意见市场的选项。

2. 印度网民的话语框架

在对印度民众在Twitter中关于洞朗对峙的言论进行话语框架提炼后,主要形成了以下两个话语包:"强烈的危机感与不安感""希望对峙事件尽快解决"。

(1)强烈的危机感与不安感

通过对印度网民在Twitter中发布的关于洞朗对峙的言论进行分析,可以发现印度网民对于中国崛起与发展抱有强烈的不安感,进而演进为"敌视感",认为洞朗对峙是中国崛起和谋求全球霸权过程中的一个步骤。可见,印度网民对于中印两国间存在的综合国力和军事实力差距有着较为明确的认知。印度网民也通过引用印度本国媒体和西方媒体的涉华报道,分析中国在发展过程中对印度将会产生何种影响。

(2)希望从对峙事件中尽快解脱

与中国网民在微博中纷纷"喊打"不同,印度网民所构建的洞朗对峙话语框架显得更为"低调"。印度网民大多认为洞朗对峙不利于印度发展,若爆发大规模战争将会严重威胁印度经济,应该尽快解脱。印度网民对于中印两国的边境对峙持悲观态度,也盼望事件不要进一步激化。

六、讨论:舆论话语博弈推动"丛林语境"暗转

如果说"丛林法则"在实体性国家关系中会受到制约,那么网络中的"丛林语境"就是一种客观存在。洞朗对峙事件在这种语境下得以和平解决,体现出国家间博弈的现实性特征——折冲。

传媒对冲突的再现与政治文化产生的复杂的纠缠,是围绕冲突的参与者及媒体自身逻辑的一系列文化互动和建构的结果,同时也是对真实社会进行文化心理建构的途径,对社会文化的形成和流变产生了不可低估的影响。在洞朗对峙中无论是以新华社和《今日印度》为代表的主流媒体还是以

中印网民在微博、Twitter 中的民间舆论场,都对整个对峙事件的发展起到了重要的影响和制约作用。主流媒体和民间舆论场都通过传播的手段构建了国际冲突的话语场域,形成了自我与他者镜像。

通过前文分析可以发现,在洞朗对峙中,两国主流媒体面对争端,都选取了极具倾向性的报道话语来传递本国的观念。在中印两国的民间舆论中,两国网民针对洞朗对峙所发表的言论大多包含着强烈的情绪性,情绪成为折冲的场域气氛,而情绪和态度又成为折冲的必要条件。增强自我认同与适度的他者认同,应成为传播建构的现实性选项,也是温特建构主义国际关系理论的亮点。

在建构主义者看来,国家的身份和形象在主体间的相互形塑、国家间的形象塑造通过互应机制使双方产生并加强一些共同的观念,这种对于双方关系的认知和判断在国际交往的不断深入中逐渐稳定下来,从而形成一系列在特定社会环境下共同具有的理解和期望。在舆论对峙中,新华社和《今日印度》都用大篇幅对洞朗对峙进行了报道,对在事件中的双方形象进行了细致的描写,尤其通过话语文本的解读,构建出分属两个国家的两个舆论场对洞朗对峙中对方国家的形象解读:中国构建出了一个"雄心勃勃,但又寻衅滋事"的印度形象;印度媒体和民众则将中国构建为一个"迅速崛起,却不断制造麻烦"的形象。

洞朗对峙事件中激烈的舆论攻防战并未导致武力摊牌,却也体现了建构主义国际关系理论所担忧的霍布斯文化语境以及它所包含的自助性群体偏向和他者认同困境。耐人寻味的是双方都在攻防话语语境中留下了可供折冲的空间,这正是传播语料与语义之间差异性存在的客观现实。但从建构主义的角度看,舆论对抗本质上也是一种对话,两国主流媒体报道和网络舆论生成的过程中,皆引用了对方国媒体的报道作为消息来源,主流媒体与社交网络媒体之间也形成了事实和观点的互文和互嵌,从而实现了国家和社会等不同层次的对话和交往互动。在金砖会议期间举行的会晤中,中印两国领导人达成共识——中印关系的大局比边境对峙更加重要,应当把洞朗和类似的边境事件作为可以管控的具体问题,而不使之发展为大国双边关系中的致命缺陷。

洞朗博弈结束,印度媒体宣称取得外交胜利。他们强调印方成功迫使中国停建公路,使己方的安全关切和利益得到理解和尊重。而印方撤离入侵人员和装备且中方依旧行使主权管理,这显然又是中方胜利。中印边境对峙和平落幕,对于任何一方来说都避免了最坏的结果,国际社会化解了一场重大危机。长达两个多月的博弈充分显示了中国领导层的战略耐心、定力和智慧,也体现出中国外交文化的深刻内蕴和建构现实主义的倾向。学者高奇琦(2014)认为,建构现实主义虽然是基于西方哲学传统的国际关系理论,但它在本体论层面所强调的关系性权力与中国政治文化传统中对"关系"的强调相似。中国的外交文化不着重强调硬权力的展示,而较为强调默示的、人文的、规劝和朝着良善方向的训导。中国外交主张打破"丛林语境",强调以话语和沟通为主导的国际社会化过程,强调逐步生成的互为主体性的认同过程。这些外交特征在内涵上与建构主义观念颇为融通。

洞朗对峙事件的启示还在于,在今后的类似国际争端中,涉事双方如何规避"丛林语境"下语言的暴力和行为的极化倾向,如何建构规则和秩序,如何寻求观念的共有和他者的认同,洞朗对峙提供了一个貌似颇有戏剧性,实则更具现实性的样本。也许它的启示就在于:在认知生态极为紊乱的网络环境中,适度的知行分离和立足于人文历史基础的关系过程塑造,是互联网时代国际关系生态的一种理性选择。从建构主义国际关系理论视野出发,在人类命运共同体语境下,强调行为主体间的彼此同构和共有观念,对于建构健康稳定的国际关系更为重要。

参考文献

温特. 国际政治的社会理论[M]. 秦亚青,译. 上海:上海世纪出版集团,2000.

温特. 世界国家的出现是历史的必然——目的论与无政府逻辑[J]. 秦亚青,译. 世界经济与政治,2003,(11).

戴德铮. 新时期中法关系折冲与前景探究[J]. 武汉大学学报(哲学社会科学版),1998(5).

迪克. 作为话语的新闻[M]. 曾庆香,译. 北京:华夏出版社,2003.

冯若谷. "身份互塑"与"关系文化"——建构主义国际关系理论视野下的对外传播观[J]. 现代传播,2015(5).

高奇琦. 现实主义与建构主义的合流及其发展路向[J]. 世界经济与政治, 2014(3).

江作苏,李理. 传播视野:国家形象的官方民间舆论场互补建构[J]. 华中师范大学学报

（人文社会科学版），2014（11）.
李颖. 西方建构主义国际关系理论评介[J]. 国际政治研究，2001（4）.
刘虎，韩宇华. 基于语料库的《华盛顿邮报》同性恋报道的话语分析（2004—2015）[J]. 浙江传媒学院学报，2016（05）.
沈国麟. "冲突、自卫、维护和平"的二次传播[J]. 社会科学，2015（8）.
孙吉胜. 国际关系中的言语与规则建构——尼古拉斯·奥努弗的规则建构主义研究[J]. 世界经济与政治，2006（6）.
孙吉胜. 国际关系的语言转向与建构主义理论发展研究：以语言游戏为例[J]. 外交评论，2007（2）.
王毅. 也谈霍布斯文化——对建构主义国际关系理论的马克思主义解析[J]. 山西大学学报，2007（5）.
相德宝. 国际自媒体涉华舆论传者特征及影响力研究——以 Twitter 为例[J]. 新闻与传播研究，2015（1）.
徐佳权. 主体建构与利益博弈：现实建构主义视角下亚投行报道的框架分析[J]. 国际新闻界，2016（6）.
WENDT A. Social theory of international politics[M]. Cambridge：Cambridge University Press，1999.
WENDT A. The agent structure problem in international relations theory[J]. International organization，1989（43）.
ENTMAN R M. Framing：Toward clarification of a fractured paradigm[J]. Journal of communication，1993，43（4）.
GAMSON W A. A constructionist approach to mass media and public opinion[J]. Symbolic interaction，1987（3）.
GOFFMAN，E. Frame analysis[M]. Cambridge：Harvard University Press，1974.
NICHOLAS G O. World of our making：Rules and rule in the social theory and international relations[M]. Columbia，SC：University of South Carolina Press，1989.

专题：国际传媒业观察

国家信息合同:俄罗斯邦区* 媒体的公共服务与商业化生存

◎ 奥尔加·德夫波什*

摘要:本研究探讨了俄罗斯邦区(regional)媒体系统中公共服务功能的实施状况。调查发现,影响俄罗斯邦区媒体转型的因素是多重且相互冲突的,其主要冲突存在于媒体的商业化与公共服务的目标之间。由于广告设施少,媒体依赖国家资金支持,这就使得媒介市场中出现了一种特殊的体制性元素——国家信息合同(state informational contracts)。这些合同旨在消除媒体报道中缺乏公共重要信息的"市场失灵"状况。然而事实证明,它们还履行着其他职能,例如对媒介市场的间接性国家控制、强化大众媒体的自我审查。新闻媒体生存于商业逻辑与公共服务逻辑之边界已然模糊的环境中,系统层面的冲突在这里被复现。邦区大众媒体无法明确地定义其角色——市场玩家抑或是公共服务提供者。然而,传媒业并未对此有任何批判性反思,甚至普遍接受了国家以信息合同的方式对市场的干预,并给予了合理的解释。

关键词:国家信息合同,公共服务媒体,商业化,媒体转型

---

* 俄罗斯联邦包括 85 个不同类型的邦区主体,包括 22 个自治共和国、46 个州、9 个边疆区、4 个自治区、1 个自治州、3 个联邦直辖市。在本文中,所有的联邦主体都被称为邦区。——译者注

* 本文已获得中文版发表授权。作者奥尔加·德夫波什(Olga Dovbysh)为俄罗斯国家研究大学高等经济学院大众传播系教师。

Between Commercialization and Public Service: Vague Role of Regional Mass Media in Russia

Olga Dovbysh

Abstract: This research explores implementation of public service function within the regional media system in Russia. Our investigation reveals that factors influencing on transformation of regional media system are multidirectional and conflict with each other. The main point of collision is between commercialization of regional media outlets and their intention to provide public service. Together with dependency on state financing due to weak advertising facilities, this conflict gives birth to a special institutional element of media market-state informational contracts. These contracts aim to eliminate "market failure" of lack of public significant information. Nevertheless, it turns out that they also perform other functions, such as indirect state control over the market and enhancing self-censorship of mass media. Conflict at the level of systems reproduces at the level media outlets that exist in the environment where the boundaries between commercial logic and public service logic are blurred. Regional mass media cannot clearly define their role—whether they are market players or public service providers. However, there is no any critical reflections about it in the media industry. Even more, state interference into the market in the form of informational contracts is widely accepted by media outlets and gets legitimate explanation from them.

Keywords: state informational contracts, public service media, commercialization, transformations of media system

---

一、引言

在发展中国家,尤其在俄罗斯,研究者对大众传媒怀有浓厚兴趣,但研究工作却依然存在不足。俄罗斯历史发展的特殊性和当前的政治局势影响了俄罗斯媒体研究的议程。一些优秀的学者发表了相当多的作品,研究俄罗斯大众媒体的言论自由、宣传、政治压力及权利问题。另一些重要的作品则分析了俄罗斯的媒体体制,以此描绘其与其他国家媒体体制的关系。

这些研究工作的优势与不足均在于,它们的主要着眼点为覆盖全国的大型媒体公司。一方面,这些大众媒体是媒体系统的核心部分,它们的改革影响着整个系统;另一方面,邦区和地方性新闻媒体往往被排除在外,而这些媒体组织的数量比全国性大型媒体机构多出42%,俄罗斯人对邦区大众媒体的信任度也要高于联邦媒体。[①] 因此,邦区层面的媒体研究对观察俄罗斯媒体系统的全貌至关重要。然而,仅有少数研究关注了俄罗斯的邦区大众媒体及其记者群体(Lowrey, Erzikova, 2010; Erzikova, Lowrey, 2014; Erzikova,Lowrey,2017)。

对于俄罗斯的公共服务媒体研究来说,主要困难在于苏联解体后俄罗斯并未设立公共服务广播(PSB)(Jakubowicz,2012)。因此,东欧的公共服务广播研究将俄罗斯排除在外了。不过,制度化的PSB模式的缺乏,却催生了另一种形式的公共服务功能。这对邦区大众媒体尤其重要,因为它们的记者对公民更有责任感,比联邦新闻媒体的记者更能接近公众。

本文聚焦上述两种断裂的接续工作,揭示了邦区大众媒体的独特性是如何影响公共服务功能的实现的。具体来说,基于邦区媒体体制中的几种逻辑冲突,我们探析了邦区大众媒体机构的暧昧性质。

在文章的第一部分,我们分析了苏联解体后俄罗斯媒体体制的发展情况,以了解俄罗斯公共服务广播缺失的原因。在第二部分,我们转向俄罗斯的邦区媒体系统,探讨其近年来的媒体转型。在第三部分,我们调查分析了国家信息合同这一主要的转型结果。这些合同对邦区新闻媒体及其在媒介系统中的地位有着重大影响,因此我们随后探讨了邦区大众媒体的二元身份。最后,我们总结了所有研究结果并得出了结论。

---

① 研究发现,所有地区对大众媒体的信任程度都高于50%。

二、苏联解体后的俄罗斯媒体体制:公共服务广播的壁垒

苏联解体后,现代俄罗斯的大众传媒走上了商业化的道路。较早的对于这一时期的研究认为,俄罗斯的媒介体制需要为期数年的转型期来效仿西方传媒模式(Vartanova,2002; De Smaele,1999)。另一些研究则认为,新兴信息技术将把俄罗斯带入网络社会——一种去中心化的、民主的、基于公民社会活动的社会形态(Castells,Kiseleva,2000)。

然而,苏联解体十年后再看,通往西方媒体模式之路并不像计划中那么笔直坦荡。这期间的研究将俄罗斯媒体模式称为"新威权主义"(Becker,2004)、"新苏联"(Oates,2007)以及"国家商业化"(Vartanova,2012)。

对发展中国家媒体体制"西方化"的批评引发了一种去西方化的媒体研究的新趋势,其着重考察这些国家的区域性和全国性特征(Curran,Park,2000;Thussu,2009)。特别是针对俄罗斯的情况,不仅要去西方化,还要去苏维埃化——这是一种对西方模式及其在俄罗斯的适用性的批判性反思过程(Vartanova,2009)。去西方化和去苏维埃化的阐释角度有助于理解俄罗斯未建立公共广播服务的原因。

接下来我们将分析两个相互冲突的因素:国家对大众媒体的干预和媒体市场的商业化,这两者被视为俄罗斯建立公共服务广播的主要障碍。

在俄罗斯,政府对大众媒体的干预程度一直很高。这不仅是因为苏联时期的影响,实际上,19 世纪末的俄罗斯帝国就已存在各种各样的政治和经济控制工具,前者包括高度发达的审查制度,后者通过"爬虫"基金为对其效忠的报纸提供补贴(Zhirkov,2001)。

苏联解体后,政府干预大众媒体的历史传统依然存在。20 世纪 90 年代初的自由化改革和市场化倾向并未促成媒体资本的完全私有化。1990 年,国家对原 Gosteleradio(中央电视台和国有广播频道)的垄断,获得了总统令的保护①,目的是"保护作为国家结构的电视和广播"(Zwick,Kachkaeva,1999)。

---

① Decree of the President of the USSR by 14.07.1990 N357.

该公司后来获得了一个新名称——“俄罗斯国家电视广播公司”(RTR),它是联邦国有单位企业。1998 年,由于另一个总统法令①,前 Gosteleradio 的所有邦区分支机构合并为一个控股公司,RTR 成为俄罗斯最大的国有媒体公司。但是,它并不是作为公共广播机构而组建的。该公司继承了 Gosteleradio 的技术性广播设施,拥有了最广泛的用户②。广播的覆盖使它成为广告市场的重要参与者(Kiriya, Degtereva, 2010)。在后苏维埃时代的早期,商业机会被认为比公共需求更为重要。因此,在没有广告业界游说的情况下,RTR 开始运营混合形式的公司——一边作为国有企业从联邦政府预算中领取补贴,一边投身广告市场。如今,RTR 旗下的 Rossiya 1 频道已经位居广告收入最高的电视频道的前三名。

“俄罗斯公共电视频道”(OTR)成立于 2013 年,是由总统法令核准的非商业组织,其目标包括俄罗斯公民社会的发展、启蒙与教育、价值观的宣传。该公司由国家全额补贴,广告活动受到限制(社会广告和赞助除外)。OTR 设立了由公共电视委员会指派的监事会,公共电视委员会的成员和总干事由俄罗斯总统委任。

OTR 不是通过模拟广播而是通过数字广播(不是所有的俄罗斯地区都有这种格式)或者有线、卫星和 IP 电视让民众免费观看。③ 尽管如此,它的月覆盖率还是很低(2015 年为 2 880 万人)④。OTR 因其结构(财务和管理受国家和总统的控制)和过时的格式、无批判性的内容备受指责。总之,OTR 尽管名义上是“俄罗斯公共电视频道”,其实是典型的国有电视频道。

因此我们可以做如下总结:国家对大众媒体高度干预的传统是建立公共广播的障碍。国家从自身利益出发,倾向于保留广播设施从而维持一个受控的大众传播渠道。OTR 的创建是国家干预的另一个证据。与此同时,在新的市场现实中,大众传媒成了重要的产业分支。广告市场的游说者因

① Decree of the President of Russian Federation by 21.01.1998 N55.

② 目前,RTR 技术覆盖了大约 99% 的俄罗斯家庭。

③ OTR 的官网,https://otr-online.ru/o-telekanale/chto-takoe-otr/.

④ TV audience: who and how watched TV in 2015. [EB/OL]. (2016-9-26)[2017-08-27]. https://adindex.ru/publication/analitics/channels/2016/09/26/137188.phtml.

此对媒体的无穷广告资源产生了兴趣。最后,在东欧,引入公共服务广播是欧洲一体化和加入欧盟的要求之一,所以公共服务广播在大多数东欧国家的推行都多少获得了成功(Jakubowicz,2012)。而对于俄罗斯和其他后苏联国家(如白俄罗斯、哈萨克斯坦)来说,这些要求与它们无关,也不影响 PSB 的体制改革。

三、邦区媒体系统的转型

为了探究俄罗斯目前的邦区媒体系统,我们使用了影响媒体转型的六因素分析框架。这六个方面是新闻文化、政治系统、经济系统、公民的媒介观念、社会经济发展状况、外部因素(Toepfl,2013)。前三个方面存在于媒体体制内部,彼此相互关联(如图 1),与后三个方面一起阐明了这一分析框架的基础假设,即宏观层面的复杂进程(如媒体体制转型)是各种不同的因素相互作用的结果。

在此基础上,我们结合这些因素分析了俄罗斯邦区媒体系统。

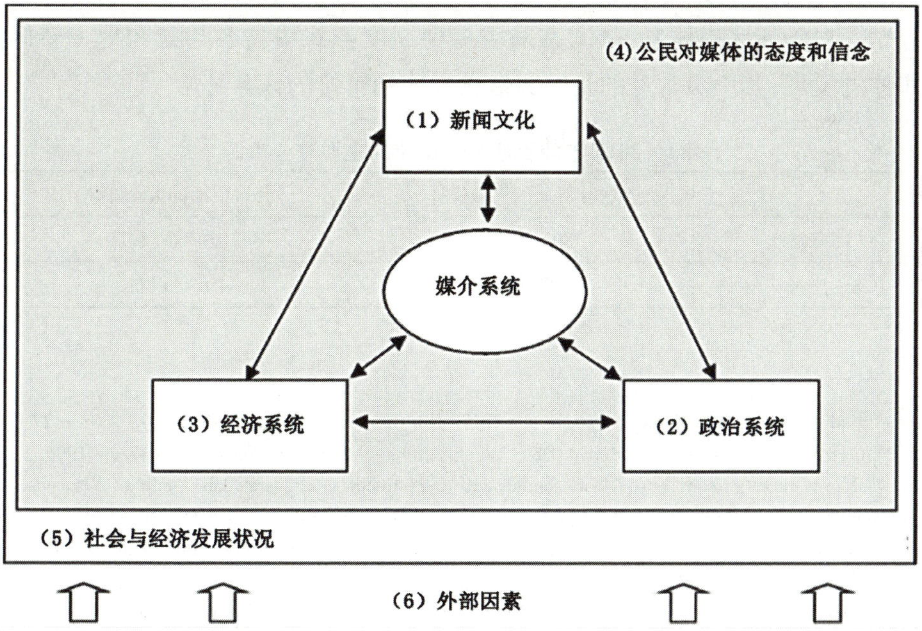

图 1　六因素分析框架:媒体变革的影响因素(Toepfl,2013)

(一)经济系统

俄罗斯的邦区媒体系统严重依赖国家财政,这有两个主要的经济原因:一是邦区广告市场发展较慢,二是大量广告支出从地方流向了首都莫斯科。

众所周知,广告市场的规模与该国家的GRP密切相关(Aris,Bughin,2005)。后苏联国家的广告支出总额和人均值远低于西欧国家(2007—2009年)(Sparks,2012)。比如,2016年,美国的广告市场规模大约有2 060亿美元①,德国有269.1亿美元,英国有248.7亿美元②,俄罗斯只有88.9亿美元③。俄罗斯的邦区广告市场在450亿卢布左右④(约6.7亿美元)。此外,只有50%的邦区广告支出流向了地方媒体,来自莫斯科的媒体大鳄拿走了另外的50%。这种局面迫使地方媒体不得不争夺有限的广告资源,同时也提升了其他替代性收入来源的重要性,其中最重要的就是国家补贴。

表1显示了俄联邦和邦区媒体的主要资金来源的分布情况。国家对联邦大众媒体的财政政策中包括了对全国性国有媒体公司的支持,如RTR公司、Russia Today电视网络和信息机构等,这类财政支持的主要形式是直接补贴。对于邦区媒体系统,国家采用多种制度形式支持各邦区和地方新闻媒体的发展,其中最常见的是国家信息合同和直接的任务补贴。

表1 2016年俄罗斯媒体系统的主要资金来源

	联邦层面的大众媒体	邦区层面的大众媒体
国家财政	802亿卢布	362亿卢布(2015)
广告	3 150亿卢布	450亿卢布

---

① US ad spending: the eMarketer forecast for 2017[EB/OL]. (2017-03-15)[2017-08-27]. https://www.emarketer.com/Report/US-Ad-Spending-eMarketer-Forecast-2017/2001998.

② Online marketing trends, http://www.onlinemarketing-trends.com/search/label/online%20spends.

③ Mobile reaches 5% of total media spending in Russia. eMarketer[EB/OL]. (2015-10-19)[2017-08-27]. https://www.emarketer.com/Article/Mobile-Reaches-5-of-Total-Media-Spending-Russia/1013118.

④ AKAR: the regional advertising market in Russia has stabilized in 2016[EB/OL]. (2017-04-16)[2017-08-27]. https://mresearcher.com/2017/04/akar-v-2016-godu-regionalnyj-reklamnyj-rynok-rossii-stabilizirovalsya.html.

通过对表1中"国家财政"和"广告"两种资金来源的对比可以发现，大部分资源都集中在首都莫斯科。联邦媒体从广告活动中获取收入的可能性远远高于邦区媒体。此外，最近的研究表明，由于国际制裁的缘故，这一领域（联邦层面的广告）正在发生变革，竞争日趋激烈（Kiriya，2017）。邦区媒体的资金来源分布较为均匀：国家支持和广告收入基本持平。

综上，邦区媒体系统在当下的主要经济体制特征是：（1）广告市场主要集中在首都，高达50%的邦区广告支出被投向了莫斯科。这种不平等使得邦区媒体公司更依赖各种形式的国家支持。（2）与邦区广告市场相比，国家财政在邦区媒体系统中扮演着更为重要的角色。

（二）政治系统

政治系统可被视为一种相互关联的行动体系，影响着中央决策出台与执行的方式（Easton，1957）。系统的概念表明，政治生活可以从其他社会生活中剥离开来。在本文中，我们只讨论政治体制中涉及邦区媒体系统的部分。

第一个值得探讨的部分是21世纪初期的邦区媒体政策改革。这一改革关系到人们对邦区大众媒体的理解，并废除了两项对邦区媒体产业颇有影响的法律。

1995年12月，第191号联邦法律《俄罗斯联邦对大众媒体和图书出版的国家支持》获得了通过。根据这一法律，媒体机构被免除了产品生产和销售活动中的增值税，另外某些活动被调低了税率，还被减免了部分所得税，而且也不用为与媒体产品生产和销售相关的进出口业务支付关税。此外，按照这一法律，媒体只需为通信技术（邮政、电报、电话）支付最低水平的关税，还能以很低的利率租用经营场所。

1995年11月，第177号联邦法律《对区（市）报纸的经济支持》获得通过。该法律旨在支持那些由于广告投放失衡（从邦区转移到首都，从出版业转移到电视业）而处于最窘迫经济状况的邦区印刷媒体。根据这一法律，地方报纸将从联邦预算中获得经济支持以进行生产和发展（Richter，2006）。

2004年8月，基于121号新法规的"社会市场经济体制下的宪政原则"，以上两项法规被废止（Richter，2006）。这一时期对支持邦区媒体发展的法律的废止,事实上证明了媒体政策的转变。在变革之前,国家认为邦区大众媒体是需要特别支持和保护的领域,而此后,国家以新自由主义的方式将媒体视为纯粹的市场。

这种新自由主义的观点在政治家的官方话语中盛行一时,他们认为邦区媒体应学会自力更生。电信与大众通信部副部长沃林(A. Volin)声称,邦区媒体机构必须"停止乞讨,努力以正常的方式赚钱"。①

(三)新闻文化

托弗(F. Toepfl)将新闻文化理解为"职业规范和更广泛的政治与社会信念,记者们据此来处理信息和解释社会现实"(Toepfl,2013:244)。在今天的俄罗斯各地区,记者的职业规范受多种因素的影响。

第一个因素起源于苏联时期,在这个时期,报纸的角色被列宁定义为"不仅是集体的宣传者和鼓吹者,还是集体的组织者"(Lenin,1901)。后来,基于教育人民和提供公共服务的社会任务原则,集体组织者的角色定位演变成了新闻业的苏维埃传统(Pasti,2005)。老一辈的记者继续遵循这些原则。

第二个因素形成于当代俄罗斯,涉及地方权力机关与媒体之间的关系的特殊性。这种关系在当前的模式中通常被描述成"侍从主义的"(Roudakova,2008)或者"依附性的"(Lowrey,Erzikova,2010)。侍从主义是"一种社会性和政治性的组织形式,在这种形式下,公共资源由强大的'赞助人'控制,并被交付给相对弱小的'客户'以换取保护和其他形式的服务"(Hallin,Papathanassopoulos,2002:184-185)。

这两个因素的结合造成了一种吊诡的局面。一方面,记者们试图履行职业精神,保留他们的公共合法性。另一方面,他们不想破坏与赞助人的关系。结果,大众媒体机构效仿了他们的活动:记者"对官员进行过场性的、肤浅的审查,与官员们进行刻意营造的圆桌论坛会议;还特意强调他们发表的一些简短报道以表明专业上的进步"(Lowrey,Erzikova,2010)。新闻工作者

---

① Volin. It is necessary to create conditions for earning money on the regional media market[EB/OL]. (2016-03-14)[2017-08-27]. https://ria.ru/society/20160314/1389557393.html.

将他们的职业目标视为满足公民的需求,而媒体与当权者之间的侍从主义关系影响了他们的职业方向。这一局面对地方官员是有利的——“一边通过帮助弱势群体赋予地方记者权力,一边转移媒体监督政府的注意力”(Erzikova,Lowrey,2014)。

这里还有另外一个要点,即地方记者普遍认为政府的支持对邦区媒体至关重要。一部分人认为,地方新闻媒体(尤其是印刷媒体)没有国家财政支持就无法生存(Kasutin,2011)。

(四)其他因素

托弗所指出的三个其他因素(公民的媒介观念、社会经济发展状况、外部因素)对邦区媒体体制变革有次要的影响,但它们对于创建一个完整图景非常重要。

关于公民的媒介观念,很重要的一点是,在俄罗斯的大部分地区,公民对邦区大众媒体的信任度高于联邦媒体。全俄地区总人口的50%以上表示他们信任邦区大众媒体。①

社会经济发展状况已经在前文有关GRP和广告支出的经济系统分析中有所提及。俄罗斯各邦区之间的社会经济发展不平衡导致了各地媒体系统的差异。俄罗斯联邦包括85个不同类型的邦区主体(共和制、行政区划、自治区等),这些区域的经济状况相差极大。比如,GRP最高(莫斯科,2015年约为135 325亿卢布)和最低(阿尔泰共和国,2015年约为417亿卢布)的两个邦区之间相差330倍。② 因此,根据社会经济发展的各参数(大众媒体的数量、广告市场容量、受众特点等)可知,各邦区的媒体系统发展也不平衡。

除社会经济发展状况外,还有一些外部因素也影响着邦区媒体系统。对俄罗斯各地区来说,文化差异的影响非常重要。由于历史、宗教和民族背景不同,俄罗斯各地区具有不同的文化特征。文化认同影响着人民如何消

① According to research of Foundation “Mediastandart”, http://www.msindex.ru/.

② Official statistic indicators: gross regional product in basic prices[EB/OL]. [2017-08-28]. https://www.fedstat.ru/indicator/33379.do.

费媒体,地区当局和大众传媒的关系如何建构,以及各邦区媒体的景观。

另一个值得考虑的外部因素是环境。气候和其他自然特征对通信技术的渗透有很大影响,进而对媒介消费产生影响。例如 2015 年的统计数据显示,每月至少使用一次互联网的人口比例在不同地区表现为 63%—77% 不等。①

(五)俄罗斯邦区媒体系统改革的影响因素:两种逻辑的冲突

对影响俄罗斯邦区媒体体制改革的各因素的简要分析显示了两种逻辑的冲突。政治体制转向市场导向逻辑,而独特的经济系统下的新闻文化却向公共服务逻辑靠拢。

近年来的媒体政策改革转而采用纯粹的市场视角来理解邦区媒体系统。20 世纪 90 年代末,邦区媒体机构被规制为需要受到特殊支持的保护对象。那些废除了经济支持的立法改革举措,则为邦区媒体带来了新的视角——市场商品。联邦当局支持这一立场,官员们在演讲中坚称邦区媒体应自力更生。换句话说就是要参与商业竞争。

另外,邦区媒体工作者认为他们的主要专业职能为"帮助普通公民"。这一立场得到了地方官员的支持,因为这有助于转移记者监督地方政府的注意力。此外,地方官员和记者之间的侍从主义关系迫使公众导向的新闻业务成为邦区大众媒体唯一可使其专业职责合法化的空间。另外,尽管进行了联邦改革,但地方官员还继续从他们的预算中拨出经费给邦区大众媒体。

这两种逻辑的冲突导致了俄罗斯邦区媒体体制的新元素——国家信息合同的出现。在我们看来,国家信息合同作为一种特殊的制度性形态,被用来在市场中实现公共服务的功能。下面,我们将详细分析什么是国家信息合同及其对媒体工作的影响。

---

① The development of the Internet in the regions of Russia[EB/OL].[2017-08-28].https://yandex.ru/company/researches/2016/ya_internet_regions_2016#itogovyetablicy.

四、俄罗斯邦区媒体系统中的国家信息合同现象

国家信息合同是地方政府(或组织)与媒体公司签署的合同。这类合同最常见的主题是大众媒体对某一特定话题的报道,也可能有其他的主题,如技术服务(如拍摄视频)、内容创作(如剪辑地方政府内部使用的视频)。

作为一种市场实践,国家信息合同在2000年年中开始迅速发展。它对来自三个核心领域——经济系统、政治系统和新闻文化——的挑战做出了合理且令人满意的回应。现在,国家信息合同已被大部分的邦区媒体广泛传播和接受,成为当下最受欢迎的国家财政支持形式。2015年地方政府对邦区媒体的财政支持资金中,有42%是以国家信息合同的方式划拨的。[①] 受欢迎程度位居第二的直接补贴形式,只占总额的24%。另一项研究表明,通过国家信息合同获得的收入占了邦区电视频道总收入的80%(Vyrkovskiy, Makeenko,2014)。

为什么国家信息合同会在邦区媒体系统中流行?经济系统的主要挑战是,俄罗斯大部分地区广告市场孱弱,与首都极不对等。这种失衡迫使商业和国有地方媒体都去寻找其他的融资渠道。从俄罗斯邦区媒体历史发展来看,国家融资是最简单便捷的方式。

国家信息合同也顺应了政治系统中有关邦区媒体的市场化和商业化的挑战。与那些直接发给企业的直接补贴相比,信息合同这种方式创造了竞争性准市场环境。信息合同是公共采购的一部分(因为预算资金被花掉了),并以电子购买的形式实施。这意味着对某种信息服务(如对某一特定话题的报道)的采购需求将被放在互联网的网购平台上,符合要求的媒体机构可以竞争这份合同。同时,与直接财政支持相比,合同的方式改变了政府的身份,即从捐助者转变为客户。

---

① Head of Human Rights Council: only 12 regions use grants as source of support to mass media [EB/OL]. (2016-03-14)[2017-08-27]. https://lenizdat.ru/articles/1137218.

此外,契约关系对政府还有另一个好处。作为一种"重市场导向"的国家支持形式,信息合同还让地方政府获得了一定的控制力。一旦与国家签订了合同,媒体机构就受到了合同关系和债务的约束。同时,这种关系迫使媒体对国家保持忠诚以获得未来的订单,而且这种控制机制更间接、更温和,比20世纪90年代流行的"硬"形式看起来更加民主。

最后,基于公共服务理念的新闻文化受到新的市场导向范式的挤压。国家信息合同不仅给记者提供了生产娱乐内容以扩大受众市场的可能性,也让他们有了报道社会重要议题的机会,以丰富新闻主题。

(一)国家信息合同——实现公共服务功能的工具

国家信息合同的核心理念和主要目标之一,就是在市场中实现媒体的公共服务功能。下面我们来分析这一工具是否实现了这一目标。

合同的重要内容之一是指定须报道的话题。表2提供了俄罗斯各行政区定义这些主题的一些数据。该研究于2015年调查了俄罗斯75个行政区(一共85个)的地区官员,询问他们如何决定哪些新闻主题应当通过信息合同来报道。

表2 国家信息合同中的主题遴选渠道

来源	邦区数量
邦区目标项目	15
区级/市级权力机构	14
"传统主题"(社会、经济、文化、爱国主义)	13
法律、法令和规定	11
地方事务计划	6
非商业组织	3
大众媒体的编辑方针	3
总统年度咨文	2
联邦预算项目	2
不详	6

资料出处:非商业机构"地方独立出版商联合会"

从表2中可以看出,有4个主要的源头影响主题选择。第一个是邦区目标项目,这些项目是该行政区某些民生活动的长期发展计划,例如道路建设、博物馆建设、偏远地区的电脑普及。有15个地区将这些项目定义为国家信息合同的主题。

第二大源头有14个地区的官员提到,即区级或市级权力机构本身。这意味着这些主题是根据某些官员的个人或团队偏好来指定的,不参考任何文件或项目。

第三大来源是所谓的"传统主题",被13个地区使用。这些主题被默认为值得报道,其中包括社会、经济、文化等诸多问题。这意味着这些地区没有任何文件或项目来决定国家信息合同的主题,而是基于其他事由。对于哪些主题会得到预算基金的支持,地方官员并不感兴趣。

第四个重要源头被11个行政区使用,即法律、法令和规定,也就是说,这里设有针对国家信息合同的官方项目,通过它们报道一批特定的主题。

总之,我们可以看到,对主题选择影响较大的源头均与地方政府有关。只有3个地区提到了非政府组织,还有3个地区提到了大众媒体的编辑方针。

由于国家信息合同是政府采购的一部分,所以有关信息是公开、可获得的。为了理解这些合同所涵盖的主题,我们研究了2014年俄罗斯42个地区签署的此类合同的数据。合同文本一般包括客户信息(国家机关或组织)、供应商(新闻媒体)、合同总数、时间期限、媒体产品数量(例如电视节目数量、播放时长、报纸版面数等)和其他信息。当然,需要报道的主题也位列其间。主题描述的详细程度在不同合同中存在差异,有些合同中的主题可能是泛指,如"社会重大问题";在另一些合同中,主题的描述可能非常详细,包括了文稿或电视报道的标题、可用的专家或发言人、须特别强调的要点以及其他细节。我们根据它们的主题进行了编码,每个合同最多涵盖4个主题,由此我们从样本中整理出了如图2所示的主题分布结果。

其中,最常见的主题是区级(17.9%)和市级(20.8%)政府的活动、语焉不详的社会或公共问题(20.7%)。所谓语焉不详,是指这些合同的主题阐释得非常含糊,例如"对社会性重大主题安排总长×分钟的电视节目"。这类主题占比高是有原因的:其一,含混不清的主题表明国家客户对这些合同

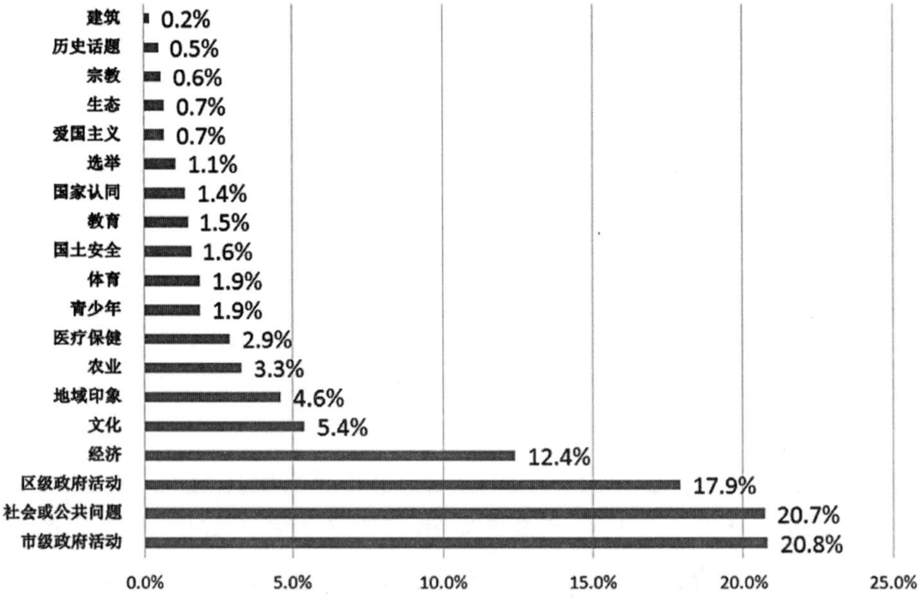

图 2　2014 年俄罗斯 42 个地区所签署合同中的主题

所要求的报道内容并不关心；其二，签订合同的真正目的在于对某些媒体机构提供财政支持，而不是为了报道公共重大事件；其三，国家对媒体的自我审查抱有十足的信心。

（二）受众在哪里？国家信息合同的“瓶颈”

如上所述，国家信息合同的出现是十分合乎逻辑的，且很可能是邦区媒体系统特性所带来的必然结果。

俄罗斯邦区媒体体制面临的挑战之一是公共服务模式的缺乏，这也是国家信息合同存在的先决条件。这种合同的理念可以通过当权者的家长模式来解释。在这种模式下，国家推行一种基于“保护和引导责任”的政策（Williams，1976）；或者说，当统治集团觉得对社会负有责任的时候，可以采用这样一种模式（Zassursky，1999）。在这种模式下，国家作为大众媒体的监督者或控制者，不仅是为了最大化地扩展其政治权力，而且也想为社会做有益的事情（Ademukova，2017）。因此，在缺少制度化的 PSB 的情况下，国家信息合同可被视为公共服务媒体的替代工具。

PSB 的基本原理在产业实践和理论研究中均得到了充分的阐释(Syvertsen,2003; Siune, Hulten, 1998; McQuail,2010 and others)。这些基本原理包括:

PSB 是某种承担责任的形式,对象是公众或其政治代表。

PSB 是公共财政的一种要素。商业收入是被允许的,但所有收益必须被用于节目制作或服务性目的。

传播内容须在一般性平衡原则之下受到严格规制。

提供国土范围内的普遍服务,并将受众当作公民,而不仅仅是消费者。

管控进入门槛,例如限制广播频道的数量(Siune,Hulten,1998)。

上述分析表明,国家信息合同满足了 PSB 的几乎所有要求,除了一点——公众责任。事实上,受众被排除在创造、分发和执行合同的所有环节之外。因此,在俄罗斯的大部分邦区,被指定的报道主题并没有采纳受众的意见;在我们搜集的合同样本中,出现频率最高的主题与政府利益而不是公众利益关系更密切。我们此前的研究显示,通过附庸于政府,媒体获得了更多的合同和更高的合同金额(Dovbysh,Gudova,2016)。

麦克切斯尼(R. McChesney)在他对公共服务广播的定义中指出了公众责任的重要性:"公共服务广播是一种非营利、非商业的体系,它由公共基金支持,旨在通过某种法律路径对公众负责,并致力于对全体人民提供服务——它不将商业法则作为节目制作的主要方针。"(McChesney, 1999: 226)。正如他所强调的,方式可以多样化,但责任必须被承担起来。例如,PSB 模式中公众责任的实效性在东欧国家受到猛烈的批评,其形式要件却必须被满足(Jakubowicz,2012)。在国家信息合同模式中,公众责任的缺席足以表明这些合同在俄罗斯邦区媒体系统中可能带有其他目的。这些目的可能是多种多样的:通过经济手段间接控制国家,扶持效忠或附庸于己的媒体机构,成为国家财政支持的市场化运作模式,提升和支撑地方政府形象(通过报道他们的活动),等等。国家信息合同作为国家干预媒体的工具,可能存在很多解释和"伪装"。

下面,我们将考察这些合同(作为邦区媒体体制变革的结果)对于大众传媒活动的影响。

五、媒体机构内部的逻辑冲突

如上所述,影响媒体变革的各因素之间是相互角力的。政治系统改革导致了邦区媒体系统的商业化,这为邦区媒体参与市场竞争创造了条件。新闻文化更偏向于发挥邦区大众媒体的公共服务职能。经济系统的特性又使邦区大众媒体非常依赖国家财政支持。

为了解这些逻辑冲突如何影响媒体行为,我们提供了与访谈性数据有关的定量数据。我们进行了 12 次半结构化深度访谈,对象包括 4 个邦区的媒体机构(电视频道、报纸、网络媒体、通讯社)的主编和总监。在采访中,受访者被问及对当前信息政策的一般性观点和对自身所处媒体的具体看法,以及如何看待邦区媒体中的记者的角色,如何看待与政府官员的关系和国家信息合同等问题。

我们发现,系统层面(政治、经济、文化层面)的逻辑冲突在邦区媒体公司层面被复现了。管理者(总监、制片人)和创作者(编辑、记者)也无法定义他们究竟是市场玩家还是公共服务提供者。结果,市场逻辑与公共服务逻辑混在了一起。受访者一边谈论经济效益的可能性和必要性,同时(在同一个访谈中)又讨论服务公共利益、娱乐与实用并举的重要性。

因此,一位市政电视频道的总监表示,他们只保留那些能赚钱的项目:

> 我们只保留那些能让我们赚钱的节目。我们的主管机构(母公司)明确表示过,所有不赢利的项目必须关闭。
>
> (某股份制结构的市政电视频道的总监,2016 年)

受访者也强调他们有责任为人民服务,接近他们的受众。例如,一位邦区报纸主编指出,他们的目标是支持大众:

> 无论面临何种指摘或不公,我们都竭力与大众并肩,匡扶正义,与大众相互扶持。
>
> (某邦区报纸的总编,2016 年)

逻辑的冲突促使媒体通过国家信息合同的方式将国家干预合法化。作为市场玩家,他们追逐商业逻辑,追求利润和受众规模的最大化。因此,国家信息合同成为消除“市场失灵”问题的解决方案,以应对公共重大信息的报道缺位。中部地区某电视频道的执行总监注意到,如果商业电视频道认为某些议题毫无价值而完全不予报道或仅进行简短报道,那么国家信息合同将发挥作用,推动该议题的深入调查:

这是转变重点和基调的问题。如我之前所说,我们考虑的是 X 频道,它是纯粹的商业电视频道。我们还考虑 Y 频道,它手上有国家商业合同。这个问题的本质是:第一,转换重点和优先顺序;第二,可以说是某些话题的调查深度。我的意思是,如果说在商业频道中我们只关心更多的利润,那么在国家信息合同中我们就有了更多事情可以做……

(某股份制结构的电视频道的执行总监,2016 年)

此外,由于国家信息合同是国家财政支持的半市场化工具,所以媒体仍然认为他们是纯粹的市场玩家。在西伯利亚的某俄罗斯行政区,一位电视频道的总制片人认为,即使他们通过国家信息合同获得了大量的财政预算资金,也仍然是商业公司:

我们没有“纯粹的”财政预算经费,通常情况下,那些钱我们根本动不了,不能用来发工资,不能用来支付水电费……政府完全不关心这些。我们参与竞争来获得国家合同,例如为期一年,在此期间会有一定数量的节目被认购。……此外,当你获得一份合同时,这些钱就不再是政府预算了。这是一项服务——有人购买它,而你负责供应。

(某地方电视频道的总制片人,2016 年)

另一个受访者,一位电视频道的执行总监,更进一步地指出,国家信息合同与媒体机构跟其他商业客户签订的商业合同并没有区别:

任何合同都包括客户追求的目标。从这个意义上说,顾客是谁绝对无关紧要,重要的是达到双方都满意的条件。

(某股份制电视频道的执行总监,2016 年)

六、结论与讨论

本研究探讨了在俄罗斯独特的邦区媒体体制中,媒体的公共服务功能是如何推进的。我们的调查显示,影响邦区媒体系统转型的因素是多向度且彼此抵触的,主要冲突集中在邦区媒体机构的商业化和试图提供公共服务的意愿之间,加上广告产业薄弱所导致的国家财政依赖,这一冲突催生了媒体市场中一个特殊的制度性因素——国家信息合同。

国家信息合同是一种工具,其目的是在媒体市场内提供公共服务。然而,它存在一些瓶颈,其中最主要的一个是对受众的排斥。一旦媒体报道主题被指派、合同在媒体机构中部署,公众责任就消失了。结果,公共服务信息常常被替换为地方政府信息。此外,对国家信息合同现象的更深入的考察揭示出这一工具除公共服务之外的其他一系列功能。国家信息合同提供了一种间接的、经济形式的国家控制渠道;它是对忠诚的或"正确的"媒体实施财政支持的一种方式;作为结果,它加强了邦区媒体机构的自我审查活动。总之,我们可以说国家信息合同的目标也是彼此冲突的。它既是公共服务的工具,也是维持市场的经济手段。

体制层面的冲突被复制到媒体层面上。邦区媒体机构生存于此种商业逻辑和公共服务逻辑边界模糊的环境中。结果,邦区媒体机构的表现并不能表明它们的角色。它们坚持自己的商业目标,强调赢利能力的重要性,但同时也坚守自己的公共责任。

然而,对于这一混乱的局面,邦区媒体管理者和记者们没有做出任何反思。相反,这种矛盾纠葛催生了完全合法的模式。该模式中的公共责任的缺失经由商业目标而获得了解释,同时,公共服务的必要性决定了国家信息合同的必然性,因为它能解决"市场失灵"问题。

因此,俄罗斯邦区媒体系统可被视为一种递降模式,其中,体制层面的冲突造成了机制层面(国家信息合同)和企业层面的冲突。这种模式相当稳定,因为下一层面的冲突是上一层面冲突的逻辑延伸。此外,每一层面的利益相关者都致力于既有模式的合法化。

正如"西方化"的批判者所说,媒体研究不应是大一统的,而应必须考虑发展中国家媒体体制的特殊性。俄罗斯邦区的大众媒体的情况证明了这一点。当前的俄罗斯邦区媒体系统是结合自身的文化和发展路径,将西方商业媒体模式移植到邦区媒体版图中的结果,其特征之一是邦区媒体理应承担公共服务责任的深层理念。在俄罗斯邦区媒体商业化发展的过程中,这种理念以国家信息合同的形式表现出来。如今,国家信息合同却产生了相反的效果,导致媒体为政府服务而不是为公众服务。

〔译者纪莉,武汉大学新闻与传播学院教授,博士生导师;张晓璇,武汉大学新闻与传播学院硕士生。〕

参考文献

ADEMUKOVA N, Dovbysh O, KIRIYA I, et al. The role of state contracts in shaping social responsibility among Russia's regional mass media[J]. Journal of social policy studies, 2017, 15(1).

Aris A, BUGHIN J. Managing media companies: harnessing creative value[M]. Hoboken: Wiley, 2005.

BECKER J. Lessons from Russia: a Neo – Authoritarian media system[J]. European journal of communication, 2004, 19 (2).

CASTELLS M K E. Russia and the network society[J]. World Russia, 2000, 9(1).

GELMAN V, HOPF T. Center and regional identities in Russia[M]. St. Petersburg university publishing house, 2003.

CURRAN J, PARK M J. Beyond globalization theory[J]. De – Westernizing media studies, 2000, (3)18.

DE SMAELE H. The applicability of western media models on the Russian media system[J]. European journal of communication, 1999, 14(2).

DOVBYSH O, GUDOVA E. Government information contracts and their importance for Russian regional media markets[J]. Monitoring of public opinion: economic and social changes, 2006, (6).

EASTON D. An approach to the analysis of political systems[J]. World politics, 1957, 9(3).

ERZIKOVA E, LOWREY W. Preventive journalism as a means of controlling regional media in Russia[J]. Global media and communication, 2014, 10(1).

ERZIKOVA E, LOWREY W. Russian regional media: fragmented community, fragmented online practices[J]. Digital journalism,2017,5(7).

HALLIN D C,PAPATHANASSOPOULOS S. Political clientelism and the media: Southern Europe and Latin America in comparative perspective[J]. Media,culture & society,2002,24(2).

JAKUBOWICZ K. Post-communist political system in central and easter Europe: politics economy,culture[M]//DOWNEY J. &Mihelj S. Central and Eastern European media in comparative perspective: politics,economy and culture. Ashgate Publishing Ltd. ,2012.

KASUTIN V. Russian local press media: impact of financial – economic crisis[J]. Mediascope, 2011,(1).

KIRIYA I, DEGTEREVA E. The Russian TV market: between state supervision, commercial Logic and simulacrum of public service[J]. Central European journal of communication, 2010,3 (1).

KIRIYA I. The impact of International sanctions on Russia's media economy[J]. Russian politics,2017,2(1).

LENIN V. Where to begin? Lenin Collected Works Volume 5[M]. Foreign Moscow:Languages Publishing House,1961.

LOWREY W, ERZIKOVA E. Institutional legitimacy and Russian news: case studies of four regional newspapers[J]. Political communication,2010,27(3).

MCCHESNEY R. Rich media,poor democracy[M]. Urbana:University of Illinois Press,1999.

MCQUAIL D. McQuail's mass communication theory[M]. London: Sage publications,2010.

OATES S. The Neo – Soviet model of the media[J]. Europe – Asia studies,2007,59 (8).

PASTI S. Two generations of contemporary Russian journalists[J]. European journal of communication,2005,20(1).

RICHTER A. Economic support to mass media and journalists from the state in the post – Soviet space[J]. Izvestiya of Ural state university,2006,45.

ROUDAKOVA N. Media-political clientelism: lessons from Anthropology[J]. Media,culture & society,2008,30(1).

SIUNE K. , HULTEN O. Does public broadcasting have a future? [M]//MCQUAIL D, SIUNE K. Media policy: convergence,concentration,and commerce,London: Sage,1998.

SPARKS C. The interplay of politics and economics in transitional societies[M]//DOWNEY J, MIHDLJ S. Central and Eastern European media in comparative perspective: politics, economy and culture. Lindon: Ashgate Publishing Ltd. ,2012.

SYVERTSEN T. Challenges to public television in the era of convergence and commercialization [J]. Television & new media,2003,4(2).

THUSSU D K. Internationalizing media studies[M]. London: Routledge,2009.

TOEPFL F. Why do pluralistic media systems emerge? comparing media change in the Czech Republic and in Russia after the collapse of communism[J]. Global media and communication,2013,9(3).

TSVIK V,KACHKAEVA A. Reforms in the society and on the television[M]//Essays on history of Russian television. Moscow: Voskresenie,1999.

VARTANOVA E. Modern mediastructure. Современнаямедиаструктура[M]// Mass media of post – Soviet Russia. [S. l.]: Aspect Press,2002.

VARTANOVA E. De – Sovjetizing Russian media studies[M]//. Thussu DK. Internationalizing media studies. Oxon:Routledge 2009.

VARTANOVA E. The Russian media model in the context of post – soviet dynamics[M]// HALLIN D,MANCINI P. Comparing media systems beyond the western world. New York: Cambridge,2012.

VYRKOVSKIY A,MAKEENKO M. Regional television of Russia at the doorstep of digital era [M]. [S. l.]: Mediamir ,2014.

WILLIAMS R. Communications[M]. Harmondsworth: Penguin,1976.

ZASURSSKY I. The Mass – Media of the Second Republic [M]. Moscow: Izdatel' stvo MGU,1999.

ZHIRKOV G. History of censorship in Russia in 19 – 20 centuries[M]. [S. l.]: Aspect Press, 2001.

公共服务媒体的空心化

——BBC 内部生产商业化的建构制度主义分析

◎亚历桑德罗·达玛*

摘要:本文研究了英国广播公司(BBC)节目生产业务的商业化现象。近年来,市场逻辑日益渗透到公共服务媒体(PSM)中,BBC 就是这种广泛趋势中的一宗个案。本文借鉴了政策分析的理论方法,试图解释 BBC 在长期利益驱动下组建 BBC Studios 的考虑因素和操作方法。BBC Studios 是一个新的商业子公司,它将 BBC 的大部分内部生产单位招至麾下,自由参与节目生产业务的市场竞争。本文考察了 BBC 的战略规划者如何与英国广播政策的主导思想展开互动,这些政策关涉创意产业的经济价值和创新力竞争在电视节目制作中的价值。本文阐明了过去三十年来制度背景的变迁如何制约 BBC 的战略施展空间。本文的主要观点是,BBC 日益依赖它在经济效益方面的积极贡献来证明其价值;路径依赖效应迫使 BBC 拥护制度性解决方案,进一步架空了它的公共资金结构。这一观点与 PSM 的未来角色和组织形式的大讨论密切相关。

关键词:BBC,建构制度主义,媒介政策,公共服务媒体,电视生产

---

* 本文英文版发表于 Media, Culture & Society, 2017, June 15, online. 本刊已取得中文版发表授权。作者亚历桑德罗·达玛(Alessundro D' Arma)为英国威斯敏斯特大学媒介艺术与设计学院高级讲师。

The Hollowing out of Public Service Media

—A Constructivist Institutionalist Analysis of the Commercialisation of BBC's In-house Production

Alessandro D'Arma

Abstract: This article examines the recent commercialisation of the programme-making activities at the BBC in the United Kingdom as a major instance of a wider tendency that sees a market logic becoming increasingly embedded in public service media (PSM) organisations. Drawing on ideational approaches to policy analysis, this article seeks to explain how and why the BBC came to conceive of BBC Studios, a new commercial subsidiary bringing together the majority of BBC's in-house production units and free to compete in the wider market for programme commissions, as serving its long-term interests. It considers how BBC strategists engaged with dominant ideas in UK broadcasting policy on the economic value of the creative industries and the benefits of competition for creativity in television programme-making. It shows how changes to the institutional context over the past three decades, predicated on these very ideas, have constrained BBC's room for manoeuvre. The main arguments put forward—the BBC's growing reliance on economic arguments to justify its value and the path-dependent effects at work pushing the BBC towards advocating an institutional solution entailing the further hollowing out of its publicly funded structures—are relevant to wider debates on the future role and organisational forms of PSM.
Keywords: BBC, constructive institutionalism, media policy, public service media, television production

---

一、引言

全世界的公共服务媒体(Public Service Media,PSM)都面临着一个持续扩张且日趋复杂的媒介环境,公共财政预算被削减,商业竞争者、供应商和分销商数量与日俱增。在这种情况下,它们努力通过采纳新的组织模式来保持其本色(Lowe & Berg,2013)。这些方案通常需要引入更多的商业逻辑,而非商业主义却一直是 PSM 维持其独特性的基本特征(Cunningham & Flew,2015; Moe,2013)。许多公共服务媒体会通过售卖广告或其他商业业务来弥补国家财政投入的不足,但自 20 世纪 90 年代以来,PSM 可能比以往更深入地投身市场之中,该过程中呈现出几个可识别的维度,包括在节目生产方面外包给私营供应商,在次级市场和国际市场上追逐更多商业利润以弥补公共投入的削减。PSM 与市场对接的这些实践,似乎可以用策略性和财政性原理来解释,但仍然存在一些问题,例如,日益入侵 PSM 核心业务的市场逻辑是否与公共服务的职能相冲突?会不会最终破坏 PSM 的独立性从而危及其存在的合理性?

以此为背景,本文讨论了 BBC 近年来节目制作业务的商业化问题。20 世纪 80 年代以来,一系列的商业化举措已经推动 BBC 不断向市场靠拢。2015 年,BBC 与政府协商续签下一个十年的《皇家特许状》①,借机提出组建一个商业化运作的全资子公司从事节目制作,即英国广播公司影视制作中心(BBC Studios)。这个新部门将在佣金市场②上自由运营,接受第三方广播公司的委托制作业务。同时,BBC 承诺外包给外部私营公司更多的节目。该提议被媒体评论为"可能是 BBC 运营方式上的最大震动"(Conlan,2015)。

本文采用的分析视角,是探讨作为战略行动者(strategic actor)的 BBC 在"密集的结构化背景"(Hay,2002:213)下如何斟酌 BBC Studios 战略所带来的长远利益。在当前艰难的经济现实面前,BBC 在内部节目制作结构上的市场化改革看似顺理成章。以独立的商业部门面貌组建 BBC Studios,能够提升内部制作人偏低的工资水平,同时开启新的盈利渠道赚取额外的商业收入。然而,稍作思考便可发现,事情并不是这么简单。用 BBC 的话来说,

---

① BBC 是在《皇家特许状》指导下建立的。目前的特许状是 BBC 历史上的第 9 部,于 2017 年 1 月 1 日生效,将于 2027 年 12 月 31 日到期。它的续签协商进程始于 2015 年 7 月,当时政府发布了关于 BBC 未来发展的绿皮书(DCMS,2015)。

② 佣金市场即节目交易市场,节目制作机构在这里将他们的节目产品出售给广播电视网运营商。由于其自身的公共性,BBC 历史上在佣金市场的运营活动受到诸多限制,本文中有具体介绍。(译者注)

节目制作一直都是“BBC 的命脉”(BBC,2015a：8),该核心业务的商业化运作影响重大,将导致 BBC 的“公共性”(publicness)的模糊化。可能的后果之一是,BBC 对电视许可费(一种针对所有拥有电视的家庭的税收)的独占模式将被破坏。现在已经有观点指出,这些许可费收入应当置于竞争平台之上,让商业广播媒体分一杯羹。从另一个角度来说,BBC Studios 也是一种“自废武功”的举动。问题主要集中在它的商业可行性方面,因为它的起薪将远远高于行业平均水平,若要实现盈利就必须赚到大额的委托制作佣金。然而,即使新的商业道路被证明是成功的,BBC 也可能面临扰乱市场的指控,BBC Studios 也会被责令出售给私人投资者。最后,还有人注意到,如果 BBC 开始为它的商业对手制作节目,那么 BBC 品牌的普遍性和独特性(universality and distinctiveness)在公众中的认知也可能会受到负面影响。

因此,BBC 将 BBC Studios 作为长远战略的原因,并不像表面看来那么简单。这一问题的阐述需要一种理论视角,须能激发研究者去关注利益和观念的本质,以洞察行动者与其战略背景之间的关系。本文下一节将说明,科林·哈伊(Colin Hay)的“建构制度主义”(constructivist institutionalism)理论框架能满足这一要求。本文接下来的部分首先基于现有资料概述了 BBC Studios 战略的背景,然后,追溯了 20 世纪 80 年代以来 BBC 主要观念的变迁和制度的发展,考察了 BBC 如何利用英国广播政策中的主导思想来影响下一个《皇家特许状》期间的政策,使其对己最为有利。通过这些工作,本文对 BBC Studios 战略进行了解读。

二、理论框架

本研究在理论上是基于政治分析方法的,该方法将政策的制定视为一种斗争,即争夺对政策问题的解释(interpretation),因为社会现实(与社会建构主义本体论相一致)被假定为既不直接也不明晰地向行为者开放(Fischer,2003)。这是一种本能的却又很重要的理论洞察。克雷格·帕森斯(Craig Parsons)指出,人们首先要知道“行动者是如何思考政策问题的,他们的思考并不只是对周围境况的机械反应”(Parsons,2016：446)。有人认为,对观念(ideas)的关注提供了“更丰富的政治解释”,因为“观念塑造了我们理解政治问题的方式,定义了我们的目标和战略,是我们讨论政治问题的通用语言”(Béland & Cox,2011：3)。

在政治学中,观念研究的一个重要进路是新制度主义,作为决策研究的一个普遍方法,它的首要目标是“阐明制度在社会和政治后果方面的决定性作用”(Hall & Taylor,1996：936)。制度论往往是结构性的,因为它们将制度(被广泛理解为政体的正式和非正式规则)视为影响人类行为和政治后果的外部制约因素,但新制度主义最近转而开始关注观念问题,以解释那些仅依靠制度本身无法解释的现象。其中一个新的变体被命名为观念的、话语的或建构主义的制度主义(Hay,2001,2006；Schmidt,2008,2011),宣称与三个老旧的变体(理性选择、社会的和历史的制度主义)划分了界限。根据一位主要支持者的说法,这一新的新制度主义的独特性在于,虽然制度分析中大部分传统方法(尤其是历史制度主义)认为制度是观念的组成要素,但它却认为“观念是制度的组成要素,尽管它由制度所塑造”(Schmidt,2011：53)。因此,从这一视角看来,“观念是制度的基础”,嵌入在制度的设计和发展当中(Béland & Cox,2011：9)。

本文具体借鉴的是哈伊的“建构制度主义”(Hay,2002,2006,2011)。哈伊认为,行动者(无论是个人还是集体)具有广泛的目的性和战略性,“寻求实现某些复杂的、偶然的和不断变化的目标”(Hay,2006：63)。哈伊的建构制度主义思想,在他对利益(interests)的态度中体现得最为明显(Hay,2011)。在哈伊看来,利益并不像实证主义者眼中的政治现象那样,是一种物质性的给予,而是一种话语性的建构。由此,行动者所感知的利益也就不是他们的物质利益的直接反映。用另一位重要的理论倡导者维文·施密特(2011：58)的话来说,“利益不能从它的观念中剥离出来”,它最适合被理解为“对物质条件的主观反应”。于是,利益被话语制度主义者收入囊中,作为“他们的研究主题”(Schmidt,2011：58)。哈伊(2002：194)指出,行动者追求的战略(以及相关的利益)“必然是一个感知问题”,因为行动者不可能知悉他们所处情境的全部信息。因此“他们必须依靠对情境的感知,这种感知是不可能完整的,往往在事后被证明是不准确的”(Hay,2006：63)。

在这样的理论架构中,观念理所当然地被赋予了关键地位。它被理解为认知的或规范的信念,提供了“行动者与其环境之间的连接点”(Hay,

2002：209 – 210）。背景（context）和行动（conduct）（进而是物质和观念）辩证地联系着。一方面，背景决定了战略的选择，“从某种意义上说，在一个具体的背景下只有某些战略行动可供行动者使用，其中只有一部分有可能帮助行动者达成目标”（Hay，2002 ：209）。另一方面，背景还限制了话语的建构（即我们对它持有的观念），因为“为了继续提供行动者解释世界的认知模板，特定的想法、叙事和范式必须与行动者的直接和间接经验保持一定的共鸣”（Hay，2002：212）。

然而，这也造成了另一个方向的影响。如果“是行动者对自身所处的背景所持有的观念决定了他们的行为方式，而不是背景本身”（Hay & Rosamund，2002：148 ），那么，观念将经由其所决定的战略行动（无论多么糟糕）“随着时间推进而造成背景的改变”（Hay，2002 ：214）。哈伊在他的理论架构中阐述了这一核心观点，考察了全球化问题的主流（但遭到实证挑战）话语结构所产生的物质效应（对企业税收的削减），这种话语结构被视为一种伴随着政治要求的外部经济性制约力量（Hay & Rosamund，2002）。结论支持了“观念至关重要”的说法，认为“全球化论题是否‘真实’可能并不重要，重要的是那些利用它的人是否认定它是真实的（或者很可能只是有用而已）”（Hay & Rosamund，2002：148）。

这其中的问题在于，行动者是如何思考他们的想法的。哈伊的答案是既承认“观念机构”，也承认“观念结构”（二者为行动者提供认知滤镜和规范滤镜，行动者通过这些滤镜来认识世界）。行动者在那些普适性政治话语范围之内运作，为特定的社会利益提供更大的合法性，塑造他们认为“可行、合法、可能和可取”的东西（Hay，2006 ：65）。然而，在一场动摇了这种结构主义的行动中，哈伊承认，“毕竟，是行动者理解并合法化了他们的行为，即使他们是在非自愿选择的话语环境中这样做的”（Hay & Rosamund，2002：151）。

最后必须指出的是，反对物质利益观、认为观念在解释政治后果中发挥核心作用的理论视角，与另外一种视角并不冲突。后者认为，行动者可能会虚伪地寻求观念，来合法化那些别有所图的政策。这与“观念至关重要”的看法其实是一致的。哈伊回避了如何判断政治行动者的公开声明与他们的真正信念是否相一致的问题，认为观念的重要性不仅体现在行动者真正持有它们时，也体现在行动者策略性地寻求它们时，因为对某种观念的寻求可能使得某些政治上更可行的政策被视为不合法,如同全球化论题所演示的那样(Hay & Rosamund,2002: 165)。

作为一种分析框架,哈伊的建构制度主义激发了分析者对物质与观念的辩证关系、利益与策略的认知性本质、观念的中介作用及其制度性嵌入等三个问题的兴趣。根据这一理论理解,本文将探讨作为战略行动者的 BBC 在下一个《皇家特许状》期间如何寻求未来的安全,并在最有利的条件下进入它正面临的"密集的结构化背景"(Hay,2002 : 213)。在此之前,本文先详细描述 BBC Studios 的战略,并将其与 BBC 面临的资金问题联系起来。

三、BBC Studios 的战略

在过去的三十年间,资金问题在 BBC 赢取未来安全的行动中可能比治理问题更加重要(关于英国广播政策的历史描述,参见 Goodwin,1998; Hardy,2012; Potschka,2012)。BBC 的战略家们已经就 BBC 如何承担政治责任的问题达成了一致(其治理体系最近经历了几次变化,以使 BBC 处于更密切的外部监督之下)。但在资金问题上,他们还一直止步不前。一直以来,BBC 战略的一个核心板块就是确保许可费制度持续保持在最有利的条款之下,这从 1986 年孔雀委员会建议英国电视系统转向付费订购模式以来就已经开始了。该委员会成员由时任首相玛格丽特·撒切尔(Margaret Thatcher)任命,负责对 BBC 未来的筹资方式提供咨询意见。作为以上战略的必然结果,BBC 坚决反对将许可费制度转变为竞争模式,要求独占这一收入来源(Donders & Raats,2015)。1992 年的《皇家特许状》宣称,"许可费依然是 BBC 核心服务的最适当的筹资方式"(BBC,1992: 66)。十年后,新一轮的《皇家特许状》给出了同样的结论:"许可费方式仍然是 BBC 在可预见的未来的最佳支付方式。"(BBC,2004: 112)因此,BBC 的利益核心始终是许可费制度,将它作为主要业务的资助机制,而不是诸如订阅费等替代性办法——迄今为止,这一立场仍然能在各政治派别中得到足够多的支持。

但是,BBC 的筹资战略中还有另一个重要板块。20 世纪 90 年代初以来,BBC 一直尝试在二级和国际市场开发知识产权(IP),把这部分商业收入

拿来补充许可费。它给出的理由是,商业业务最大限度地发挥出许可费在节目生产中的价值,而且所有的利润都将重新投入到公共服务业务中,最终有利于许可费的支付者。BBC 大部分的商业收入来自于独资商业子公司 BBC Worldwide,它以订阅付费模式在国内和国际范围运营多个电视频道,并在世界各地销售 BBC 的电视节目。虽然在过去三十年的大部分时间里,BBC 都成功确保了许可费模式的延续,但是许可费的实际价值却在下降。因此,BBC 认为商业业务是一个不可或缺的收入来源。历届政府都赞同并公开鼓励 BBC 提升商业收入,尤其是通过国际市场的业务活动(Steemers,2001)。另外,快速增长的全球化的媒体市场也为 BBC(利用其国际声誉)提供了大量的商业机会。

2014 年,在新总监托尼·霍尔(Tony Hall)的领导下,BBC 开始揭开其下一个《皇家特许状》周期(2017—2027 年)的战略计划。至于筹资问题,BBC 的立场还是没变,许可费仍然被视为核心公共服务业务的最佳筹资机制。同时 BBC 认为,创造商业收入的能力至关重要,因为未来任何一届政府都不太可能大幅提升对 BBC 的公共财政投入。事实上,在 2015 年 5 月大选获胜后的几周内,新上任的保守党政府计划在未来 5 年对 BBC 实施严苛的许可费结算,这导致 BBC 的财政投入的实际价值被削减了大约 10%(BBC,2015b:88)。

这是 BBC Studios 战略产生的背景。组建 BBC Studios 的想法最早在 2014 年由总监霍尔(2014,另见 Hall,2015)在城市大学的一次演讲中提出。霍尔信奉“企业家精神”,认为商业竞争是一种善的力量。他在 BBC 发起了“竞争革命”,其中一个关键要素是调低 BBC 内制节目保障配额(guarantee),承诺引入“节目供应中的适当竞争”,将其作为更宏大的“竞争或是比较”战略的一部分,致力于提高效率并创造更多价值。重要的是,以此作为交换条件,霍尔提出,BBC 的制片人将来应被允许向第三方委托者售卖创意,而不仅仅限于 BBC 内部(这是目前的状况)。他认为,只有这样,才能创造公平的竞争环境,体现出竞争带来的收益。

2015 年 9 月,在政府发布了对 BBC 的《皇家特许状》审查绿皮书(DCMS,2015)后不久,BBC 发布了题为《BBC Studios:强化 BBC 在创意产业中的作用》的报告,正式提出组建 BBC Studios 的构想。BBC 希望政府批准,将大部分旗下的节目制作单位(不包括新闻、时事、体育和儿童节目,这都将留在公共资助的部门内)纳入 BBC Studios 中,以全资子公司的方式在英国和世界市场上运营,从其他广播媒体(和在线视频供应商)赚取佣金。新公司产生的所有利润都将返回 BBC,并用于资助 BBC 的公共服务业务。作为交换条件,BBC 还公开承诺,将大约 80% 的电视网版块开放给外部节目供应商以供竞争(不包括新闻、时事、体育和儿童类节目)。[①]

该报告认为,BBC Studios 的组建和 BBC 内制节目保障配额的降低,将有助于"在全球市场维持新型人才、创新力和叙事方式的传播"(BBC, 2015a: 9),从而让 BBC 的观众和许可费支付者以及英国的创意产业从中受益。该提案"在本质上"是"给内部和外部生产者更大的创新自由、更少的压制",关系到"英国创意产业增长与振兴中的更广阔竞争"(BBC,2015a: 9)。

BBC Studios 战略本质上是 BBC 重整内部运营问题的举措。"维持一个充满活力的全资生产单位"被视为在商业市场成功运作的必要条件(BBC, 2015a:7)。如 BBC Studios 报告中所说,这是因为 BBC 的内部生产是"完全知识产权的唯一来源,是 BBC Worldwide 的原动力,为许可费支付者带来了可观的财务回报"(BBC,2015a:5)。

21 世纪初期以来的产业规制的变化,削弱了内部生产业务在 BBC 中的地位。根据 2003 年《通信法案》,外部供应商可以在 BBC 的佣金节目中持有更多的知识产权。2007 年,一个被称为"创意竞争之窗"(Window of Creative Competition,WOCC)的制度开始生效,要求 BBC 开放更多佣金节目供外部供应商竞争。在新的制度下,BBC 年度电视节目总量的 50% 被分配给 BBC 内部制作(不包括新闻和重播);25% 的节目从 1990 年到现在都被留给"有资格的"独立节目生产商(即不附属于某个广播利益集团);余下的 25% 的节目时段,过去事实上被内部生产团队收入囊中,但从现在起,它将由内部和"外部"佣金节目生产商竞争获取,这些外部生产商既包括"有资格的",也包括"无资格的"(即垂直型综合公司)。自 2007 年 WOCC 生效以来,外部供应

① 此外,2015 年 12 月,BBC 同意在 2018 年之前拿出至少 40% 的返回式内部配额用于投标(而不是自动将它们转移到 BBC Studios)。BBC 做出这一让步,是为了赢得独立电视制作行业的支持,他们一开始对侵入其核心市场的 BBC Studios 是充满敌意的。用来自 PACT 的莎拉 · 基特(Sara Geater)的话来说,BBC Studios 是"不列颠第一个公营的巨型独立制片公司"(Westminster Media Forum,2015:11)。

商不断赢得 BBC 的大部分可竞争佣金，份额比例逐年增长（在 WOCC 规定的时长中，从 2010—2011 年的 72 %上升到 2014—2015 年的 78%）。

在 2016 年 5 月发布的一份白皮书中，政府为 BBC Studios 方案提供了“原则上的支持”，但要求“它们通过适当的监管检测和要求”（DCMS，2016：83）。但是，白皮书比 BBC 的提议走得更远，它还敦促 BBC 为节目的委托生产引入一个完全竞争的制度。由此，白皮书建议 BBC 移除内部生产保障配额中的节目类型限制，包括目前仅存的新闻与时事节目。政府的这些建议，可以说是一个长期累积进程的集中结果，该进程始于 20 世纪 80 年代，关系到 BBC 公共资助结构的空心化，以及市场逻辑对其核心业务的侵蚀，正如英国其他公共服务所经历的那样。很明显，BBC 体制框架的这一最新变化源于 BBC 自己的提议。正如前文所讨论的，在与政府开始协商续签《皇家特许状》之前，BBC Studios 和新的“竞争或是比较”方针都是 BBC 战略的核心板块。

鉴于本文采用的理论视角强调了利益与策略的认知本质，有必要指出，对于 BBC 来说，还有 BBC Studios 战略之外的其他方案可供选择。BBC 的战略家们也许曾考虑过将 BBC 的内部生产业务保留在公共资助部门内，祈请政府保持现状，甚至将内部生产的保障配额从当前的 50% 进一步提高；为了赢得政府的支持，BBC 也许曾考虑在电视生产行业推行产业合并，扩大外资引进，加强广播公司与节目生产商之间的垂直整合；此外，BBC 还可以打造一个合理的理由，说明这些趋势有助于重新平衡市场力量，让独立制片商在面对广播公司时处于更为有利的位置，从而弱化 WOCC 所主张的公共利益理由。

为了理解 BBC Studios 战略为什么优先于以上这些选择，本文接下来转向考察更广阔的观念和体制背景。BBC Studios 战略必须置于这样的背景下，用前文所述的理论框架进行解释。下一节我们将考察作为战略行动者的 BBC 如何与自身所处的、由 30 年来的“市场驱动的政治”（Leys，2001）所塑造的生存环境展开互动，并表明其中存在着强大的路径依赖效应，它逐步勾描出被 BBC 断定为具有政治可行性的领域。

四、观念、制度和作为战略行动者的 BBC

作为英国电视产业价值链的功能之一,节目制作业务的重组理应成为 20 世纪 80 年代以来整个电视系统市场化进程的一部分(Freedman,2008;Leys,2001)。这一进程以技术的巨大变革为背景,一方面释放出全球市场的力量,另一方面,新自由主义占据了政治意识形态的主流地位。正是在这一背景下,BBC 的节目制作重组工作得以启动,也是在这一背景下,BBC 必须调整战略,维护下一个《皇家特许状》期间的稳定地位。本文认为,对于这一背景的理解,有三种政策观念(policy ideas)尤为重要。第一种观念认为,作为市场中主要的政策干预者,BBC 阻挠或“排挤”了私人投资。第二种观念认为,“创意产业”是整个英国经济增长的关键引擎。第三种观念坚信,竞争是电视节目生产活动中的创新与革新的动力。这些观念可以说是新自由主义世界观的组成部分,后者构筑了 20 世纪 80 年代以来以市场为导向的政策环境。本节内容将说明,这些观念影响深远,因为它们为 30 年来英国电视业的监管框架与机构设置的变迁奠定了基础。由此它们也更趋于标准化和制度化,决定了哪些属性在政治上是可行可取的。

第一种观念随着时间的推移,已成为 BBC 的商业对手和自由市场人士对抗 BBC 的最常见论点。20 世纪 80 年代到 90 年代是英国广播电视产业市场化的第一阶段,拥护市场化的人士宣称,商业媒体使消费者的选择更加多元,并预示了消费主权的新时代,公共服务广播已经过时了。这是以当时英国国内商业迅猛发展且经济形势一片大好为背景的。然而,自 2000 年以来,产业日趋成熟、金融环境面临更多挑战,其主要论点被重新修订,认为 BBC 在国内市场过度强大,阻碍了私营竞争者的成长,削减了它们的投资回报,从而对它们构成了不利影响。然而政策处方仍然是一样的:缩小 BBC 的规模,使其生产活动集中于核心广播业务以及那些有关“市场失灵”或存在“风险”的节目类型,其公共筹资规模也相应调小。

BBC 通过三个相反的论据驳斥了“排挤”论。首先,大量报告指出,像英国这样高水平的公共筹资,实际上是推动了公共和商业广播公司之间的“高水平对决”,而不是“排挤”了商业投资(BBC,2013)。其次,BBC 竭力表明自己并不是市场上的巨兽，相对于那些跨国媒体集团和新一代强劲的互联网公司而言（如谷歌、Facebook 和 Netflix），它的规模实际上是在逐年缩小的。

而最重要的是，BBC 提请各界以积极的眼光看待其市场影响。从 21 世纪初开始，它越来越强调自身在整个创意行业增长中的扶持作用，驳斥日益普遍的认为它阻碍私营机构扩张的看法。在这个过程中，它与当时一个有关创意经济的时髦话语建立起了联系。20 世纪 90 年代后期，托尼·布莱尔（Tony Blair）领导的新工党上台，传统上被称为“文化产业”的广播、电影、出版和灌录音乐行业，与艺术一起被合并入“创意产业”。作为一个政策类别，它涵盖的内容非常广泛，从建筑到时装，从软件设计到相关的计算机服务都包括在内。由此，创意产业被新工党挑选出来作为整个英国经济的主要增长动力。将媒体和艺术纳入到创意产业政策中来，实际上强调了它们的经济贡献，而不是强调它们对文化和民主的贡献。

在 2004 年的题为《建设公共价值》（BBC，2004）的《皇家特许状》中，经济价值被确定为更广泛的“公共价值”的一个组成部分。BBC（2004：40）声称，将“通过创新性投资、稳定财务和承担风险”，对媒体经济作出积极贡献。报告首先指出，BBC 是英国创意经济的主要投资者，2003 年在创意产业的投入约为 10 亿英镑，其中 3 亿多英镑投给了外部生产者。BBC 进一步声称，它对媒体经济的积极影响远远超过了“可能造成部分商业服务受众规模缩减而带来的负面影响”，从而为“英国传媒行业的商业健康作出明显的积极性贡献”（BBC，2004：41）。

到 2015 年，这些经济观点在 BBC 的公开声明中越发突出。最明显的是，在当年与政府协商续签《皇家特许状》的背景下，BBC 的两个关键政策文件（BBC，2015a，2015b）均在标题中出现了“创意”和“创意产业”字样。此外，虽然在《建设公共价值》宣言中 BBC（2004）已经表示，有必要澄清 BBC 的主要目标，即“为个人和全体公民服务”（BBC，2004:40），而不应该是经济方面的贡献；但是，在十年后的《英勇与创新的英国》（*British Bold and Creative*）中，它自始至终将创意产业话语置于核心位置。在该报告的总监前言中，“做出一个正确的选择”被作为 BBC《皇家特许状》续签中的最紧要问题，如此才能使“英国拥有一个争霸全球的 BBC——一个驱动英国创意产业和经济增长的 BBC”（BBC，2015b:4）。于是，《英勇与创新的英国》的核心内容之一就是展示 BBC 对经济的正面影响。该宣言引用了普华永道代理执行的一项调查,该调查研究了许可费投资对创意行业的影响。其结论是,“每增加 1 英镑的许可费收入,BBC 将创造出约 60 便士的额外经济价值”(BBC,2015b:98)。BBC 的报告还更新了《建设公共价值》中所引用的数字:在 2013 年和 2014 年,它在创意行业直接投入了约 22 亿英镑的许可费收入,其中 12 亿英镑用于 BBC 以外的机构,约 4.5 亿英镑用于小型和微型创意企业。结论是,“对 BBC 的投资就是对英国创意产业的投资”(BBC,2015 b:7),“更少的 BBC 预算意味着更小的创意产业”(BBC,2015b :98)。

为了理解 BBC Studios 战略出台的背景,必须考虑的第三个政策观念是:市场竞争,也就是广播公司将节目制作的职能外包给外部供应商,激发了节目制作的创新与革新。随着时间的推移,政策界对这种观念习以为常,基本没有质疑。20 世纪 80 年代初以来英国广播政策在制度和监管方面的变化,都是以此为基础的。1982 年第 4 频道组建,作为没有独立生产能力的“出版—广播联合体”,它迈出了“培育独立电视生产机构的重要一步”(Doyle & Paterson,2008:19)。虽然第 4 频道的创建主要是为了促进文化多样性并服务于少数群体,但在随后的政策干预中,竞争和产业政策的目标更加凸显,这进一步加强了独立电视制作机构相对于广播公司的地位。1990 年的《广播法》规定,BBC 和 ITV 须为“有资格的独立公司”提供 25% 的配额,进一步抬高了外部节目制作公司的市场进入门槛。第 4 频道和 25% 的独立制作配额,促使一个行业迅速发展,到 20 世纪 90 年代中期,该行业已拥有约 800 家独立电视制作公司,绝大部分是中小型企业(Doyle & Paterson,2008:21)。在这样的背景下,代表“独立制片人”利益的商业协会“电影电视制片人联盟”(Producers Alliance for Cinema and Television,PACT)建立起自身在广播政策舞台上强大的制度主体身份。特别是 2003 年,PACT 对于改善广播公司的交易条款的贡献很大。这是一个极为重要的游说成果,对于“有资格的”独立生产者在国际市场上充分利用其节目权利的行为进行了更多的掌控,并对行业快速增长和下一个十年的兼并、垂直整合和国际收购作出了贡献。之后出现了少量“超级独立制片人”,其中几个随后被主要来自美国的全球媒体公司收购(Chalaby,2010; Esser,2016)。[①] 如前所述,2007 年 WOCC 在 BBC 的引入,允许外部公司在 BBC 的佣金配额中再多争取 25%,是最近的一次推动独立生产行业的监管改革(Nicoli,2012)。

2005 年,BBC 要求劳动基金会(Work Foundation)评估"创新竞争之窗"对 BBC 内部生产可能带来的影响,同时也考察广播公司和生产者之间新的交易条款,以及更广阔的市场前景(日益增长的行业兼并)。该报告警告说,在未来十年的某一时刻,BBC 很可能面临"一个临界点,在这一点上,即使压缩内部生产的相对规模,也很难证明它的正当性"。它描绘了一幅暗淡的画面:

> 作为一个创意组织,BBC 面临严重的空心化。新近被赋权且快速增长的独立生产行业,因缺乏自己的培训而必须挖走它的人才,同时在节目供应和内容的重复使用方面讨价还价。独立生产商将越来越多地讨论节目类型问题,即在配额和 WOCC 的限制下它们应该生产什么类型的节目。这样一来,BBC 生产的节目中将有相当一部分丧失其与其他商业频道相比较的独特性,尽管它们号称为公共价值而生。(Work Foundation,2005:7)

该报告提醒 BBC 对抗这些趋势,但它认为"那正是目前体制架构阻止它做的事"(Work Foundation,2005: 8)。该报告建议,BBC 若要维持足够的内部生产规模,应当引入更有力的监管保障措施。

在接下来的十年中,BBC 谨慎地通过两种方式争取保留更多的知识产权:一是扩大内部生产,二是与独立制片人订立更有利的交易条件。然而,政治浪潮正朝着相反的方向发展。自 WOCC 生效以来,PACT 积极要求 BBC 向外部供应商开放更多佣金时段,其终极目标是希望 BBC 转型为"出版商—广播公司联合体",即第 4 频道的模式(Oliver & Ohlbaum,2014)。在 WOCC 规定的 25% 的佣金时段内,外部供应商成功地占据了大头,这对 PACT 起到

① 在 2015 年对电视生产行业的回顾中,英国通信业务监管机构"通信事务办公室"(Office of Communications,Ofcom,2015a: 17)援引了以下数字强调了日益提高的整合水平:截至 2014 年,前十大生产商占据了英国生产商总收入的 66 %,高于 2003 年的 45%;10 个最大的生产商中有 6 个现在由广播公司拥有;在 10 家最大的英国生产商中,有 7 家已经被外国大型媒体公司控制了所有权。

了推动作用。PACT 现在有理由说,BBC 的 50% 内部生产配额制已经进入一个拐点,它实际上“扮演了未来创意竞争的障碍”[Sara Geater,PACT,转引自 Westminster Media Forum (WMF),2015:11]。

到 2014 年的时候,由政府出面强制削减 BBC 内部生产配额的情形已经呼之欲出。PACT 获得了决策层的认可,尽管影响组织创新力的决定性因素尚没有定论(Lee,2011),但竞争与外包促使电视生产创新的观念更加深入人心,几乎无人质疑。① 利用这一观念的影响力(同时利用创意产业的话语),BBC 总监霍尔承诺在 BBC 发动“竞争革命”,呼吁“一个放松监管的系统”,以创造“BBC 制片人与独立制片人之间的公平竞争环境”(Hall,2014)。为了实现这一点,霍尔提出,BBC 制作人应被允许向外部公司出售创意,因为对于处在“计划竞争”体制下的 BBC 来说,问题在于“BBC 的产品只有一个买家,即 BBC 本身,这不可避免地限制了它的机会”。更重要的是,霍尔继续说,BBC 已经很难阻止人才流向更赚钱的商业机构,他们“与 BBC 一起长大,但现在觉得应该去别处自由发挥创造力和竞争力”。

霍尔在 2014 年的演讲中表明,支持市场与竞争的思想在 BBC 高层中已经内化(internalisation)。另一种行动方案——生产部门继续保持公共资助模式,对内部生产维持现状甚至要求更有力的监管保障(正如十年前劳动基金会建议的那样)——被认为绝无可能。BBC 对外支出的开放,也附和了它在 2015 年的《皇家特许状》宣言(BBC,2015b)中提出的“大构想”,即“一个开放的 BBC”,扮演着“英国的创意伙伴”和“本国杰出人才的平台”角色(BBC,2015b:6),所以“许可费的投资并非只是针对 BBC 的投资”(BBC,2015b:55)。报告宣称,支持“一个充满活力的独立生产机构”就是对这一情况的最清晰的注解(BBC,2015b:55)。

① 2015 年,学者和活动家西尔维娅·哈维(Sylvia Harvey)向 BBC 信托基金会(BBC Trust)提交了一份报告,对 BBC 的内容供应安排进行了评论。她认为,“生产文化如果在内部培育,就可以为创新提供肥沃的土壤,这跟知识产权的价值一样,是产品供应的可靠来源,也是与 BBC 的公共目标对接的关键”(Harvey,2015:2)。媒体宣传团体(VLV)和行业工会(NJU)也提出了类似的反对意见,同时对技能培训的外包带来的负面影响表示关切,因为独立机构严重依赖自由职业者。

结论

从20世纪80年代以来,英国广播政策可能已经受到了公共服务广播中的市场观念的影响。按照弗里德曼的说法,BBC的形象已经“不是公共服务价值的自发支持者,而是日益竞争化、市场化环境中的一个组织机构,并需要针对这种逻辑进行调节”(Freedman,2008:169)。正如本文所讨论的,在这一行业的市场化进程中,一个突出方面就是BBC内部生产的逐步空心化,节目制作职能外包给快速增长的独立产业,这一产业近年来已经通过行业兼并落入跨国媒体集团手中。可以说,将BBC的大多数佣金时段开放给外部供应商竞争(这与私营行业中日益增长的广播—制作一体化趋势相背离),以及另一个相关的动向,即BBC Studios的节目生产业务的商业化,体现了长达30年的进程的累积结果。本文研究了作为战略行动者的BBC如何与英国广播政策中的主导思想积极互动,以保持其在下一个《皇家特许状》周期中的地位。通过诉诸另一个时髦话语“创意经济”,BBC反驳了影响极大的“排挤”论。通过把自己刻画为“创意产业的伟大推动者”(Hall,2015),BBC逐渐转用经济视角以证明其更大的社会价值,从而确证了一个简单化,但却被逐渐接受的观念:许可费是一种产业政策工具,“一种激发创新力的风险资本基金”(Work Foundation,2005:6)。

无论是出于本心还是一种战略谋划,BBC也接受了另一个20世纪80年代以来影响政策实施的强有力话语:电视节目制作中的竞争激发了创新力。从哈伊的建构制度主义角度看来,过去30年来制度背景的变迁产生了强大的路径依赖效应,限制了BBC的战略施展空间。BBC认为,实现长期利益的最佳战略是确保其对知识产权的持续控制,以便在许可费被实际削减的情况下实现商业回报的最大化。基于这种考虑,BBC吸纳了以竞争驱动创新的观点,以便为BBC Studios的组建创造条件,使其以独立的商业实体身份在节目佣金市场上与其他公司自由竞争。未来BBC将向独立机构开放更多佣金时段,这一动向被BBC总监(Hall,2015)宣称为一个里程碑,标志着从“计划竞争”时代向完全竞争时代的转变。图1总结了本文的主要论点。

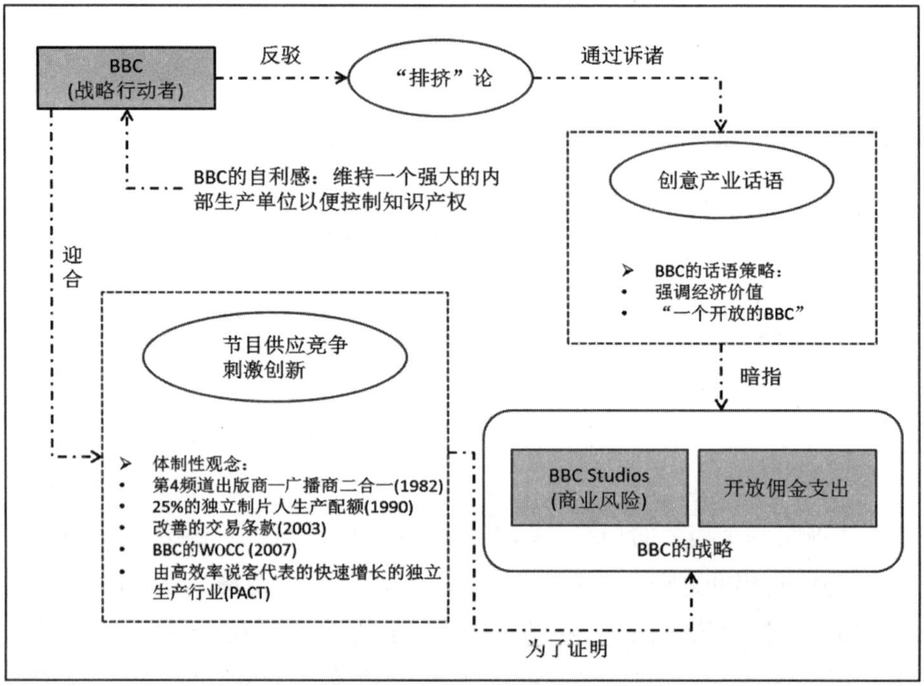

图1　主要论点的图解说明

市场观念在公共服务广播中造成的影响,导致了一场 PACT 与其他产业部门之间的政策辩论,这场辩论关注了 BBC Studios 的商业化运营导致的市场畸变风险,特别是与其伴生的透明性、公平交易和交叉补贴问题。相比之下,公共服务节目可能受到的负面影响却几乎无人提及。一些工会和媒体运动团体(VLV,Equity)以及 BBC 的主要商业竞争对手 ITV 表达了他们的担忧:以赢利为目标的 BBC Studios,可能在强劲的经济激励下按照商业和国际口味制作节目,这将危及“目前由 BBC 的内部生产业务赋予的非商业性政策福利”(ITV,2015: 12)。然而,这些担忧在通信事务办公室(Office of Communications,Ofcom,2015b: 15)提交给政府的咨文中只字未提,在 2016 年 5 月政府为 BBC Studios 方案背书的白皮书中也未被理睬。

作为独立商业实体的 BBC Studios 的组建,和 BBC 佣金支出模式向完全竞争体系的转型(除了新闻和时事节目),都是基于同一个看法,即 PSM(公共服务媒体)的职能除了电视节目生产之外,就只有电视节目委托制作。这种想当然的看法越来越普遍，今后很可能会扩大以下观点的影响力：许可费应置于可竞争平台上面向商业广播公司开放（这是BBC强烈反对的）。

本文提出了两个主要观点：BBC日益依赖它在经济效益方面的积极贡献来证明其价值；某种路径依赖效应迫使BBC拥护一种制度性解决方案，这进一步架空了它的公共资助结构。这可能关涉到PSM未来的角色和组织形式的大讨论，而不仅仅是因为英国的PSM政策改革已扩散到其他国家。

〔译者原永涛，武汉大学新闻与传播学院博士生。〕

参考文献

BBC. Extending choice: the BBC's role in the new broadcasting age[M]. London: BBC, 1992.

BBC. Building public value: renewing the BBC for a digital world. [EB/OL]. [2017-02-02]. http:// downloads. bbc. co. uk/aboutthebbc/policies/pdf/bpv. pdf.

BBC. Public and private broadcasters across the world: the race to the top. [EB/OL]. [2017-02-02]. https://downloads. bbc. co. uk/aboutthebbc/insidethebbc/howwework/reports/pdf/bbc_report_ public_and_private_broadcasting_across_the_world. pdf.

BBC. BBC studios: strengthening the BBC's role in the creative industries. [EB/OL]. [2017-02-02]. http://downloads. bbc. co. uk/aboutthebbc/reports/pdf/bbc_studios_2015. pdf.

BBC. British bold creative: the BBC's programmes and services in the next charter. [EB/OL]. [2017-02-02]. https://downloads. bbc. co. uk/aboutthebbc/reports/pdf/futureofthebbc2015. pdf.

BÉLAND D, COX RH. Introduction: ideas and politics[M]//BÉLAND D, COX R H. Ideas and politics in social science research. Oxford: Oxford University Press, 2011.

CHALABY J. The rise of Britain's super – indies: policy – making in the age of the global media market[J]. International communication gazette, 2010, 72(8).

CONLAN T. Biggest shakeup ever to BBC could see hit shows moved to private sector [EB/OL]. (2015-09-16) [2017-02-02]. https://www. theguardian. com/media/2015/sep/16/biggest – shakeupto – bbc – consultation – hit – shows – moved – to – private – sector.

CUNNINGHAM S, FLEW T. Reconsidering media economics: from orthodoxies to heterodoxies [J]. Media industries journal, 2015, 2(1).

DCMS. BBC charter review public consultation (Green Paper). [EB/OL]. [2017-02-02]. https://www. gov. uk/government/uploads/system/uploads/attachment _ data/file/449830/ DCMS_BBC_ Consultation_A4__1_. pdf.

DCMS. A BBC for the future: a broadcaster of distinction (White Paper). [EB/OL]. [2017-02-02]. https://www. gov. uk/government/uploads/system/uploads/attachment _ data/file/524863/ DCMS_A_BBC_for_the_future_linked_rev1. pdf.

DONDERS K, RAATS T. From public service media organisations to decentralised public service for the media sector: a comparative analysis of opportunities and disadvantages[J]. Javnost,2015,22(2).

DOYLE G, PATERSON R. Public policy and independent television production in the UK[J]. Journal of media business studies,2008,5(3).

ESSER A. Challenging U. S. leadership in entertainment television? The rise and sale of Europe's international TV production groups[J]. International journal of communication, 2016,10.

FISCHER F. Reframing public policy: discursive politics and deliberative practices[M]. Oxford: Oxford University Press,2003.

FREEDMAN D. The politics of media policy[M]. Cambridge: Polity Press,2008.

GARNHAM N. From cultural to creative industries: an analysis of the implications of the 'creative industries' approach to arts and media policy making in the United Kingdom[J]. International journal of cultural policy,2005,11(1).

GOODWIN P. Television under the Tories: Broadcasting Policy 1979 – 1997[M]. London: BFI Publishing,1998.

HALL P A, TAYLOR R C R. Political science and the three new institutionalisms[J]. Political studies,1996,44(5).

HALL T. A competition revolution [EB/OL]. (2014-07-10)[2017-02-02]. http://www. bbc. co. uk/mediacentre/ speeches/2014/dg – city – university.

HALL T. The BBC in the internet era[EB/OL]. (2015-03-02)[2017-02-02]. http://www. bbc. co. uk/mediacentre/speeches/2015/tony – hall – bbc – internet – era.

HARDY J. UK television policy and regulation 2000 – 2010[J]. Journal of British cinema and television,2012,9(4).

HARVEY S. Response from Sylvia Harvey BBC Trust review of the BBC's arrangements for the supply of television and radio content and online services. [EB/OL]. [2017-02-02]. http://downloads. bbc. co. uk/bbctrust/assets/files/pdf/our_work/content_supply/2015/

prof_sylvia_harvey. pdf .

HAY C. The ‘crisis’ of Keynesianism and the rise of neoliberalism in Britain:an ideational institutionalist approach[M]// The rise of neoliberalism and institutional analysis. Princeton,NJ:Princeton University Press,2001.

HAY C. Political analysis:a critical introduction[M]. Basingstoke:Palgrave,2002.

HAY C. Constructivist institutionalism[M]//The Oxford handbook of political institutions. Oxford:Oxford University Press,2006.

HAY C. Ideas and the construction of interests[M]// Ideas and politics in social science research. Oxford:Oxford University Press,2011.

HAY C, ROSAMUND B. Globalisation,European integration and the discursive construction of economic imperatives[J]. Journal of European public policy,2002,9(2).

HESMONDHALGH D,NISBETT M,OAKLEY K,et al. Were new labour’s cultural policies neoliberal? [J] International Journal of Cultural,2015,21(1).

ITV. BBC Charter review public consultation response. [EB/OL]. [2017-02-02]. http://www. itvplc. com/sites/itvplc/files/BBC% 20Charter% 20Review% 20Public% 20Consultation%20 – %20 ITV%20Submission. pdf.

LEE D. Precarious creativity:changing attitudes towards craft and creativity in the British independent television production sector[J]. Creative industries journal,2011,4(1).

LEYS C. Market – driven politics:neoliberal democracy and the public interest[M]. London: Verso Books. 2001.

LOWE G F,BERG C E. The Funding of public service media:a matter of value and values [J]. International journal on media management,2013,15(2).

MOE H. Public service broadcasting and social networking sites:the Norwegian Broadcasting Corporation on facebook[J]. Media international Australia,2013,146.

NICOLI N. BBC in – house production and the role of the Window of creative competition[J]. Journal of media business studies,2012,9(4).

Office of Communications. Review of the operation of the television production sector[EB/OL]. [2017-02-02]. //stakeholders. ofcom. org. uk/binaries/broadcast/reviews – investigations/ tv – production – sector – review/TV_Production_Sector_Review. pdf.

Office of Communications. BBC content production options[EB/OL]. [2017-02-02]. http://stakeholders. ofcom. org. uk/binaries/broadcast/reviews – investigations/tv – production – sectorreview/BBC_Content_Production_Options. pdf.

OLIVER, OHIBAUM. A new age of UK TV content creation and a new role for the BBC. Report for Pact[EB/OL]. [2017-02-02]. http://downloads. bbc. co. uk/bbctrust/assets/files/pdf/our_work/ content_supply/2015/pact_annex. pdf.

PARSONS C. Ideas and power: four intersections and how to show them[J]. Journal of European public policy, 2016, 23(3).

POTSCHKA C. Towards a market in broadcasting: communications policy in the UK and Germany[M]. Basingstoke: Palgrave Macmillan, 2012.

SCHMIDT V A. Discursive institutionalism: the explanatory power of ideas and discourse[J]. Annual review of political science, 2008, 11.

SCHMIDT V A. Reconciling ideas and institutions through discursive institutionalism[M]// BÉLAND D, COX R H. Ideas and politics in social science research. Oxford: Oxford University Press, 2011.

STEEMERS J. In search of a third way: balancing public purpose and commerce in German and British public service broadcasting[J]. Canadian journal of communication, 2001, 26(1).

Westminster Media Forum. UK television production: commercial opportunities, market dynamics and skills (Official transcript of event held on 12 March 2015, London) [EB/OL]. [2017-02-02]. http://clok. uclan. ac. uk/11729/ .

Work Foundation. The tipping point: how much is broadcast creativity at risk? [EB/OL]. [2017-02-02]. http://www. theworkfoundation. com/DownloadPublication/Report/66_66_tipping_point. pdf.

内部监督者和外部观察站

——媒体监督的共同伦理目标*

◎费尔南多·奥利维拉·保利诺*　玛达莲娜·奥利维拉*
亚罗·法利亚*

摘要:媒体监督者的主要职能之一是协调公众与媒体专业人士之间的关系。然而,一般认为,这个岗位的职能是观察和分析媒体活动和节目内容,更接近传统上观察站承担的角色。作为监督代理人,监督者或多或少系统地跟踪了他们所属媒体的节目制作过程,因此在每个媒体机构内扮演的是起监督批评作用的"观察者"角色。监督者的工作和观察站的任务一样,他们的共同目标是对媒体节目制作工作进行伦理监督。以葡萄牙听众和观众监督者办公室、巴西 EBC 监督者办公室和阿根廷公众利益维护者办公室的工作

---

* 本文的葡语版本见 PAULINO F, OLIVEIRA M, FARIA J. Ombudsmen e observatórios de média: proximidades e diversidades[J]. Revista internacional de comunicacióny desarrollo, 2017, 2(6): 69 - 81. 本刊已取得中文版授权。

* 费尔南多·奥利维拉·保利诺(Fernando Oliveira Paulino),教授,巴西利亚大学传媒学院院长,拉美传媒调查者联合会国际关系处处长,巴西媒体观察网创始者之一,曾任 EBC 助理监督员。著有《争论中的公共媒体:监督者与电台》。

* 玛达莲娜·奥利维拉(Madalena Oliveira),葡萄牙米纽大学社会科学学院副教授,米纽大学传媒与社会研究中心成员,教授符号学、传播和语言以及新闻学和声音等课程;葡萄牙传播科学联合会副主席,自 2014 年开始担任欧洲传播研究与教育学会电台研究部主任,传媒与文化公共政策观察站创始人之一。

* 亚罗·法利亚(Jairo Faria),葡萄牙米纽大学传媒与社会研究中心访问学者,巴西利亚大学传媒专业博士生。

经验为例,本文希望讨论这些岗位与媒体监测站之间的相似性,特别是观察他们对媒体运作以及对公众的影响。尽管从字面上看监督者比观察站更明确,但"伦理监督"可以视为两类机构职能的共同点:二者都对信息传播过程和媒体的实践活动进行监督。

关键词:观察站,监督者,伦理,媒体,规范

Public Service of Media, Ombudsperson Services and Media Observatories

—Approaches and Diversities in Brazil, Portugal, and Argentina

Fernando Oliveira Paulino　Madalena Oliveira　Jairo Faria

Abstract: One of the main functions of media ombudsmen is the mediation between the public and media professionals. There is, however, in this position an expectation of observation and analysis of activities and disseminated content that brings it closer to the mission that has traditionally been attributed to observatories. Acting as monitoring agents, ombudsmen more or less systematically follow the production of the media they represent, and therefore, within each company, they are "observers" with critical sense. There is indeed a common objective shared by the ombudsmen's function and the observatories' mission: monitoring the ethics of the work produced by the media. Taking as a reference the experiences of the Listener and Viewer Ombudsmen in Portugal, the EBC Ombudsman's Office in Brazil and the Public Defender's Office in Argentina, this paper aims to discuss the proximity between these positions and the media observatories, mainly in what concerns the functioning and its impact in the public. Although more explicit for the ombudsman than it is for the observatories, the purpose of "ethics surveilance" can be faced as the common denominator of both instancies. assuming that both are oriented to examine communication and information processes and practices.

Keywords: observatory, ombudsman, ethics, media, regulation

一、伦理责任

20 世纪通信方式的发展以及在此基础上进行的专业性活动使人们意识到了信息传播和通信的复杂性。随着技术的日新月异，以及诸如新闻等行业专业特性的形成，媒体本身所不能回避的伦理问题日益凸显。因此，人们通过制定规范、标准、行为守则以及专业法规将其纳入法律和伦理的框架，并以此为基准明确何为正确的和可接受的行为，何为妥协与变通行为，何为可能造成危害的行为。

通信伦理，更精确地说新闻伦理，成为进行媒体研究时不可回避的领域。毫无疑问，监督者有行使言论自由的权利，但鉴于必须"对监督者进行监督"，这种担忧反过来又推动了观察、监督、规范及问责机制的发展。同其他领域的行为一样，（这并非为媒体行业所独有），这种对伦理问题的敏感，以及我们意识到自己生活在以感知风险为标志的时代——正如乌里奇·贝克（Ulrich Beck，2014）的解释——对现代社会被定义为观察型社会或监督型社会起到了决定性的作用。实际上，在人类历史的其他任何阶段，都没有经历过这样一种被观察的状态：不论是出现在公共场合监视设备里，还是成为调研机构的调查样本，人类的行为都受到最广泛角度的观察。

另外，伦理行为的问题最近几十年正成为开展质量问题讨论的新基础——今天普遍谈论的是如何既保证产品质量又保证服务质量。质量正成为一种新的参数，同其他客观指标一起成为建立新分类标准的基础。私营企业和公共机构都通过建立质保体系这一控制机制来提高工作效率。建立质量参数的目标是指导这些机构并使其服务达到最佳状态，这也是公众讨论和公共政策中涉及的另一方面问题。随着民众的期望得以实现，以及公众对政策、节目制作和媒体信心的提高，这些新的变化将持续推动建立越来越多的控制机制和机构。行为守则在某些行业承担了伦理道德守则的角色，而在新闻界它明确了新闻监督、管控或观察对专业活动的重要指导地位。

因此，建立观察站已成为广泛的做法。从道路安全到家庭暴力，观察站是开展行为记录、系统化跟踪、审查和解释各类实践行动以及质量监测等各类“观察活动”的最好范例。另外,因为几乎遍及公共生活的所有方面,监督者制度也是在公民参与的基础上将观察和分析实践活动当作其核心职能。从司法监督到消费者监督,即从行政机构到企业,其使命是促进公众参与,提高服务或产品质量以及开展伦理监督活动。

本文研究传媒行业中主要用于调查研究工作的观察站,而读者、听众和观众监督者(监察员)也具备类似的工作职责,其都属于观察机制,实际上是“观察”这个动词的整个语义的延伸——“仔细观察”“检查”“看或感知”传媒行业的现象和行为。然而,作为观察机制,它们也有共同之处,即对媒体活动施加影响并发挥积极作用,从而捍卫公民的利益,并鼓励它们对信息传播进行负责任的管理。

二、观察站:从物理现象到社会现象

从源头上说,观察站是用于观察物理、自然和地理现象的场所。这一概念涉及一般意义上的天文学、气象学、地理学、地震学、海洋学、地质学、火山学和生物学等。根据最普通的字典解释,观察站的定义是“进行观察的场所”“开展天文或气象观测活动的建筑”。顾名思义,观察站的活动与观察行为紧密相连,而观察是全部调查程序的第一步。为了分析与理解而进行观察,是这些试图系统记录过程以及研究自然现象的设施每天的任务。设立观测站最初是为了实现经验科学确定的目标,对实体活动进行观察,如动物的生活、植物的生长、场景的框定、地理变化或地壳和天体运动。观测站一切活动的出发点是科学研究始于对象观察,或者说开始于经验数据,因此,它是记录现象和物化感官世界的设施。

借用所谓的自然科学词汇,社会科学领域的观察站保持了同样的职能,也是对现象进行观察。在新的背景下,它们更多地与人类活动与实践相联系,而非自然现象。因此,物理现象观察站需要设立在某个地点才能开展实际观察,而社会领域的观察站无需物理实体。如果上面最初几项观察活动的前提是建立实地观测点,那么之后的几项活动则是根据更广泛、在某些情况下更加抽象的观察原则来开展的。

在社会调查的背景下,通过借鉴自然科学的传统研究方法建立观察站，如今已经成为一项非常普遍的做法，它们部分地满足了人文以及社会科学领域在方法论合法性问题上的需求。另外，观察站这一概念也非常适于开展一些当代问题的研究，例如贫困、家庭暴力、人权、移民、旅游或药物依赖。

出于研究人类行为以及较长一段时间内的社会文化活动的目的，这些观察站——从1990年开始加快建立——对各种现象进行纵向跟踪并对其发展趋势进行解读。这也是观察站在社会领域的主要兴趣所在，即用于理解人类活动变化的过程，而如今这一变化比历史上任何时候都要快。

在传媒行业一直有专门的观察站，密切注视着各类媒体的活动、从业人员的行为、行业政策和规范的执行。这些观察站通过开展调查性工作和定期观察，监督媒体和相关企业的行为、从业人员的操守以及彼此之间的互动。根据路易斯·阿尔伯诺思（Luís A. Albornoz）和迈克·赫然科曼（Michael Herschmann）的说法，这些信息、通讯和文化观察站的作用主要表现在两方面：一方面是所谓的监督性观察站，“作为公民的联络点”“监督通讯媒体的运行”；另一方面是“智库”，“作为新的机构通过介入公共政策的制定并反馈其社会效应的方式发挥协调作用”（Albornoz & Herschmann，2006）。

正如苏珊娜·埃雷拉·达马斯（Susana Herrera Damas）和罗热里奥·克里斯托弗勒迪（Rogério Christofoletti，2006）所建议的“了解通讯和媒体的重要性以巩固现代民主”那样，观察站建立的基础是，互动产生的效果不仅影响人际关系，还影响社团之间的社会、文化和政治组织关系。另外，这些观察站与公众对媒体专业人士以及公司、媒体组织的问责机制有关。保拉·切尔斯·斯科曼（Paula Chies Schommer）和鲁宾斯·利马·莫拉伊斯（Rubens Lima Moraes）承认观察站具备作为问责机制推动者的可能性（Schommer & Moraes，2010），这使其在当代媒体界具有特殊的重要性，根据若阿金·菲达尔哥（Joaquim Fidalgo）和罗热里奥·克里斯托弗勒迪（Rogério Christofoletti）的说法，“公共讨论成为涉及通信伦理问题的一个关注与挑战的新集合体”（Fidalgo & Christofoletti，2014）。

在伊比利亚美洲，存在数十个通信和媒体观察站。这些观察站与多个公共机构和调查单位有关，监督着该领域的活动，关注重点包括国内、国际新闻部门（例如纸媒和电台、电视台）。这些观察站不以营利为目的，它们扮演了文献和信息中心的角色,以纯粹的科学研究为指导,旨在创造知识或通过社会影响干预决策者们的行为。

三、作为观察和调解者的监督者

对被监督对象而言,观察站在监督媒体或其他领域活动的过程中,其行为被视为自主和不受约束的,但是,观察、监督、批评、评估以及改进并非观察站独有的行为,与观察站的活动相关的机构同样也会开展内部和外部的观察和监督行动。鉴于开展这一行动的实体的组织结构及其所承担的职能,它们的特殊性同样需要考虑。

在传媒行业,除了监督和批评媒体中的个人和其他实体活动外,还有可能考虑到开展这一工作的监督者的活动,即观察、调解、推动对话和进行问责。

作为比较研究,本文的样本经验显示了监督者如何对相关内容进行监控,因此可以将其划定为媒体观察活动。监督者与观察站在职能上类似,不仅包括开展监控行为,还包括通过相应的工具、手段对被观察对象进行干预。

这种经验通过多种方式获得,包括扩大、维持或缩小机构规模,以合约或邀请的方式开展实践,并与公众进行或多或少的接触。监督者一般有可能进行以下活动:

(1)监督者受邀深入被观察机构内部,对通信和媒体机构的活动和内容进行长期观察。相对于外部观察站而言,其优势在于能够有更多的方法来保证定期获取样本,分析材料缺失的可能性比观察站要小,而外部观察站很多时候需要把更多时间用于建构样本而非分析内容本身。然而,与传播渠道的关系也直接或间接地意味着制度上的障碍,因为这一观察受到在内部开展的限制,不能像外部机构一样,可以比较、标记甚至引用其他通信和媒体渠道所传达的内容。

(2)通过监督者所在电台、电视台的专栏、节目,或互联网社交媒体,引导公众提出对于通信机构的活动和节目内容的意见,使之成为受众与媒体之间关系的组成部分。很明显,外部观察站也能够干预媒体组织和公众,特别是那些已经了解或认可所开展服务的公众之间的关系，或者成为这一关系的参与者。然而，在理论上，监督者的活动更可能是开展监测和评估，因为这同样也构成了媒体的调解活动，或者说在这种情况下被称为媒体调解——如果我们考虑到社会通信机构的合法性是基于它们作为观察者的角色，并且在社会生活中具有一定的影响力。

(3)观察过程中能够接触到制作节目内容的各种要素。监督者的大部分实操经验，在书刊和会议上发表的报告，转化为对观察行动本身的一种讨论，或对“媒体组织”的节目效果给予更大的关注。

不可否认，个人通过实际深入或象征性地进入某个媒体组织，借此开展公众意见的观察和调研活动，更能了解或接触到用于内容发布和传输的制作平台。因此，监督者的观察行动接近于媒体机构内部一种旨在澄清事实的新闻调查活动，但这些情况不一定对外公开。以阿根廷的公众利益维护者办公室为例，由监督者反映日常公众意见，他们以官方或者非官方的方式直接或间接地接触传媒专业人士，了解传媒人开展活动的重要背景信息，从而能够回顾事件发展过程。

(4)观察媒体组织的管理活动并与之对话。不能忽视内容制作者和内容批评者之间可能存在的紧张关系，监督者的调解活动为我们提供了案例，正如我们接下来的内容以葡萄牙和巴西的情况为出发点，包括定期举行会议和向负责编辑或管理内容、流量和通信部门工作程序的机构，例如管理委员会、公司董事会，甚至员工团体以及公众人物提供信息。监督者的观察或公众意见的表达成为批评、自我批评以及媒体相关活动能否持续的晴雨表。

(5)在与公众对话时分享观察的过程。有监督者在报告中对工作的孤立性以及动员公众建立一种积极主动关系的难度有所抱怨，然而，收集有关节目内容的意见以及推动自我展示或公众参与都有助于在与读者、听众和观众联系时及时获取关于监督活动的反馈意见。

(6)观察、开展预防性和质询性工作。在很多情况下，比如在与通信公共服务相关的协调过程中，监督者机构可以转变成一个咨询处，由专业人士询问所谓的申诉者和监督者，了解其实践过程中在面临困境时的最佳应对措施。这种“伦理沙龙”性质的活动，除了采取预防性措施外，还有助于知识的建构以及内部调解工作的开展。

(7)作为管理工具进行的观察活动。监督者在目前资源紧缩以及对其影响力的质疑越来越大的情况下所面临的挑战之一,应当是如何表明其作为流程改进工具的重要性,或者说是作为通信机构的管理工具开展纠错、程序调整和可能性预测工作的重要性。当监督者和管理者之间实现了利益共享,并就批评的原则和目标达成一致立场,管理工作改善的可能性也随之大增。

(8)作为提高透明度和问责工具进行的观察活动。监督者的活动一直有利于公众对通信媒体的职能机制和权限的了解。从针对开展活动、做出选择及传播内容的问责机制来看,监督者也对提高媒体素养、训练公众从另一个角度看待媒体作出了贡献。

基于以上考虑,接下来我们将展示和分析监督者在三个国家的经验,除了监督活动本身外,还有对通信媒体制作和传播内容的监督,以及监督者本身一直寻求以对话方式介入的由公众、专业人士和管理者组成的三角关系。

四、葡萄牙、巴西和阿根廷视听媒体的监督者经验

在描述监督者在葡萄牙、巴西和阿根廷的电台、电视台等媒体的活动经验时,我们应当考虑这些国家的差异性和相似性。首先,必须考虑我们现在所涉及的情况:在两个拉美国家,私营商业媒体影响力巨大,而媒体提供公共服务的自主权和受众规模都很有限;在一个欧洲国家,电台和电视台都是公立机构,在很长一段时间内对听众和观众有巨大的影响力。

根据《魔法箱:拉美地区公共电视台的复兴》一书作者的描述,尽管该地区各国的通信体系有着巨大的差异,但还是可以清楚地看到一些共同的趋势:第一,商业逻辑几乎一直单独引导拉美媒体系统的运行;第二,缺少作为补充的非政府性的公共媒体服务;第三,媒体产业所有权高度集中,基本上被少数几个集团所垄断;第四,节目内容的制作和受众集中在中心城市,而收看收听其他机构所制作节目的消费者群体则散落在边缘地区(Becerra et al.,2012:36-37)。

巴西和阿根廷的情况就是如此,与葡萄牙不同,后者遵循欧洲传统,国家在很长时间内垄断了电视服务,“实施强有力的规范和控制”(Becerra et al.,2012:13)。

监督者针对视听媒体节目所提的意见会受到各国行业监管机制的演变的影响，但葡萄牙和巴西的通信公共服务领域以及阿根廷的国家广播服务领域并没有相关的行业规范。在巴西，有记录显示，电台、电视台以自愿方式引入监督者制度，但没有以法律条文方式明确规定其义务，例如巴西文化电视台就做过有限的尝试。我们在本文中将集中分析目前在三个国家受到监管机制保护的实操经验。需要强调的是，与葡萄牙和巴西不同，在阿根廷，服务不限于单一通信公司的广播机构，而是扩展至该国所有获得授权的广播业务特许经营者。

（一）葡萄牙国家广播电视台（RTP）的监督者办公室

葡萄牙国家广播电视台的历史始于该国第一个国有广播电台的成立，即1935年8月4日开始定期播音的国家广播电台（现在的Atena1），它于1976年成为葡萄牙国家电台（RDP），属于公有制。1957年3月7日，葡萄牙的国有企业——葡萄牙国家电视台宣布成立。2004年，葡萄牙的公共电台和电视台合并，成为一个公司——葡萄牙国家广播电视台。

公立的广播机构，特别是电视台，总是在葡萄牙社会中扮演重要的角色。在经过公共电视台35年的垄断之后，现有的两家私营电视台才获得特许经营权，从1992年开始播放节目。爱德华多·辛特拉·托雷斯（Eduardo Cintra Torres）认为，“私营电视台不仅在节目数量，而且在内容、流派、角色、视觉风格、节目活力、图像以及和受众关系方面都深刻地改变了节目供应方式”（Torres，2011：52－53）。

这种变化给RTP带来巨大挑战，使其被迫进行转型以提升收视率，并花费10多年的时间重新确立自己在业内的领先地位。目前，RTP拥有4个覆盖全国的免费的电视频道（RTP1、RTP2、RTP3和RTP历史记忆）和3个电台频道（Antena1、Antena2和Antena3）。除了RTP在公司门户网站RTP Play上提供在线的音频和视频节目，国内其他广播机构和国际广播机构也为该国其他地区制作节目。

RTP的节目监督者（监督员）办公室是2006年2月14日根据2/2006号法令设立的机构，它“被宣布为鼓励媒体部门自律的一种形式，并且被几乎所有拥有议席的政党所接受”(Oliveira,2007:61)。根据这一法令,担任 RTP 观众监督者和听众监督者的人必须是公认的专业人士,并且从事这一领域的工作。RTP 监督者的职权包括接收、分析观众的抱怨和建议,并开展调解工作。2006 年颁布的《监督者规范》对此项法令进行了补充和规范,明确了 RTP 监督者的任务、干预方式、处理模式和基本目标。

RTP 监督者任期两年,只能连任一次。公司董事会有权指定专业人士担任这一职务,但这一任命受到意见委员会的约束。从 2006 年开始,RTP 已经任命了 5 名电台节目监督者和 4 名电视台节目监督者,他们大多具有专业背景,所属领域横跨学术研究和企业管理。

截止到 2017 年 7 月为止的 11 年当中, RTP 监督者根据管理层的要求共制作了 402 期电台节目和 409 期电视台节目,形式和内容大同小异:监督者本人担任主持人,讨论的主题涵盖从电台、电视台的节目制作到发射台的操作以及重大通信问题等方方面面。

听众、观众与公司之间的关系主要通过每周播放的节目来协调,电视台节目是《市民之声》,电台节目则是《以听众的名义》。除了制作节目,监督者们还必须依法每年撰写活动报告,并递交给通信规范处(ERC),同时由 RTP 的董事会予以公布。在公司的网页上有专门版块公布 RTP 监督者的全部活动报告。此外,RTP Play 上也有监督者们制作的全部电视台节目和大部分电台节目。

(二)巴西国家广播公司(EBC)监督者办公室

与葡萄牙的情况不同,巴西公立的广播公司——巴西国家广播公司(EBC)成立时间只有 10 年,它还管理了巴西第一家电台,即如今的 MEC 电台 AM 频率。电台成立于 1923 年,创办者为媒体先驱罗格德·平托(Roquette Pinto),当时被称为社会电台,1936 年捐给了巴西政府。巴西私立电视台诞生的标志是图皮电视台(TV Tupi)开播,它于 1950 年由记者艾西·查德奥布兰德(Assis Chateaubriand)创办。

巴西公立电视台的发展与教育广播的出现密切相关:

……历史上,公立电台的广播与国家和地区的教育政策有关,它们在缺少学校的地区起到了教育者的作用,并且也提供补充内容的课程,特别是弥补了青年和成人教育的薄弱环节。从20世纪80年代以来,教育广播开始减少这一方面的内容,更多地承担起制作文化和信息内容节目的任务。①

国有电视频道从1968年开始在巴西的多个地区落地,其中有作为先驱的属于伯南布哥州联邦大学的累西腓大学电视台。在此背景下,巴西通信公司(Radiobrás)于1975年成立,以便集中管理这类广播机构。巴西通信公司负责管理两个电视频道、一家新闻通讯社和五家电台。2008年,由于多次通信民主化运动的推动,巴西通信公司被EBC合并,巴西联邦宪法对其公有性质做出了规定:

“根据私营、公共和国有机构的补充原则,由行政机构负责授予和更新音频和视频广播业务的特许权。”(巴西宪法,1988年,第223条)

EBC监督者办公室是根据2008年4月7日公布的对该国公共通信服务做出规范的第11.652号法令设立的。该法令第20条规定,公司的监督者办公室根据公共广播业务的原则和目标,负责对公司制作的节目开展内部评审,同时处理观众和听众关于节目制作的投诉和意见。(第11.652号法令,4月7日,2008年,第20条)

根据这一条款,EBC的监督员任期两年,并可连任。至于监督员的职能,法律规定其每周至少参与指导15分钟的节目制作(公司电台和电视台节目播放),时间是早晨6点到午夜之间。监督者办公室也有规范其职能的内部规则。根据该规则,监督者办公室的职责是在公司面前代表市民利益,保证市民知情权,同时帮助公司开展自我批评和参与相关培训。

规则还指出,每周通过内容评估简报的形式对节目制作进行内部评审也属于监督员的职权范围。该文件最后还指出,总监督员在助理监督员的协助下在公司的各个媒体部门(电台、电视台和新闻通讯社)开展工作。

有三名专业人士先后担任EBC总监督员职位:劳林多·雷阿尔·弗里奥(Laurindo Leal Filho,2008—2010),雷吉纳·利马(Regina Lima,2011—

① 拉美公共电台观察者网站[EB/OL].[2017-08-19].http://www.observatorioradiodifusao.net.br/index.php/historico-do-sistema-sp-1004365967.

2013)和若泽蒂·马尔克斯(Joseti Marques,2014—2016)。每一任总监督员的工作都具有特殊性,面临挑战。

第一阶段是建立该行业所需的伙伴关系和机制,在此期间,EBC 与巴西利亚大学传播学院签署了合作协议,制作了监督员电台广播节目《争论中的电台》。节目在周五播出,每次 15 分钟。2009 年到 2012 年,共制作了近 250 期节目(Paulino,Martins da Silva,2013)。节目制作团队成员包括 2 名博士生和 4 名本科生,他们完成了任务并通过了检验。

除了完成既定任务外,学者们还开展了另外两项工作:一是由监督者办公室设立的,以跟踪和监察标准为基础,跟踪广播节目的制作;二是获得阅读材料,开展研究,写作文章和在会议上发言,并取得一定的学术成果,一些学生在随后的研究生阶段仍继续关注这一项目(Barreiros,2012:29)。

在合作期结束后,2012 年 7 月,电台节目在形式上也做了变动,改为由总监督员雷吉纳·利马做介绍。在这一阶段,从 2011 年 9 月开始,监督员也在电视节目《电视台的公众作用》中首次亮相。到目前为止,监督者办公室在互联网上的专栏也是由巴西新闻社的助理监督员来撰写的。

从 2013 年 12 月开始,EBC 的监督者办公室没有再制作电视和电台节目,互联网上的专栏也毫无章法。2016 年的年度报告中,监督员若泽蒂·马尔克斯解释说由于操作原因导致没有继续制作电台和电视台节目。

监督者办公室的节目由监督员负责主持,因此在其任期结束时必须找到办法解决持续性问题,在还没有确定谁将担任这一职务的时候,节目的播放显然将被中断。作为代理监督员,我制订了监督者办公室的一项既涉及电台节目也涉及电视台节目的计划,节目可以在不同平台上播出,并在网上进行某种程度的互动。……在代理期结束后,我担任总监督员期间,正逢巴西利亚成立制作管理办公室的核心部门。

因为节目与制作管理办公室有关,该部门管理者的决定不采纳多平台计划,而是采取单一播放形式,电台也没有对此进行规划。电视台则考虑了新计划,保留了之前形式的主要特点,但没有了主持人。然而节目最后没有达到预期效果,巴西利亚制作管理办公室对监督员的指导作用也感到不满。总之,这个计划终止了。(EBC,2016:118).

目前EBC的监督员团队包括16名职员,其组织结构分为两部分:(1)信息监测和管理处,对电台、电视台和巴西新闻通讯社播放的节目内容进行分析;(2)接待处,接收、登记和处理公众的查询要求。EBC监督者办公室公布的报告分为月度、双月度、季度和年度报告,主要是记录和评估其活动。2014年,若泽蒂·马尔克斯在管理上做出的改变之一就是向公司执行董事会提交简报。

> 面对如此多的尴尬和没有团队无法恢复节目制作的情况,监督者办公室努力遵循之前没有履行过的其他法律要求——制作关于节目内容的每日内部评论简报,并报送执行董事会。经验表明,在董事会对相关工作的跟进方面,每日简报没有什么成效。从2016年3月开始,简报改为每周制作,2016年共制作60期。(EBC,2016:118)

分析EBC监督者办公室公布的报告,可以看到前任监督员雷吉纳·利马与现任监督员若泽蒂·马尔克斯在管理措施上的不同。二者都优先对公众所表达的意见给予关注,但前者还关注电台和电视台的节目制作,而后者则将观察活动扩大到了调查和监测领域。因此,需要指出的是,从2014年开始,以月度、双月度和季度为主的报告重新开始更多地关注和批评公司的节目内容。这一变化被记录在2014年5月、6月和7月的相关报告当中。

> 这一期监督者办公室的报告将观察重点放在了EBC2014年5月、6月和7月的广播节目内容上。报告的分析介绍部分有了新的内容,与之前我们详细说明主题的报告略有区别。这是因为,监督者办公室从5月22日开始发布分析EBC广播内容的每日简报,根据第11.652号法令,这些简报只报送执行董事会。……简报除了让不同领域的负责人对所涉及事务表达看法外——不管他们是通报纠错方法,或是质疑监督者提出的观点,还能为管理者提供一种监督节目质量的手段。(EBC,2014:4)

为了提高EBC监督者办公室的监测能力,2013年EBC与巴西多所大学签署了协议,以开展有关公司电视台和电台节目内容的研究。因此,巴西利亚大学的一组研究人员分析了2013年12月到2015年2月期间,EBC的国家电台AM频率、FM频率以及MEC电台AM频率在巴西利亚地区播放的一千多个新闻节目。这项调查中还介绍了有关国家电台巴西利亚站FM频率的音乐编程网格的一项专门研究。另一组研究人员来自南大河州联邦大学,他们分析了巴西电视台的节目制作过程并就播放的几个节目的内容和形式撰写了 72 份报告。

(三)阿根廷的公众利益维护者办公室

由于私人垄断和缺乏专门的立法,阿根廷对媒体广播的规范从 2009 年才开始。

与巴西宪法不同,阿根廷宪法没有关于社会通信问题的专门章节。对电磁频谱的管理基本上是在低于宪法层级的其他法律层面上进行的。从 1980 年到 2009 年,规范电台广播活动的是第 22.285 号法令,如上所述,在经历了民主政府的多次变动后,整体情况朝着推动媒体集中化和维护企业家利益的方向发展。(Lara,2012:121)

从 2009 年开始,阿根廷的法规环境发生变化。2009 年 10 月 10 日颁布第 26.522 号法令,即所谓的《媒体法》。为满足有组织的公民社会的要求,这一法令对目前阿根廷领土范围内的所有视听通信服务进行了规范,并引入多项机制,保证更大的广播频谱范围,广播节目内容也能更好地代表绝大多数公民的利益。

阿根廷视听通信服务公众利益维护者办公室是根据《媒体法》成立的一家公共机构,旨在接收、登记和处理公众对阿根廷电台和电视台广播内容的意见。关于其任务和职能,法规第 19 条规定该机构有权在本国各地区召开公众听证会,并向主管机构提出建议。

该机构中的公众利益维护者任期 4 年,必须让由阿根廷国民议会参众两院议员组成的视听通信促进及后续行动两院委员会决议确定人选。2012 年 10 月,辛西娅·奥塔维亚诺(Cynthia Ottaviano)成为首位担任这一职务的专业人士。公众利益维护者办公室下设 7 个部门:(1)听证会关系处;(2)权利保护和法律事务处;(3)分析、调查和监测处;(4)培训处;(5)行政管理处;(6)法规和技术处;(7)机构通信处。使我们感兴趣的是分析、调查和监管处的职能,因为这个部门负责监督阿根廷的视听媒体并提交有关监测活动的报告。该办公室还负责提交评估其活动的年度报告。

五、对 2013—2015 年监督者年度报告和监测文件的分析

我们在这个领域的研究目标是调查每一个监督机构或监督者办公室(见表 1)的构成,监测他们所属媒体传播的内容。为此,我们的分析基于监测文件中与内容监督相关的两个方面:(1)确定这些举措提出的对象;(2)了解每个人如何进行监督。为了回答第一个问题,有必要在上述机构的规则(法律、法规和内部规范)中找到有关内容监测功能的部分;关于第二个方面,我们已经分析了监督机构发表的报告和调查,记录了与媒体观察和监测相关的做法。

表 1　分析对象、适用法律、撰写报告和进行调查

机构	法律和规范	报告和调查
RTP 监督者办公室	– 第 2/2006 号法令 – RTP 监督者规范	观众和听众监督者年度报告(2013—2015)
EBC 监督者办公室	– 第 11.652/2008 号法令 – EBC 监督者规范(NOR 104)	– 监督员年度报告(2013—2015) – 月度报告、双月度报告和季度报告 – 巴西利亚大学和南大河州联邦大学 2014 年开展的调查和监测
公众利益维护者办公室	– 第 22.522/2009 号法令 – 第一次年度报告(2013)	– 年度报告(2013—2015) – 双月度全面监测报告(2013—2015)

需要注意的是,对于我们所进行的比较,不论是上述三者的实操经验还是管理活动,这些报告在形式和内容上都各不相同。这一差别反映出了每个分析对象的独特结构。

在葡萄牙,听众监督者和观众监督者分别撰写不同的报告,因此每年发布两个:一个是电台的报告,另一个是电视台的报告。这些报告通常或简短或详细地叙述监督者开展的活动和面临的挑战。在大多数报告中,都有介绍每个电视或电台广播节目的章节。一些电台监督者撰写的报告中甚至提

供了某些节目的完整文本。

在巴西,根据不同年份,监督者会发布月度、双月度、季度和年度报告。以 2012 年为例,监督者共发布了 17 篇报告,分别是:1 篇年度报告,12 篇月度报告,2 篇双月度报告和 2 篇季度报告。这些报告的章节一般根据听众和观众意见、所涉及公司的媒体或部门分为数量和质量两个方面,许多报告集中关注重点需求以及处理结果。此外,他们通常还转录公司门户网站上发表的监督员专栏文章。

在阿根廷,公众利益维护者办公室下属不同部门根据其活动发布报告,并编写更全面的年度报告,公布整个机构的活动。为完成这项工作,利益维护者办公室会发布年度报告,分析、调查和监测处会发布双月度或年度监测报告。利益维护者办公室的报告则以更宏观的方式描述所开展的活动,对所进行的项目进行详细的定量和定性分析。

在这篇文章中值得注意的是,所有这些报告都用来对有关节目和针对不同受众所开展的媒体活动进行问责。在葡萄牙,法律规定:

> 听众监督者和观众监督者的年度报告应在每年 1 月 31 日前发送给通信监管机构,并每年由电台和电视台公共服务特许经营权所有者通过其网站或任何其他适当的方式予以公布。(第 2/2006 号法令,2 月 14 日,第 23 -D 条)。

葡萄牙的监督者报告的用户不仅是 RTP 负责监督管理公司的部门——意见委员会、财政委员会、董事会和独立总理事会,为规范本国通信服务的机构也会采用这些报告。

在巴西,EBC 的组织结构最近发生了变化,其监管理事会被取消。该机构由民间组织成员和政府代表组成,负责监督、制定指导方针,并确保国有通信公司的独立性。随之改变的是成立了编辑和规划委员会,其权限小于理事会。目前,EBC 监督者办公室必须准备双月度的 EBC 活动报告,并在该委员会定期会议前五天提交给各位委员(第 11.652 号法令,2008 年 4 月 7 日,第 20 条)。

对阿根廷公众利益维护者办公室而言,相关法律规定其必须每年向由国民议会参议员和众议员组成的视听通信促进及后续行动两院委员会提交年度报告。

在三国的视听媒体监督者机制提出和实施的范围内，本研究根据以下主要问题开展：(1)内容监测是否具有周期性或是否根据公众要求完成；(2)谁来做；(3)如何记录监测的分析结果。我们在上述三个范例中明确看到了与这些标准相关的显著差异。

对于葡萄牙节目监督者办公室，可以看到，不论是电台还是电视台，对内容的监测都是零星开展，而非系统地进行，也没有遵循公众干预的建议。这个假设可以通过报告文本的组织方式来证明，这些报告内容更多地关于观众和听众提出的投诉和建议，而非对内容进行定期评估。与 RTP 的节目监督者的访谈也证明了监测的非系统性。据介绍，他们是通过连接在监督者办公室的设备对电台和电视台进行不间断的监控的，但这种评估并不是有计划地进行。

通过分析规范监督者行动的文件，可以肯定 RTP 的监督者办公室不打算进行监测研究，也不能系统而持续地分析公司电台和电视台所播放的内容。上述法令和规范中也没有明确做出规定。这一文本分析使我们相信，其职责的重点是从公众投诉和评论出发，进行调解和寻求解决办法。

对于 EBC 监督者办公室而言，很多时候规则明确规定了该部门的职能是"对 EBC 公共通信频道制作或传输的节目进行内部批评"(EBC，2008 年，第2.9项)。根据这些规则，监督者办公室必须通过简报向公司董事会提交意见。

在此分析的基础上可以说，近年来在内容监督方面，EBC 监督者办公室力求制定针对报告编写的规范和目标，与观众、听众和专业人士进行更全面和公开的对话。

公众利益维护者办公室也有一个专门部门来监管阿根廷媒体的视听内容。该机构在 2013 年、2014 年和 2015 年公布的年度报告显示，分析、调查和监测处是负责执行监测和公布结果的部门。监测内容包括：(1)就公众对全国的电台、电视台的播放内容的投诉发表意见；(2)对布宜诺斯艾利斯五个私人电视台频道播放的新闻广播进行双月度监测；(3)有两个观测站以专题形式分析节目内容。

对布宜诺斯艾利斯五个私营电视台频道的电视新闻展开双月度监测是通过"新闻中的'新闻'是什么?"这一研究项目进行的。在此背景下，为特定主题(健康、环境和暴力)设立了两个观测站。从 2014 年起，公众利益维护者办公室与科尔多瓦大学(阿根廷)建立了合作关系,以便对该地区的电视频道节目进行研究。

公众利益维护者办公室又进行了另外两种类型的电视节目内容观察和监测研究。其中之一分析了付费电视频道的警察新闻;另一种则评估了针对儿童观众的宣传片。报告中没有关于电台的研究。

监督者作为媒体观察者的第三个方面的活动是如何将公众投诉与所获得的结果相关联。这方面的活动仅出现在阿根廷公众利益维护者办公室的报告文本中。一个例子就是,报告指出,公众向公众利益维护者办公室提出的某些意见并不一定在调查分析的内容中得到解答,正如前任利益维护者辛迪亚 · 奥达维亚诺曾说过:

> 在举行听证会的必要性以及以听证会的名义要求每天获取信息的必要性之间存在矛盾,这就是我们正在加强这些监测的原因。(公众利益维护者办公室,2015:114)

最后,比较上述样本,我们可以肯定:

(1)在内容监测方面,三个分析样本(葡萄牙、巴西和阿根廷)在大多数情况下遵循了机构当初设立时的相关规范。

(2)每一个分析样本的观察和监测活动都通过不同方式在不同层次上进行:

a. 在葡萄牙,主要是基于公众投诉进行零星和非系统化的监测。监督者制作的报告和节目受到很大关注。与巴西和阿根廷的情况不同,葡萄牙的监督者和外部机构之间还没有建立伙伴关系,例如和大学合作对媒体的活动进行专门或系统的观察。

b. 在巴西,除了公开干预之外,监督员团队还对电台和电视台进行定期监测。他们通过简报的方式向公司管理层提交分析结果,而不一定向公众公开。由外部合作伙伴定期进行监测调查,这种做法保证了节目、简报和报告的规范性。

c. 在阿根廷,除了由于公众投诉而进行的监测之外,还每两个月对布宜诺斯艾利斯的私营电视台播放的新闻内容进行一次研究并公布研究结果。外部合作伙伴的监测也定期进行,但对电台内容的监控没有出现在报告中。

目前新任利益维护者的人选还未确定,这可能会影响办公室定期的文件发布和调解活动。

结论

虽然监督者具有非常具体的职能和专门的地位,可以开展公众和媒体之间的调解活动,但媒体的监督者也会从观众意见出发,观察专业人士以及他们所属公司的表现。实际上,“监督者办公室成为公民要求的调解机构”(Paulino&Silva,2013:17)是该机构的首要职能。然而,由于要对公众意见作出回应,媒体组织必须有所行动,而监督者制度的运行有助于创建新的媒体观察站模式,因为他们的监督批评活动需要对节目制作过程和结果进行持续的分析。

通过本文的分析,从葡萄牙、巴西和阿根廷的媒体监督者的实践活动得出的结论是,葡萄牙模式的重点不在于观察过程,即便如此,监督者及其团队也能通过选择和处理诸如儿童、葡萄牙语或体育等节目来满足观众的诉求。

根据贡献程度的不同,监督者办公室可以被认为是一种专门致力于对媒体活动进行伦理和道义分析的内部观察站。巴西和阿根廷的节目监督者比葡萄牙节目监督者发挥的作用更大。分析显示,两国监督者根据公众意见监督媒体的节目制作,并向管理团队提出改善媒体服务的建议。在公众协助下,他们能够发挥预警作用,促使节目提高制作质量。

〔译者刘镓,对外经济贸易大学外语学院葡萄牙语系讲师。〕

参考文献

ALBORNOZ L A, HERSCHMANN M. Os observatórios ibero – americanos de informação, comunicação e cultura: balanço de uma breve trajetória. E – Compós, 2006, 7(3). – 20. Recuperado em 14 de fevereiro de 2017 de. [EB/OL]. [2017-08-19]. http://www. compos. org. br/seer/index. php/e – compos/article/view/102/101.

BARREIROS L. Ouvir, falar, transmitir: a interatividade no rádio e o programa Rádio em Debate. Trabalho de Conclusão de Curso[M]. São Paulo: Universidade de São Paulo, 2012.

BECERRRA M, CASTILLEJO Á G, SANTAMARÍA Ó, ARROYO L. Caixas mágicas: o renascimento da televisão pública na América Latina[M]. Madri: Editorial Tecnos, 2012.

BECK U. Risk society: towards a new modernity[M]. London: Sage Publications, 2014.

BRASIL. Constituição da República Federativa do Brasil de 1988. Recuperado em 19 de agosto de 2017 de [EB/OL]. http://www.planalto.gov.br/ccivil_03/constituicao/constituicao.htm.

Defensoría del público. Informes Anuales. Recuperado em 14 de fevereiro de 2017 de [EB/OL]. http://www.defensadelpublico.gob.ar/informes-anuales/.

Defensoría del público. Informe Anual 2015. Recuperado em 14 de fevereiro de 2017 de [EB/OL]. http://www.defensadelpublico.gob.ar/wp-content/uploads/2016/08/anuario_2015.pdf.

Defensoría del público. Informes de Monitoreo. Recupera em 14 de fevereiro de 2017 de [EB/OL]. http://www.defensadelpublico.gob.ar/lineas-de-accion/monitoreos/.

Dicionário da Língua Portuguesa[M]. Porto: Porto Editora, 2013.

Dicionário do Português Atual Houaiss[M]. Lisboa: Círculo de Leitores, 2011.

EBC. Norma de Ouvidoria - NOR 104. 2008. Recuperado em 14 de fevereiro de 2017 de [EB/OL]. (2012-04-15) http://www.ebc.com.br/institucional/sites/_institucional/files/uploads/2012/04/1574_0.pdf.

EBC. Relatórios da Ouvidoria da EBC. Recuperado em 14 de fevereiro de 2017 de [EB/OL]. http://www.ebc.com.br/institucional/ouvidoria/relatorios.

EBC. Relatório anual da Ouvidoria - Maio/Junho/Julho. Brasília, 2014. Recuperado em 19 de agosto de 2017 de [EB/OL]. http://www.ebc.com.br/institucional/sites/_institucional/files/atoms/files/relatorio_da_ouvidoria_anual_2016_web.pdf.

EBC. Relatório trimestral da Ouvidoria - Maio/Junho/Julho. Brasília, 2014. Recuperado em 14 de fevereiro de 2017 de [EB/OL]. http://www.ebc.com.br/institucional/sites/_institucional/files/relatorio_da_ouvidoria_trimestral_-_maio-junho-julho-2014.pdf.

FIDALGO J, CHRISTOFOLETTI R. Ética da comunicação: nota introdutória[J]. Comunicação e sociedade, 2014, 25.

FORTES R, ALBUQUERQUE A. d. Ojornalismo e a obrigatoriedade do diploma: negociando as fronteiras da comunidade jornalística no Brasil[J]. Comunicação e sociedade, 2006, 9-10.

FOUCAULT M. Vigiar e punir: nascimento da prisão[M]. Lisboa: Edições 70, 2013.

HALIMI S. Les nouveaux chiens de guarde[M]. Paris: Raisons d'Agir, 2005.

HERRERADAMAS S; CRISTOFOLETTI R. Mídia e democracia: um perfil dos observatórios de meios na América Latina[J]. UNIrevista, 2006, 1(3).

LARA. Desconcentração na comunicação audiovisual argentina: três anos de tensões pela implementação da Lei de Meios. Dissertação de Mestrado[M]. Brasília: Universidade de Brasília, 2012.

LEI. Diário da República. Lisboa[J], 14 de fevereiro de 2006, 32(I – A):.

LEI . Diário Oficial da União[J], Brasília, 8 de abril de 2008(1).

Ley Servicios de Comunicación Audiovisual. Boletín Oficial de la República Argentina[J]. Buenos Aires, 10 de outubro de 2009:.

OLIVEIRA M. Oprovedor nos operadores públicos de rádio e de televisão: para um padrão de referência[M]//PINTO E M, FIDALGO J. Anuário 2006 – A comunicação e os média em análise . Braga: CECS, 2007.

OLIVEIRA M, PAULINO F O. O ombudsman nos meios públicos de comunicação em Portugal e no Brasil: da promessa de uma ética participada aos desafios cotidianos[J]. Anuário Internacional de Comunicação Lusófona2012.

PAULINO F O, OLIVEIRA M. Ombudsmen in the Brazilian and Portuguese media: a reflection on the activities developed between 1989 and 2013 [J]. Brazilian journalism research, 2014.

PAULINO F O, SILVA L M. Introdução. Em Paulino [M/OL]//F. O., SILVA L M. Comunicação Pública em Debate: Ouvidoria e Rádio . Brasília: Editora UnB. Disponível, 2013 em: http://repositorio. unb. br/bitstream/10482/14774/3/Livro_ComunicacaoPublicaDebate. pdf .

RTP. Estatuto dos Provedores. Lisboa, 2006. Recuperado em 14 de fevereiro de 2017 de[EB/OL] http://media. rtp. pt/institucional/orgaos – sociais/estatuto – dos – provedores – 2/.

SCHOMMER P C, MORAES R L. Observatórios sociais como promotores de controle social e accountability: reflexões a partir da experiência do observatório social de Itajaí[J]. Revista eletrônica de gestão organizacional, 2010, 8(3).

TORRES E C. ATelevisão e o Serviço Público[M]. Lisboa: Fundação Francisco Manuel dos Santos, 2011.

前沿与综述

抗争范式:一个媒介与政治传播研究的切入视角*

◎ 原永涛*

摘要:抗争范式是以社会抗争事件的新闻报道为依托,描述媒体与抗争群体之间关系的一个统摄性概念,是理解二者关系的核心。在这一新闻范式的指引下,媒体采用情节化、对抗化、去主题化、污名化以及贬低抗争意义等手段,将抗争群体和抗争活动刻画为社会异端或公共滋扰,从而将其排斥在社会主流政治、文化价值观之外,以此来维护社会现状,巩固现存统治威权的地位。在微观层面上,抗争范式是关于媒体如何报道社会抗争议题的一类应用研究;在宏观层面上,它则提供了一个有用的视角来分析媒介话语与政治权力之间的互动关系。自20世纪80年代以来,该理论在西方媒介研究中的受关注度日益增长,但国内的相关研究还不多见。本文对已有研究文献进行了梳理和评述,试图阐明:媒体抗争范式的研究缘起和理论内涵,媒体组织运用抗争范式报道社会抗争活动的决定性因素,以及媒体抗争范式可能造成的政治和社会后果。最后对抗争范式与框架分析的关系,以及网络媒体的"反抗争范式"特性做了讨论。

关键词:抗争范式,框架分析,媒介话语,政治传播,社会运动

---

* 本文系教育部人文社会科学重点研究基地重大项目"新媒体环境下中国媒体新闻传播创新研究"(编号16JJD860003)阶段性成果。

* 原永涛,武汉大学新闻与传播学院博士生,宜春学院讲师。主要研究方向为新闻理论、政治传播。

The Protest Paradigm : A Perspective of Media and Political Communication Research

Yuan Yongtao

Abstract: The notion of protest paradigm is the core of understanding the relationship between media and protest groups, by providing a useful way for analyzing the news reports of social protest events. Under this news paradigm, news media portray the protest groups and their activities as social heresy or public nuisance by the means of providing episodic, de-thematic, confronted structured, stigmatizing and devaluing narrative, so as to exclude them from the mainstream political culture, and maintain the social status quo and consolidate the status of the existing ruling authority. Using the method of literature analysis, this paper examines: (a) the origin and hypothesis of the notion; (b) the moderators for media organization to adopt the protest paradigm to report the social protest; (c) the probable political and social consequences. Furthermore, the theory of framework analysis and the characteristics of the internet media in the context of protest paradigm are discussed.

Keywords: protest paradigm, framing analysis, media discourse, political communication, social movements

---

一、引言

集体行动、社会运动是西方国家常见的社会抗争形态,在当代美国和欧洲已成为政治过程的有机组成部分,被称为"抗争性政治"(Tarrow,1998)。在20世纪60年代以前,西方国家的社会抗争运动研究主要基于两种理论,即社会心理学的崩溃(breakdown)理论和理性主义的资源动员理论(Klandermans,1997);随着60年代以来欧洲新社会运动的兴起,基于文化分析的社会认同理论获得了发展(Klandermans,1997;莫里斯,缪勒,2002),在这个过程中,媒介话语的作用和影响力也被重新认识和评估。在甘姆森(Gamson,1992:117)看来,媒介话语是公众认知社会运动的三种信息之一,帮助人们辨识运动中的谴责对象(Klandermans,1997)。这种观点对媒介话语在社会运动中扮演的角色给出了一种朴素的解释,但明显低估了其在实践中所产生的影响。大众传播研究已经表明(如 Fishman,1980;Tuchman,1978),媒体报道并不是社会现实的镜子式的客观再现,而是一个社会建构过程;在知识社会学领域的社会建构主义看来,抗争群体的形象被如何描述、是否应被社会接受或隔离乃至排斥,都是媒体的"处置"(treatment)所造成的结果。在这个意义上,利普斯基(Lipsky,1968)简洁有力地指出,"最大化媒介曝光"是社会抗争作为一种政治过程的四个基本组成部分之一,"如果抗争不被媒体感知和报道,就等于没有抗争"。

以此为背景,当代媒介社会学和政治传播学发展出抗争议题研究的一个分支领域,其研究旨趣集中指向一个具体的理论概念,即媒体报道中的"抗争范式"(protest paradigm):新闻媒体——特别是主流媒体[①]——倾向于维持社会现状,在对社会抗争活动的报道中,它们运用多种手段和策略将抗争者及其活动非法化、边缘化甚至妖魔化(Boyle,Mcleod & Armstrong,2012;Mcleod & Hertog,1992,1999)。该理论目前在西方的媒介研究中已经取得了比较丰富的成果。对处于转型期的中国社会来说,抗争性政治也已成为当前面临的基本问题(于建嵘,2010),虽然由于新闻事业体制和传媒产业结构的差异,中国语境下的媒体抗争范式可能有着不同于西方社会的表现形态,但媒体抗争报道研究显然有着重要而又切实的意义。目前国内对抗争范式理论虽然也有关注(白红义,2014;杨柳,2012),但研究成果不多,研究的广度和深度都还有很大的推进空间。

① 西方语境下的主流媒体的本质、核心和标志是它的思想影响力受到社会主导阶层的关注,它成为社会主流人群每天必阅的媒体(刘建明,2004)。其媒介产品具有政治性、严肃性的特点,受众覆盖率高,主导着社会话语权,例如《纽约时报》《泰晤士报》。

本文的目标是尽量完整地梳理媒体抗争范式理论的内涵,辨析其实践价值,将其引介到国内研究者的视野中来,为媒介和政治传播研究开辟新的视角。具体来说,本文回顾和梳理了20世纪80年代以来西方语境中的相关研究,力图厘清三个问题:第一,媒体抗争范式的研究缘起和理论内涵是什么?第二,新闻媒体为何运用抗争范式报道社会抗争活动,其决定因素有哪些?第三,在微观和宏观层面上,媒体抗争范式分别造成何种社会后果?此外,还讨论了抗争范式与框架分析的关系,及其在新媒体环境下的特性。

二、媒体抗争范式的研究缘起和概念内涵

在20世纪80年代初就有研究者注意到,媒体新闻报道与社会运动、政治变迁之间存在某种程度的互动关系。吉特林(Gitlin,1980)分析了20世纪60年代美国学生运动中的媒体报道策略,发现美国大众媒体倾向于边缘化那些挑战社会权力结构的抗争群体。这实际上指出了一条以抗争报道为切入点展开媒介研究的路径。不久,休梅克(Shoemaker,1984)使用内容分析方法,以政治抗争者的行为越轨(deviance)程度为自变量,以媒体的处置方式(treatment)为因变量,考察了媒体在抗争报道中使用的策略框架。结果表明,媒体对政治抗争群体的报道总体上是不友善的,群体行动的越轨程度越高,媒体报道便越是强调其不合法性。这项研究在微观分析层面奠定了媒介抗争范式理论假说的基础。

最早将媒体的这种报道倾向概念化和理论化的,是海外华人学者陈韬文与李金铨(Chan & Lee,1984)。1984年,他们通过对香港的一起抗议事件的研究,讨论了媒体对抗议目标和行动的支持情况及其政治化和道德化手法。结果认为,媒体固有的政治立场影响了其报道常规,他们将这一现象称为"新闻范式"(journalistic paradigm)。

从20世纪90年代开始,麦克劳德(Douglas McLeod)和他的同事们为抗争范式研究作出了积极贡献。首先,他们使用比较分析方法,以一场无政府主义者的抗议活动为例,将媒体划分为主流媒体(mainstream media)和另类媒体(alternative media),考察它们如何向公众呈现抗议群体的所谓"舆论特征"(Mcleod & Hertog,1992)。结果发现,在媒体报道的微观分析层面上,主

流媒体经常援引警官和无政府主义者的叙述,强调抗议者的越轨行为和社会冷漠,并把前者作为重要话题大量报道,且经常描述街头旁观者(bystander)的看法;另类媒体则很少使用警官和无政府主义人士作为信源,报道内容更多集中于警察的暴力行为,基本忽略旁观者的评论。在宏观分析层面上,主流媒体认为抗议者试图影响公共政策,另类媒体则努力为群体成员提供表达意见和情绪的机会。通过这些分析,麦克劳德等对抗争范式的定义已经成型:媒体倾向于捕捉抗争活动中“不正常”的部分,重点报道抗争群体的极端行为和表现,将他们过度渲染为“越轨者”(deviants),从而起到边缘化的效果。

沿着这一思路,研究者们对媒体抗争范式的特征进行了更进一步的检验和更全面的阐述。具体包括:第一,报道的叙事焦点集中于抗争者的行为表现,更突出其抗争行动中的暴力部分,而不是抗争目标或对社会现实的批判;第二,在叙事结构上,普遍将抗争事件解构为抗争者与警察之间的对抗,而不是竞争者达成目标的渐进过程;第三,在媒体的信源选择上,高度依赖政府机构等官方信源、引用官方对抗争事件的定义,以此来塑造报道的权威性,提高采编效率并维持所谓的新闻客观性;第四,有意识地调动公共舆论,通过民意调查或者将援引的法律和社会规范作为认知线索来影响公众认知;第五,刻意低估抗争行动的实效性,将其贬低为无意义的社会活动;第六,采用其他一些将抗争活动非法化、边缘化甚至妖魔化的技巧(Mcleod, 2007; Mcleod & Detenber, 1999; Mcleod & Hertog, 1998; Mcleod & Hertog, 1999)。通过这些考察和讨论,研究者们总结出:抗争范式已经成为媒体报道社会抗争活动的常规化模式,是一种心照不宣的模板(Mcleod & Detenber, 1999);媒介运用这一报道范式,主观地、不公正地对待社会运动中的抗争群体,将它们建构于主流社会之外,以此来维持社会现状、遏制社会变迁(Boyle et al. ,2012)。

进入 21 世纪之后,有更多研究者关注媒体抗争范式,并将其研究范围进行了扩展。其中一类是横向的跨国媒体比较研究,例如波义耳(Boyle et al. , 2012)等人调研了亚洲、北美和中东地区的 13 份英文报纸,了解不同国家和地区、不同媒介文化之间的媒体抗争范式的表现情况;哈洛和约翰逊(Harlow & Johnson,2011)则考察了美国报纸对外国抗争运动的报道,他们以美国媒体为对象,分析其对埃及抗争运动的报道情况。另外一类是纵向的历时性研究,主要是分析特定历史时期内媒体抗争范式的演变情况,如李立峯(Lee,2014)对2001—2012年香港4份报纸的抗争议题分析。从研究结果来看,研究者们对不同抗争运动类型、不同媒体、不同社会形态之下的媒体抗争范式的明显程度存在不同的判断,但均认可了这一现象的存在,并将其作为媒介研究、政治传播研究中的一个可用的分析视角。

总体来看,抗争范式的概念表明了大众媒体在社会抗争议题报道中的一种普遍倾向,其核心是对"社会异端"所持的保守政治立场。在以上讨论的基础上,对这一概念的理解还有三点需要进一步阐释。其一是抗争活动(protest activity)的界定。在本质上,抗争活动是集体行动和社会运动的外在呈现形态,是特定时间、空间条件下,抗争者为表达其诉求或情感而做出的行动表达。在具体形式上,通常包括抗议、集会、静坐、示威、罢工、罢课、慢驶、绝食、游行等(Lee,2014)。但应该注意,这些活动通常只是新闻事件本身(news event),媒体对它们的报道往往还会包含活动背景、目标诉求、抗争对象以及双方或多方的对抗过程,正是在这些"全景式"的新闻报道中,抗争范式得到了切实的体现。

其二,媒体抗争范式并不仅仅是指社会抗争事件报道中的话语性偏见,即渗透在文本中的内容偏见(content bias)和描述偏见(description bias),也体现为对抗争议题的筛选,即选择偏见(selection bias)(Smith,Mccarthy,Mcphail & Augustyn,2001;Spyridou,2015)。例如贝勒(Baylor,1996)指出,美国全国广播公司(NBC)从来没有认真了解、全面报道印第安人的抗争,它在1968—1979年对印第安人抗争活动的报道从来没有超过半数。

其三,涉及媒体抗争报道中所使用的新闻"处置"方式,即媒体对抗争活动的报道常规。阿岩伽(Iyengar,1991:14)将电视媒体对政治议题的报道分为主题式(thematic)和情节式(episodic),前者将议题置于社会背景之下,致力于传播社会行动者的目标和信念;后者则着眼于事件本身确切的细节,忽略社会行动的动机和目标。从这个角度看,抗争范式是指媒体对抗争活动的报道主要遵循情节式框架,例如在集会游行抗议活动中,媒体更多关注抗议的规模、警察的介入、不同立场的对峙和现场骚乱(Oliver & Maney,2000);相应地,抗争者的行动策略成为媒体报道口径的决定因素,抗争目标和诉求却很难被传播给社会公众(Boyle & Armstrong,2009;Boyle et al.,2012;Smith et al.,2001)。在具体的操作手法层面,达蒂斯(Dardis,2006)在前人研究的基础上将媒体经常采用的抗争议题处置方式总结为一整套“边缘化工具”(marginalization devices),包括展示抗争者的外貌或智力、把抗争活动描述为聚众狂欢、借力公众舆论、驳斥抗争的起因、凸显反抗争活动,等等(另见吉特林,2007:8)。这些工具中的大部分被用于塑造抗争者和抗争活动的负面形象。

三、决定媒体抗争范式的四种主要因素

媒体抗争范式的概念暗指了抗争议题报道中存在的系统性偏见,这显然与西方媒体所标榜的新闻专业主义、新闻客观性相背离。因此,探讨其形成机制和影响因素就成为该理论研究的重要组成部分。这部分内容散落在不同类型的研究当中,本文通过文献梳理对它们进行了抽取和比较。综合各个研究者的观点来看,影响媒体组织采纳和运用抗争范式的因素主要涉及四个方面,分别是政治立场、议题类型的平衡、传媒业制度结构和抗争者的行动策略。

(一)政治立场

在以美国为代表的西方国家,资本主义、自由主义和民主政治作为世俗社会的意识形态基础,实质上构成了一种“霸权文化”,并决定了西方媒体的政治保守性(林芬、赵鼎新,2008)。这一背景促成了媒介研究中的二元政治对立分析方法,也就是按照保守派或自由派的政治立场对大众媒体进行划分归类,并以此作为一种分析维度来考察媒体在政治社会结构中的作用。在抗争范式的早期研究中,陈韬文和李金铨(Chan & Lee,1984)指出了政治意识形态在媒体报道倾向中的基础性作用,后来的研究有相当一部分是沿着这一进路展开的。

迪希科(Di Cicco,2010)分析了1967—2007年美国5家主要报纸的抗争报道,发现抗争者常被描述为“讨嫌的人”,抗争活动被相应地描述为一种“公共滋扰”(public nuisance)。这种负面形象在保守派抗争者那里相对较

少，在自由派那里则更为常见，他认为这与美国日益兴盛的保守主义有关。韦弗和斯卡考（Weaver & Scacco，2013）对茶党（Tea Party）运动①的研究发现，不同政治立场的媒体对抗争范式的应用程度存在差异，自由派媒体（如 MSNBC）比保守派媒体（如 Fox News Channel）更倾向于将茶党运动边缘化。其他一些研究也采用了类似的分析方法（Lee，2014；Spyridou，2015；Tang & Lee，2014）。这些研究对陈韬文和李金铨早期的发现做出了验证和补充。

不过，也有研究者指出，采用简单的二元政治立场进行划分可能并不是最科学的做法。这种方法能够发现抗争范式的运用差异，但并不能很好地给出解释。从根本上来说，决定媒体的抗争范式的可能并非政治意识形态立场本身，而是该意识形态对国家权力的附庸关系。那些与政府立场保持一致的媒体机构更倾向于在抗争活动报道中遵循抗争范式（Shahin，Zheng，Sturm & Fadnis，2016）。但这些研究都不能否认，政治意识形态立场是影响媒体抗争范式的一个重要甚至关键的要素。

（二）媒体议题的平衡

在抗争范式的定义中，媒体对抗争运动的报道既包含了内容偏见和描述偏见，也包含了选择偏见（Smith et al.，2001；Spyridou，2015）。选择偏见是指媒体对抗争事件的选择性报道，除了出于特定的政治目的而有意营造某种媒介现实之外，主要原因之一是为了平衡新闻议题的类型和数量。贝勒（Baylor，1996）认为，美国电视媒体之所以大量“漏报”印第安人的抗争运动，一个很重要的考虑就是新闻议题的竞争（competition between stories）。毕竟，在抗争事件之外，社会上每天还有其他新闻事件发生，这些新闻事件也会吸引人们的兴趣和关注，而电视频道的容量是有限的。这一观点显然也适用于印刷媒体。

除了不予报道之外，媒体对新闻议题的平衡还表现为报道结构和总量控制（Oliver & Maney，2000）。在报道结构方面，一种常见的形式是延时报道，例如，即使在时效性上并没有技术障碍，也不在抗争活动发生的当天进

① 茶党运动的名字源于 1773 年的波士顿倾茶事件，是美国保守派人士发起的全国性社会运动。起因是对奥巴马政府经济政策的不满，2009 年运动人士举行了全国性的抗议活动。

行报道。另一种形式是对报道中的正、反内容进行比例控制,比如在一场反对立法的抗议活动进行期间,更多地报道立法活动的庆典和演讲,更少地报道抗议者的活动细节。总量控制是指对抗争类议题的报道数量人为设定一个标准,控制其在特定时间、周期内出现的频次。例如在1996年这一大选年里,美国报纸对抗争议题的报道数量明显比临近年份更少(Oliver & Maney,2000)。

这种平衡还被认为与抗争活动的进程有关。吉特林(Gitlin,1977)认为,随着抗争运动的持续推进,媒体的报道政策通常会分为三个阶段:一是传达性报道阶段,将抗争运动议题向公众传播;二是推动性报道阶段,为运动发展推波助澜;三是审查性报道阶段,媒介继续报道温和的、合法的、负责任的运动,但是规避掉具有潜在危险的部分。这样,在抗争活动发展的不同阶段,媒体报道策略表现出了不同的偏向。有研究者由此出发,考察了“占领华尔街”运动结束之后,记者和媒体对该议题及其引发的矛盾冲突所持的后续态度(Gottlieb,2015),其研究结果证明了这种阶段性。

此外,还有研究者指出了新闻生产业务活动中的一些影响因素,包括新闻采集工作常规(如新闻采集结构、截稿时间压力)、新闻的市场价值(重大、离奇、文化共鸣)以及经济束缚(如牵涉到广告客户)等(Mccarthy,Mcphail & Smith,1996),但相对于媒体对议题多样性和数量的控制来说,这些并不起主导作用。

(三)传媒业的体制结构

麦克劳德等研究者在他们最早的媒体抗争范式研究中,使用了“主流”和“另类”的媒体划分方式,通过对比分析考察它们在抗争报道中的差异。他们发现,主流媒体和另类媒体对同一个抗争事件的报道侧重于不同的方面,从而建构出不同的媒介形象;主流媒体出于对社会现状的维持,在它们的新闻报道中明显地表现出抗争范式。他们认为,媒体机构的体制性身份(institutional status)是造成这种差异的最重要原因(Hertog & Mcleod,1995;Mcleod & Hertog,1992)。这为后来的研究指出了一个方向。

在美国,大部分(74%)抗争者不信任主流媒体,认为它们对政治民主和社会正义存在威胁(Harlow & Harp,2013)。[①] 而另类媒体(alternative media),或被称为替代性媒体或非主流媒体,则致力于呈现主流商业媒体不予报道或忽视的事件、声音及观点,为边缘群体提供发表意见的平台(罗慧,2010)。在这个意义上,社会运动学家道宁(Downing,2000)更倾向于使用激进媒体(radical media)来指代另类媒体的概念,他认为激进媒体是"社会运动的媒体",它们是非主流的、反霸权的,传播更多的信息并致力于推动社会变迁。

在"主流—另类"的传媒体制结构之下,当抗争群体被边缘化、被剥夺了进入主流媒体平台的通路时,他们自然地转而诉诸另类媒体,通过寻求代言媒体、独立媒体或公共论坛创造他们自己的"异见市场"(dissident market),以此对抗主流媒体的抗争范式所导致的负面形象(Kessler,1984;Padovani,2010)。鲁赫特(Rucht,2004)将此总结为抗争群体应对主流媒体偏见性报道的四种策略之一,这也是唯一一种主动而不是被动传播自身诉求的方式。[②]

总的来看,规模相对较小的、非商业化运营的另类媒体与规模更大的、成熟的商业化运营的主流媒体相对照,共同阐释了传媒业的体制结构对抗争报道倾向的影响。这构成了一种结构性分析框架。这种框架可能存在的疏漏是忽略了新闻从业者的个人影响,因为记者无论是作为个人还是职业群体的一员,理论上都有可能通过他们个人的业务行为突破媒体组织的抗争范式,对社会抗争活动进行更无偏见的报道,乃至表达同情和支持。但实际上,有研究者已经指出,这种情况的出现必须得到媒体组织的认可和推动,包括政治方面和经济方面(Tenenboim - Weinblatt,2014),离开了这个前提,记者个人就不可能有什么作为。而媒体组织和传媒业的政治立场、议题控制和体制结构都决定了这个前提几乎不可能实现。

---

① 最早由瓦隆、罗斯和莱珀提出的"敌意媒体效应"理论为此现象提供了部分解释。该理论认为,持先行立场者往往认为媒介报道对己方持有偏见,却支持对手的观点,即使这些报道表面看来是中立的(Vallone,Ross & Lepper,1985;转引自夏倩芳、原永涛,2017)。关于该理论的研究综述参见佩罗夫(Perloff,2015)、周树华和闫岩(2012)。

② 另外三种是消极应对策略,分别是摒弃(拒绝主流媒体的报道)、攻击(与主流媒体的偏见展开论战)和适应(消极忍耐)。

(四)抗争者的"表演"策略

在20世纪60年代,利普斯基(Lipsky,1968)将社会抗争视为一种政治资源和政治过程;90年代,甘姆森和沃弗尔德(Gamson & Wolfsfeld,1993)指出社会运动与新闻媒体构成了一个社会互动系统;近年来,又有研究者认为,媒体、行动群体和抗争目标是三位一体的关系(Lee,2014;Oliver & Maney,2000)。这些论断的提出有其各自的研究背景和语境,讨论的问题焦点也不尽相同,但是都支持了同一个判断,即社会抗争运动的推进必须借助于媒体的传播,以便赢得社会关注、扩大影响力、与潜在支持者沟通以及确立行动的合法性。除此之外,抗争者还需要从主流媒体的报道中读取自身的媒介形象,对行动和经验进行反思(Ryan,1991),这构成了抗争群体依赖媒体的另一个原因。无论从哪一个角度来说,策略性地利用媒体报道、促使其向着有利于抗争行动的方向发展,都是抗争者的工作内容之一。

社会抗争活动可分为抗争目标(主题)和抗争策略两个方面,但这两个方面对媒体报道策略的影响并不对等。波义耳等(Boyle & Armstrong,2009;Boyle et al.,2012)认为,媒体抗争范式的激活和运用,很大程度上取决于抗争群体的策略,它远比抗争目标更能影响媒体的报道。因此,为了达到媒介化、焦点化的目标,抗争者常常有意做出一些过激举动,为媒体提供报道素材,甚至将此作为一种交易(Gamson,1975)。国内学者黄振辉(2011)把这种以吸引关注为目的的"戏剧性"抗争策略的运用称为"表演式抗争",以区别于欧博文和李连江的"依法抗争"理论(Obrien,1996;Obrien & Lee,2006)以及其他一些解释机制。

显然,抗争者通过上演非常规的、冲突性的、戏剧性的抗争活动来争取媒体的关注,这种做法客观上迎合了媒体对"新闻价值"的需要。但是,这种行动策略的结果却可能适得其反,使得媒体更加关注抗争行动的"情节"而忽视了抗争主题,从而激活媒体抗争范式。例如,使用暴力手段制造冲突是媒介化策略之一,但贝勒(1996)在美国印第安人抗争运动研究中发现,这种做法风险很大;如果抗争运动传达了一个不被认可的文化框架,那就更不可能得到媒体的支持性报道。这一发现在其他研究中得到了进一步的确认(Boyle,Mccluskey,Devanathan,Stein & Mcleod,2004;Lee,2014)。概言之,当抗争者采用激进策略时,媒体抗争范式更容易出现;抗争策略越激进、偏离社会常规的程度越明显,新闻报道越趋向情节化,抗争范式也就越明显。

上文梳理了媒体组织是否以及多大程度上采纳抗争范式的四种主要的决定性因素。这些因素已经由不同研究者使用不同方法给出了不同程度的验证。但是在社会科学的因果关系和相关关系上,实践总是更复杂一些。赫托格和麦克劳德(Hertog & Mcleod,1995)在20世纪90年代就已经指出,媒体抗争报道的分析框架应该包括个人层面、报道类型层面、组织结构层面、传媒层面和制度层面,需要综合、立体地进行考察。除了由上述四种因素所决定,还有研究发现了其他一些影响媒体对抗争范式的运用的方面,例如在抗争报道的初期阶段,记者的个人境况(如职级和收入水平、世界观、专业素养)发挥着相当大的作用(Tenenboim - Weinblatt,2014);有时候仅仅是抗争活动发生的地点也能影响到媒体的报道决策(Baylor,1996;Boyle et al.,2012)。另外,在这些研究工作中还可能存在研究方法造成的干扰。休梅克(Shoemaker,1984)在研究媒体与政治异见群体的关系时采用了问卷调查法,但她所访问的报纸编辑可能并未直接负责相关抗争报道,因而自变量和因变量之间并不精确相关。韦恩布拉特等研究者使用深度访谈法(Tenenboim - Weinblatt,2014;黄煜、曾繁旭,2011),避免了新闻文本分析对个体主观性的忽视,但容易造成制度性因素分析的缺位。在吉特林(2007)对新左派学生运动的研究中,由于他本人是运动的参与者,所以这可能影响了其研究结论的价值中立性。所有这些次要影响因素和方法问题还需要进一步讨论。

四、媒体抗争范式的微观和宏观后果

媒体对社会抗争活动的关注能产生何种效果,很大程度上取决于媒体的报道如何架构抗争议题,或者说抗争活动向公众展示出怎样的媒介化形象(Baylor,1996)。抗争范式的概念反映出媒体(特别是主流媒体)对社会抗争活动所持有的一种批评性立场,基于这一立场的媒体报道对抗争活动的发展造成了多种不利影响。针对这些影响的讨论分别采用了微观和宏观视角,前者考察媒体报道对抗争活动本身的压制作用,后者从社会结构和政治权力角度展开分析,探讨媒体抗争范式在宏观层面上可能带来的政治社会后果。综合来看,这些讨论可分为以下三个方面。

(一)淡化抗争目标,瓦解公众同情

在微观层面,研究者们主要通过考察媒体报道的侧重点来分析抗争范式对抗争活动的影响。社会抗争活动由抗争目标(主题)和抗争策略组成,前者可能是维持社会现状、要求温和改革或者激进的社会变迁,后者是指抗争群体为达到目标所采取的行动(Boyle & Armstrong,2009)。在理想状态下,媒体通过"主题式"报道传播抗争目标,通过"情节式"报道描绘行动策略,辅以多样化、价值中立的叙事手法,最终实现新闻的客观性。但在实践操作中,当不掌握权力的社会边缘群体不得不通过抗争活动争取媒体关注时,这些关注却通常并不聚焦于他们的社会批判主张(Carragee,1991),而是更多着眼于抗争行动本身,尤其是暴力和冲突部分(Boyle & Armstrong,2009;Boyle et al. ,2012)。

研究者们之所以强调这一点,是因为媒体的描述对抗争活动的发展非常重要。来自媒体的最细微的报道差异也可能导致显著的认知偏差,相当大程度上决定了公众对于抗争群体、抗争理念以及抗争引发的社会冲突的看法(Mcleod,1995)。媒体将抗争者及其活动建构为"社会脱轨"或"公共滋扰",本质上是剥夺了其行动合法性;即使那些不带有明显批评性的报道,例如将街头抗议叙述为"狂欢节表演"(Mcfarlane & Hay,2003),也能导致公众对抗争行动的负面评价。媒体的这些工作冲淡了抗争的主题和目标,将抗争边缘化甚至妖魔化,最终破坏了抗争活动赖以生存和继续推进的根基。

不过,这些讨论主要关注新闻报道的单向度效果,体现了一种媒介中心主义的视角,忽视了受众的主观能动性。在抗争范式研究领域,公众的主观能动性表现为既有政治倾向和对社会现状的支持水平,二者作为调节变量影响媒体抗争范式的效果。有研究者指出,那些热衷于政治、认为抗争活动有益于民主参与的人,更倾向于同情抗争者并批评事件中的警察,而不是轻易受到媒体抗争范式的影响(Mcleod,1995);公众对社会现状的支持水平与他们对抗争活动的评价之间存在线性反比关系:越是认可社会现状,就越倾向于批评抗争者,不支持他们的诉求,并低估抗争活动的意义(Mcleod & Detenber,1999)。这些观点与传播学研究中的“有限效果论”取得了内在的联系,突破了媒介中心主义的束缚,从受众角度研究抗争范式的效果,但这类研究目前还不够丰富。

(二)打压社会“异端”,维护政治威权

在美国等西方国家,媒体总是代表着现有权力结构的利益(Altschull,1984;Herman & Chomsky,2010),倾向于保卫而不是挑战社会现状(Tichenor,Donohue & Olien,1980)。在20世纪90年代,多诺霍等(Donohue,Tichenor & Olien,1995)提出“警卫狗”(guard dog)概念,认为它比“看门狗”(watchdog)更能准确地诠释新闻媒体对权威的维护:警卫狗媒体扮演着哨兵的角色,但它并不将全社会视为一个整体,而是专门服务于那些掌握权力、能创造和控制其自身安全系统的群体;它永远对所有潜在入侵者保持警觉,时不时地向权力机构发出警示;社会冲突虽然会被报道,但仅限于特定情势下的特定议题和特定报道方式。这一概念的价值在于,它尖锐地指出新闻业在政治和权力结构中是积极主动而不是消极被动地发挥作用,媒体不单是对社会运动冷眼旁观,还会跳出来运用话语权力实施干预。

在这一背景下,抗争范式研究认为,新闻媒体致力于维护现有的政治权力结构和社会现状,在抗争报道中从三个方面对社会“异端”进行打压。第一,通过调和性报道框架将社会抗争常态化(routinization)或正常化(normalization),削减它们的影响范围和社会冲击力(Oliver & Maney,2000)。例如在抗议游行报道中,更少展示警察对抗议群体的压制和双方之间的对抗,更多强调协商过程和社会秩序,把抗争活动建构为一种社会常规现象。第二,通过将抗争活动边缘化,打击公众对抗争活动的兴趣,从而抑制更多的批判性社会运动的发展(Mcleod & Hertog,1992)。第三,通过报道社会冷漠、反复强化大众的无力感(senseof powerlessness),暗示抗争活动并不能有效对抗经济和政治强权,进而压制公众社区的形成和公民社会的发展(Nicodemus,2004)。

尤其需要注意的是,抗争范式并不是媒体日常生产活动中显在的制度规程,它对社会现状和政治威权的维护,嵌入在媒体的新闻生产业务当中并通过新闻文本体现出来,但这通常是在记者、编辑等新闻生产者没有明确意

识到的情况下发生的(Shoemaker & Reese,1996)。退一步说,即使媒体生产者意识到抗争范式的存在,并采取措施与之对抗,可能也并没有什么实际的意义。在欧美国家,另类媒体的社会影响力相对弱小;主流媒体主要还是以市场化机制运营,它们即使支持抗争者的立场,甚至能够起到一定的社会动员作用,但新闻叙事总体上仍然表现为精英导向、情节化、故事化,缺少深度分析和有效的政策建议(Spyridou,2015)。

(三)塑造群体偏见,加剧社会割裂

在吉特林对美国20世纪60年代学生运动的研究中,媒体多次使用诸如激进分子、极端恐怖分子、乌合之众、暴民等措辞来描述学生运动群体(2007:132－141),甚至那些同情学生运动的媒体内部人士,也被视为"制造麻烦的人"或者"挑衅的嬉皮派"(2007:56)。在媒体抗争范式的早期研究中,麦克劳德和赫托格(Mcleod & Hertog,1992)也发现,主流媒体报道抗争活动时常常将抗争者渲染为越轨者,虽然他们与大部分社会公众持有很多共同观点,但媒体却更多地捕捉抗争活动中"不正常"的部分,重点报道极端表现和行为。这个过程不但塑造了抗争者的负面形象,而且把他们从普通公众中隔离出来。

后来有更多研究者通过新闻报道的文本分析注意到了这一点。迪希科(Di Cicco,2010)抽取了美国5家主要报纸共40年的抗争报道样本,分析发现,抗争者总体上被描述为"讨嫌的人",他们的抗争活动打扰了人们的日常生活,而且既无效用又不爱国;麦克拉斯基等(Mccluskey, Stein, Boyle, & Mcleod,2009)调查了威斯康辛州4份报纸同样长达40年的抗争报道,发现抗争者通常被刻画为"样貌古怪的异端违法者",他们毫无来由地制造麻烦;韦弗和斯卡考(Weaver & Scacco,2013)对MSNBC、CNN、Associated Press、Fox News的研究也表明,这些媒体机构关于美国茶党运动的报道中,有65%的报道将参与者描述为"白痴",其特征包括态度不严肃、政治立场极端、智识匮乏以及思考问题不成熟。

这些研究把媒体对抗争群体的负面描述作为媒体抗争范式的显在表现之一,认为媒体的这种态度和做法,客观上起到了将抗争群体妖魔化和边缘化的效果。在不同类型的抗争活动中,这些负面的媒介化形象所强调的角度存在一定差异,有些抗争被蔑视为闹剧表演,而某些抗争者则被激烈地指责为暴徒。这些形形色色的"媒介绘像"至少造成了两种后果:一是塑造了公众对抗争群体的偏见,将其与主流意识形态割裂甚至对立起来,切断了抗争者与社会公众的文化认同和情感共鸣,加剧了社会分化;二是在各个抗争群体之间制造了分裂,瓦解了他们的内部阵营,使得他们虽然同为"社会异见人士",彼此之间却不能团结起来建立统一战线。这两种后果破坏了卡斯特(Castells,2010:8 – 10)①所说的社会边缘群体的"抵抗认同"和"事业认同",相应地促进了社会支配阶层的"合法化认同"。长远来看,这将造成一种恶性循环,催生更多的社会冲突和对抗。

五、讨论:抗争范式、框架分析与网络媒体

在以上分析之外,为了更深入、全面地理解媒体抗争范式,还需要讨论两个方面的内容:一是框架理论,二是网络媒体。媒介话语分析中的框架理论与媒体抗争范式有着概念上的相似性,对二者关系的辨析有利于进一步澄清抗争范式的研究取向。网络媒体是"另类媒体"的一种特殊形式,虽然目前的针对性研究尚且不多,但已经比较清晰地呈现出独特的"反抗争范式",是未来研究中值得关注的特征。

(一)抗争范式与框架分析

框架分析现已成为传播学研究的核心关注点之一,但它并非起源于传播学(潘忠党,2006)。早期的研究主要关注心理认知机制和个人经验的组织管理(Goffman, 1974; Kahneman & Tversky, 1984; Tversky & Kahneman, 1981),在 20 世纪 80 年代被广泛运用于社会运动和集体行动分析(Snow,

---

① 曼纽尔·卡斯特将社会行动者的集体认同区分为合法化认同(legitimizing identity)、抵抗认同(resistance identity)和事业认同(project identity)。合法化认同被社会主导集团所运用,用以拓展和合理化他们对社会行动者的支配;抵抗认同发生于那些处在社会边缘地位、被污名化的社会行动者当中,他们持有不同于社会主流的政见和原则,通过抵抗认同建立抗争阵线、反对压迫。事业认同是在社会行动者共同推进某项社会运动事业(比如妇女解放运动)的过程中建立起来的,以此来重新定义他们的社会位置,寻求整个社会结构的改造。

Worden, Rochford & Benford, 1986)。把框架分析引入媒介研究,或者说在媒介研究中注意到框架理论的强大解释力,其依据在于媒介话语在现实认知中的建构作用。按照恩特曼(Entman, 1993)的经典定义,框架本质上是一种选择和凸显的过程,人们从感知的事实中选取若干片段,将它们在传播文本中凸显,以这种方式促成问题的定义、因果解释、道德评估以及处理建议。简言之,框架理论提供了一种解释媒介话语权力的方式。

首先,从功能角度来说,传播框架能够决定人们对某个议题是否注意、如何理解和记忆、如何评估以及做出何种反应(Entman, 1993),在这一点上与媒体抗争范式具有高度相似性。在现有的抗争范式研究中,研究者们也的确注意到了这一点。麦克劳德和赫托格(Mcleod & Hertog, 1998)把抗争范式解释为一种特定的媒体报道框架;韦弗和斯卡考(Weaver & Scacco, 2013)更是直接使用了"抗争范式框架"(protest paradigm frames)的措辞来描述二者的关系:抗争范式是媒介研究者所搭建的一种框架,用以系统地理解新闻媒体经常使用的某些将抗争非法化、边缘化的框架手法。

但是,这些阐述仅说明了框架理论和抗争范式之间的共性和内在联系,却没有讨论它们的区别。在基本词义上,牛津词典对范式(paradigm)的解释是"一种奠定某个科学领域之理论和方法基础的世界观"①。换言之,媒体报道范式本质上是一种媒体意识形态,它具有先行性、抽象性、弥散性的特点,但并不直接规定媒体生产常规。相比之下,媒体报道框架更强调新闻生产中的实操性,比如用"国家主权"概念架构塞浦路斯抗议欧盟救助协议的示威游行(Spyridou, 2015)。可以说,媒体报道范式是媒体框架的先行基础,媒体框架的运用是媒体报道范式的具体表达。

其次,作为一种意识形态,媒体抗争范式在政治立场和传媒业体制结构的影响下具有相对稳定性,但新闻框架则是可变的。框架的本质是通过改变新闻文本来凸显议题的某个方面(Entman, 1993),而抗争议题由于其自身的冲突、对抗属性,通常会发展出多个新闻敏感点。因此,为了保持新闻叙事的鲜活性,媒体报道的框架很可能被调整,即所谓的"框架变换"(Chyi &

① 范式(paradigm)词条[EB/OL].[2017-05-28](2017-09-16). https://en.oxforddictionaries.com/definition/paradigm.

Mccombs,2004)。例如在塞浦路斯示威游行报道中,仅《希族塞人日报》(*Simerini*)就先后使用了“国家主权”“闹剧”“徒劳”“越轨”“宿命”等5种框架(Spyridou,2015)。还有研究者进一步提出“抗争新闻框架周期”的概念(Gottlieb,2015),用来阐释抗争者的行动策略、媒介策略的时序变化对媒体报道口径所造成的影响。

最后,在这两个概念的应用研究中,研究者的分析路径也不尽相同。框架研究是一种“表现型”(representational)研究,主要以媒体的报道文本为素材,考察议题被选择、凸显的视角及其呈现方式,本质上是议题取向的;抗争范式研究则是一种权力结构取向的“关系型”(relational)研究,重点关注媒体的报道理念,分析抗争报道的生发链条在上游与哪些因素有关、在下游造成何种社会后果,所使用的分析材料除了新闻文本之外,还需考察从业者的价值认同、专业主义素养,以及基于传播政治经济学角度的传媒业的制度化、结构化因素。总的来看,框架研究视野相对狭窄,往往被化约为媒介效果研究(Carragee & Roefs,2004),而抗争范式研究则被置于(或应被置于)更广阔的政治和社会权力结构之下,弥补了这种不足。

(二)网络媒体的“反抗争范式”

从世界主要国家的传媒产业结构来看,尽管全球已经进入网络时代,但“主流—另类”的媒体归类方式依然适用,现有的媒体抗争范式研究也将网络媒体作为主流媒体的对立面来进行对比讨论。另类媒体作为激进媒体和“社会运动的媒体”(Downing,2000),天然地具有反体制、反现状、倡导社会变迁的气质;网络媒体作为其中的一个组成部分,在理论上继承了这一特点,在实践表现中也确实扮演了“反抗争范式”的角色。

一个代表性的研究来自哈洛和约翰逊(Harlow & Johnson,2011)。他们以《纽约时报》、Twitter 和 Global Voices 网站①对埃及革命的报道为例,考察主流媒体的抗争范式是否会在网络社交媒体中复现。结果表明,作为传统主流媒体的《纽约时报》不出意料地运用了抗争范式,在表面客观的报道中

① Twitter 上的样本数据来自《纽约时报》记者 Nick Kristof 发表的推文;Global Voices 是一个由全球各地的博客作者和翻译者组成的在线新闻社区。

铺陈冲突场景、引用官方话语、贬低抗争的意义;作为新媒体的 Twitter 和 Global Voices 网站,却以评论者、分析者甚至行动者的身份,对抗争者及其行动进行了合法化处理。

网络媒体能对主流媒体构成冲击,是因为它挑战了主流媒体的象征性力量(李立峯,2009)。在社会抗争信息传播中,网络媒体的“反抗争范式”特性对这一观点做出了注解。同时,抗争者们也敏锐地意识到了这一点。哈洛和哈普(Harlow & Harp,2013)的研究显示,主流媒体对抗争范式的运用,导致抗争者认为它们威胁了政治民主,进而坚信网络媒体应该扮演主流世界之外的另类(alternative)公共空间,在抗争运动中发挥作用;虽然存在数字鸿沟,并且担心商业企业对互联网的操纵,但抗争者依然坚持这一信念,依靠互联网保持信息联系、开展抗争活动。

至于利用互联网实施抗争的具体策略,欧文斯和帕尔默(Owens & Palmer,2003)给出了比较详细的描述。在互联网时代,抗争者秉承了“若要被尊重,先要被认知”的原则,他们并不担心自身的公共破坏行为会导致负面媒介形象,反而通过这些“劣迹”来制造媒介曝光机会。在获得社会关注之后,他们的网站就会作为抗争活动的权威信源而吸引到公众的访问,借此向社会传播抗争主题和诉求——在这个过程中,他们之前的负面形象被逐渐扭转,观点也得到了广泛的传播。在最近的一项研究中,西班牙学者卡塞罗·雷普耶(Casero - Ripollés,2017)也注意到,网络抗争者一方面将传统媒体视为“可以影响的资源”(sources to be influenced),不放弃与它们的持续联系,另一方面又突破媒体新闻政策,拒不接受其中的游戏规则。在执行策略上,抗争群体运用“去个人化”“反常规机制”“空间换位”等三种方式建立和管理与传统媒体之间的关系。雷普耶将这一现象称为“媒介化的反转”(overturn of mediatization),意指抗争群体掌控了媒介形象塑造中的主动权。

总的来看,互联网改变了抗争范式视域下主流媒体和另类媒体之间的话语权力关系。过去,激进的社会运动在媒体问题上面临两难的处境:如果通过主流大众媒体传播,就会失去对自身形象的控制权;如果选择另类媒体,又会因其较弱的传播能力而影响信息向公众传递。互联网的出现解决了这个难题,它允许抗争者创建自己的传播介质,同时又能够实现有效的信息扩散(Owens & Palmer,2003)。在未来,这将激励社会抗争群体更多地诉诸互联网平台,将抗争活动的主要阵地从线下逐渐转移至线上,或者至少保持线下与线上同步。由此,网络媒体在社会和政治运动中的作用将进一步凸显。

结语

"如果写一本书来描述现代抗争者的经历,却不讨论媒体如何介入抗争过程,这可能吗?"甘姆森在《社会抗争的策略》(*The Strategy of Social Protest*,1974)一书出版15年后提出了这个问题。《社会抗争的策略》一书纵览了1800—1945年美国社会抗争群体的际遇,但其中并没有关于媒体作用的系统性讨论。15年后甘姆森(Gamson,1989)反思道:"今天,抗争者所经历的每一个方面都潜在或显在地受到媒体的影响……媒体戏剧性地改变了冲突的范围,放大了受众的作用,吸引了潜在第三方的介入……抗争者被投入了一场意义(meaning)之战。"①

作为社会权力系统的一个组成部分,大众媒体,特别是主流媒体如何看待集体行动和社会运动?它们对社会抗争活动的报道是否存在偏见以及存在何种偏见?是什么决定着它们处理抗争报道的导向?会导致何种政治与社会后果?对于这些问题,媒体抗争范式理论给出了一个有用的分析视角。本文沿着这些问题的脉络,对现有研究文献进行了回顾和述评,从中梳理出媒体抗争范式的概念、影响因素、社会后果以及它与框架理论之间的关系。抗争范式是以社会抗争事件的新闻报道为依托,描述媒体与抗争群体之间关系的一个统摄性概念,是理解二者关系的核心。在这一新闻范式的指引下,媒体采用情节化、对抗化、去主题化、污名化以及贬低抗争意义等手段,将抗争群体和抗争活动刻画为社会异端或公共滋扰行为,从而将其排斥在社会主流政治、文化价值观之外,以此来维护社会现状,巩固现存统治威权的地位。这在主流媒体机构中表现得尤为明显。

---

① 在1992年出版的《谈论政治》一书中,甘姆森对大众媒体在集体行动中的影响进行了深入的讨论。

到目前为止,媒体抗争范式的研究主要集中于分析媒体报道策略、验证理论判断。在未来,这一视角下的媒介研究还有着更广阔的开展空间。其一是将抗争范式视为一种潜在的、弥散性的媒体意识形态,①通过考察抽象的意识形态与具体的新闻实操业务之间的互动关系来分析新闻业在社会运行中的张力。其二,以“主流—另类”媒体的二元对立结构为框架,在新媒体环境中研究社交媒体、自媒体在抗争报道中的作用;在手机媒体发展的今天,还需要研究网络人际传播的影响。这类研究对于理解冲突议题传播的机会结构和国家传媒体制结构(夏倩芳、袁光锋,2014)具有重要参考意义。其三,媒体抗争范式概念有助于抗争群体更好地理解媒介对他们的偏见,进而可能激发抗争者发展出新的媒介化策略,甚至形成与媒介之间的“互激模式”(黄煜、曾繁旭,2011)。这为抗争话语分析和媒介化抗争研究提供了新的角度。其四,“范式”的概念表明了一种媒介“习惯”,一种基于集体化生产和固有思想的“快速思维”(布尔迪厄,2011:27-37)。媒体采用它们最熟悉的,同时也最容易被观众理解的框架来报道抗争议题,这种机制有可能造成信息“回音壁”,进而促成公众对社会抗争的认知极化(夏倩芳、原永涛,2017)。这些理论之间的关联性还有待进一步探讨。

参考文献

ALTSCHULL J H. Agents of power:the role of the news media in human affairs [M]. Londen: Longman Publishing Group,1984.

BAYLOR T. Media framing of movement protest:the case of American Indian protest[J]. Social science journal,1996,33(3).

BOYLE M P, Armstrong C L. Measuring level of deviance:considering the distinct influence of goals and tactics on news treatment of abortion protests[J]. Atlantic journal of communication,2009,17(4).

BOYLE M P,MCCLDSKEY M R,DEVANATHANN N,et al. The influence of level of deviance and protest type on coverage of social protest in Wisconsin from 1960 to 1999[J]. Mass

① 这里的“意识形态”概念采纳了卡尔·曼海姆的观点。他将意识形态定义为统治集团的集体无意识,统治集团通过这种集体无意识引导思想的倾向,无视或遮掩不符合其利益的社会状况。见曼海姆(2000:39-41)。

communication & society,2004,7(1).

BOYLE M P,MCLEOD D M,ARMSTRONG C L. Adherence to the protest paradigm:the influence of protest goals and tactics on news coverage in US and international newspapers[J]. International journal of press – politics,2012,17(2).

CARRAGEE K M. News and ideology:an analysis of coverage of the West German Green Party by the New York Times[J]. Journalism monographs,1991,128.

CARRAGEE K M,ROEFS W. The neglect of power in recent framing research[J]. Journal of communication,2004,54(2).

CASERO – RIPOLLÉS A. The relationship between mainstream media and political activism in the digital environment:new forms for managing political communication[M]// FREIRE F C, FERNANDEZ AM, ARAUJO X R ,et al.. Media and metamedia management. Cham, Switzerland:Springer,2017.

CASTELLS M. The power of identity:2nd ed[M]. Malden,MA:Wiley – Blackwell,2010.

CHAN J M,LEE C. The journalistic paradigm on civil protests:a case study of Hong Kong [M]//ARNOA, DISSANAYAKE W. The news media in national and international conflict. Boulder,CO:Westview,1984.

CHYI H I,MCCOMBS M. Media salience and the process of framing:coverage of the columbine school shootings[J]. Journalism & mass communication quarterly,2004,81(1).

DARDIS F E. Marginalization devices in US press coverage of Iraq war protest:a content analysis[J]. Mass communication & society,2006,9(2).

DI CICCO D T. The public nuisance paradigm:changes in mass media coverage of political protest since the 1960s[J]. Journalism & mass communication quarterly,2010,87(1).

DONOHUE G A,TICHENR P J,OLIEN C N. A guard dog perspective on the role of media [J]. Journal of communication,1995,45(2).

DOWNING J D. Radical media:Rebellious communication and social movements[M]. Los Angeles:Sage,2000.

ENTMAN R M. Framing:toward clarification of a fractured paradigm[J]. Journal of communication,1993,43(4).

FISHMAN M. Manufacturing the news[M]. Austin:University of Texas Press,1980.

GAMSON W A. The strategy of social protest [M]. Homewood,Ill. :Dorsey Press,1975.

GAMSON W A. Reflection on the strategy of social protest[J]. Sociological forum,1989,4(3).

GAMSON W A. Talking politics[M]. Cambridge England:Cambridge University Press,1992.

GAMSON W A. WOLFSFELD G. Movements and media as interacting systems[J]. Annals of the American academy of political and social science,1993,528.

GITLIN T. Spotlights and shadows:television and the culture of politics[J]. College English, 1977,38(8).

GITLIN T. The whole world is watching:mass media in the making and unmaking of the new left[M]. Berkeley:University of California Press,1980.

GOFFMAN E. Frame analysis:an essay on the organization of experience[M]. Boston:Harvard University Press,1974.

GOTTLIEB J. Protest news framing cycle:how the New York Times covered Occupy Wall Street [J]. International journal of communication,2015,9.

HARLOW S,HARP D. Alternative media in a digital era:comparing news and information use among activists in the United States and Latin America[J]. Communication and society, 2013,26.

HARLOW S,JOHNSON T J. Overthrowing the protest paradigm? how The New York Times, Global Voices and Twitter covered the Egyptian Revolution[J]. International journal of communication,2011,5.

HERMAN E S,Chomsky N. Manufacturing consent:the political economy of the mass media [M]. New York:Random House,2010.

HERTOG J K,MCLEOD D M. Anarchists wreak havoc in downtown Minneapolis:a multi – level study of media coverage of radical protest[J]. Journalism monographs, 1995 (151).

IYENGAR S. Is anyone responsible?:how television frames political issues[M]. Chicago:University of Chicago Press, 1991.

KAHNEMAN D,TVERSKY A. Choices,values,and frames[J]. American psychologist,1984, 39(4).

KESSLER L. The dissident press:alternative journalism in American history[M]. Beverly Hills,CA.:Sage publications,1984.

KLANDERMANS B. The social psychology of protest[M]. Oxford, UK: Blackwell Publishers,1997.

LEE F L. Triggering the protest paradigm:examining factors affecting news coverage of protests [J]. International journal of communication,2014,8.

LIPSKY M. Protest as a political resources[J]. American political science review,1968,62(4).

MCCARTHY J D. MCPHAIL C. SMITH J. Images of protest: dimensions of selection bias in media coverage of Washington demonstrations, 1982 and 1991[J]. American sociological review, 1996, 61(3).

MCCLUSKEY M, STEIN S E, BOYLE M P, MCLEOD D M. Community structure and social protest: influences on newspaper coverage[J]. Mass communication and society, 2009, 12(3).

MCFARLANE T, HAY I. The battle for seattle: protest and popular geopolitics in the Australian newspaper[J]. Political geography, 2003, 22(2).

MCLEOD D M. Communicating deviance: the effects of television – news coverage of social Protest[J]. Journal of broadcasting & electronic media, 1995, 39(1).

MCLEOD D M. News coverage and social protest: how the media's protect paradigm exacerbates social conflict[J]. Journal of dispute resolution, 1999.

MCLEOD D M. Detenber B H. Framing effects of television news coverage of social protest [J]. Journal of communication, 1999, 49(3).

MCLEOD D M, Hertog J K. The manufacture of public opinion by reporters: informal cues for public perceptions of protest groups[J]. Discourse & society, 1992, 3(3).

MCLEOD D M, Hertog J K. Social control and the mass media's role in the regulation of protest group: the communicative acts perspective[M]// D. Demers & K. Viswanath (Eds.) Mass media, social control and social change. Ames: Iowa State University Press. 1998.

NICODEMUS D M. Mobilizing information: local news and the formation of a viable political community[J]. Political communication, 2004, 21(2).

O'BRIEN K J. Rightful resistance[J]. World politics, 1996, 49(1).

O'BRIEN K J, LI L. Rightful resistance in rural China[M]. Cambridge; New York: Cambridge University Press, 2006.

OLIVER P E, MANEY G M. Political processes and local newspaper coverage of protest events: from selection bias to triadic interactions[J]. American journal of sociology, 2000, 106(2).

OWENS L, PALMER L K. Making the news: Anarchist counter – public relations on the World Wide Web[J]. Critical studies in media communication, 2003, 20(4).

PADOVANI C. Citizens' communication and the 2009 G8 Summit in L'Aquila, Italy[J] International journal of communication, 2003, 4.

PERLOFF R M. A Three – decade retrospective on the hostile media effect[J]. mass communication and society, 2015, 18(6).

RUCHT D. The quadruple 'A': media strategies of protest movements since the 1960s[M]//

DONK W V D ,LOAUER B D, NIXON P G, RUCHT D. Cyberprotest:New media,citizens and social movements. London:Routledge,2004.

RYAN C. Prime time activism :media strategies for grassroots organizing (1st ed.) [M]. Boston,MA:South End Press, 1991.

SHAHIN S,ZHENG P,STURM,H A,FADNIS D. Protesting the paradigm:a comparative study of news coverage of protests in Brazil,China,and India[J]. International journal of press - politics,2016,21(2).

SHOEMAKER P J. Media treatment of deviant political groups [J]. Journalism quarterly, 1984,61(1).

SHOEMAKER P J,REESE S D. Mediating the message:theories of influences on mass media content (2nd ed)[M]. London: Longman,1996.

SMITH J,MCCARTHY J D,MCPHAIL C,AUGUSTYN B. From protest to agenda building:description bias in media coverage of protest events in Washington,DC[J]. Social forces, 2001,79(4).

SNOW D A,WORDEN S K,ROCHFORD E B,BENFORD R D. Frame alignment processes, micromobilization,and movement participation[J]. American sociological review,1986,51 (4).

SPYRIDOU L P. Producing protest news:representations of contentious collective actions in mainstream print media[J]. The cyprus review,2015,27(1).

TANG G,LEE F L. Hong Kong journalists' attitude towards social protests:a belief system perspective[J]. Media Asia,2014,41(1).

TARROW S G. Power in movement :social movements and contentious politics (2nd ed.) [M]. Cambridge England;New York:Cambridge University Press,1998.

TENENBOIM-WEINBLATT K. Producing protest news:an Inquiry into journalists' narratives [J]. International journal of press-politics,2014,19(4).

TICHENOR P J,DONOHUE G A,OLIEN C N. Community conflict and the press[M]. Beverly Hills,Calif. :Sage Publications,1980.

TUCHMAN G. Making news:a study in the construction of reality[M]. New York:Free Press, 1978.

TVERSKY A,KAHNEMAN D. The framing of decisions and the psychology of choice[J]. Science,1981,211(4481).

VALLONE R P,ROSS L,LEPPER M R. The hostile media phenomenon:biased perception and perceptions of media bias in coverage of the beirut massacre[J]. Journal of personality and social psychology,1985,49(3).

WEAVER D A,SCACCO J M. Revisiting the protest paradigm:the Tea Party as filtered through Prime-Time Cable News[J]. International journal of press-politics,2013,18(1).

白红义. 环境抗争报道的新闻范式研究——以三起邻避冲突事件为例[J]. 现代传播,2014(1).

布尔迪厄. 关于电视[M]. 许钧,译. 南京:南京大学出版社,2011.

黄振辉. 表演式抗争:景观、挑战与发生机理——基于珠江三角洲典型案例研究[J]. 开放时代,2011(2).

黄煜, 曾繁旭. 从以邻为壑到政策倡导:中国媒体与社会抗争的互激模式[J]. 新闻学研究,2011(109).

吉特林. 新左派运动的媒介镜像[M]. 张锐,译. 北京:华夏出版社,2007.

李立峯. 范式订定事件与事件常规化:以 YOUTUBE 为例分析香港报章与新媒体的关系[J]. 传播与社会学刊,2009(9).

林芬,赵鼎新. 霸权文化缺失下的中国新闻和社会运动[J]. 传播与社会学刊,2008(6).

刘建明. 解读主流媒体[J]. 新闻与写作,2004(4).

罗慧. 当下西方发达国家另类媒体的概念辨析与内涵界定[J]. 国际新闻界,2010(5).

曼海姆. 意识形态与乌托邦[M]. 黎鸣,李书崇,译. 北京:商务印书馆,2000.

莫里斯,缪勒. 社会运动理论的前沿领域[M]. 刘能,译. 北京:北京大学出版社,2002.

潘忠党. 架构分析:一个亟需理论澄清的领域[J]. 传播与社会学刊,2006(1).

潘忠党,陆晔. 走向公共:新闻专业主义再出发[J]. 国际新闻界,2017,39(10).

夏倩芳,袁光锋. "国家"的分化、控制网络与冲突性议题传播的机会结构[J]. 开放时代,2014(1).

夏倩芳,原永涛. 从群体极化到公众极化:极化研究的进路与转向[J]. 新闻与传播研究,2017(6).

杨柳. 美国主流媒体报道"抗议范式"验证——以《纽约时报》反伊战报道为例[J]. 新闻界,2012(5).

于建嵘. 抗争性政治:中国政治社会学基本问题[M]. 北京:人民出版社,2010.

周树华,闫岩. 敌意媒体理论:媒体偏见的主观感知研究[J]. 传播与社会学刊,2012(22).

书　评

从传播到媒介:彼得斯与传播思想史研究的进路*

◎ 刘海龙*

摘要:彼得斯的《对空言说》(*Speaking into the Air*)是一本少有的探讨传播观念史的理论著作。自 2003 年第一部中文版问世以来,便开启了我们对于传播问题的新天地。2017 年第二部中译版的问世,让我们有机会在人工智能与虚拟技术即将改变人类生活状态的转折点上重新思考本书提出的这些问题。彼得斯的新作《奇云》更给了我们一个新的理解《对空言说》主题的参照。本文借助彼得斯的这两本书,探讨了传播思想史研究中的三个问题:(1)传播(交流)的观念史研究是否可行?(2)传播观念以及传播思想史研究背后的政治问题是什么?(3)肉身的在场是否是有效交流的必要条件?

关键词:传播思想史,传播观念,身体

---

* 本文系国家社科基金重点项目“新媒体技术与网络民族主义研究”(项目批准号:17AXW011)的阶段性成果。

* 刘海龙,中国人民大学新闻学院教授,中国人民大学新闻与社会发展研究中心新闻传播研究所副所长,《国际新闻界》主编。

From Communication to Media: J. D. Peters and the Approaches to Intellectual History of Communication

Liu Hailong

Abstract: John D. Peters' *Speaking into the Air* is a rare theoretical book on the idea of communication. When it first translated into Chinese in 2003, it enlightened us to think communication in a different light. The second Chinese translation of *Speaking into the Air* published in 2017, which is more reliable, provides us a new opportunity to rethink the idea of communication on the threshold of new world led by technologies such as artificial intelligence and virtual reality. Moreover, Peters' new book *The Marvelous Clouds* set another background for us to understand the seldom discussed themes lurking under *Speaking into the Air*. By the lights of Peters' two books, we will probe three questions on the study of intellectual history of communication: (1) Whether the coherent ideas of communication in history is possible? (2) What are the political choices beneath the intellectual history of communication? (3) Is the presence of body necessary for effective communication currently?

Keywords: Intellectual history of communication, the idea of communication, body

---

约翰·彼得斯的《对空言说》（Peters，1999）是中国传播学界比较熟悉的一本书，早在2003年就有了何道宽教授的中译本《交流的无奈》（彼得斯，2003）。其百科全书式的视野和新颖的人文视角让中国学者眼前一亮，让我们意识到还可以如此视野开阔地思考传播观念的问题，打破了大家对美国传播研究缺乏抽象理论和哲学思考的刻板印象，传播研究终于可以名正言顺地在人文经典领域“垦殖”。黄旦（2004）、殷晓蓉（2008）教授在书评中均对这本书做了较高评价。值得注意的是，台湾世新大学的《传播与研究实践》杂志在彼得斯到访后组织的三篇关于此书的书评（夏春祥，2012；张约翰，2012；陈柏程，2012）发表在2012年第1期杂志上，同一期发表的还有彼得斯在中国的演讲稿，是中文学术出版物中讨论彼得斯学术思想最集中的

一次。但总体来说,对此书的讨论还未尽兴,仍有许多话题有待开掘。此外,由于原书博大精深,第一版还存在一些不尽如人意之处,再加之此中文译本早已经绝版,妨碍了讨论的深入进行。

2017 年初,由青年学者邓建国执笔的第二部中译本《对空言说》(彼得斯,2017)出版。[①] 新版本在第一部中文版的基础上更上一层楼,尤其在西方人文经典的诠释上下了很大功夫,读者可以更准确地理解彼得斯书中令人眼花缭乱的旁征博引,值得我们再次阅读,同时也为进一步深入研究本书提供了契机。[②]

《对空言说》的副标题为"传播观念史"(A History of Idea of Communication)[③],但是之前国内学者大多将注意力放到具体传播观念的变迁上,很少从思想史及其方法的角度做探讨。近年来随着国内研究者在传播思想史研究方面兴趣渐浓,逐渐深入,对传播思想史的理论和方法有了新认识,这本以"观念史"为视角的著作给我们提供了一个探讨传播思想史研究路径的绝佳案例。2016 年彼得斯(Peters,2016)又出版了新著《奇云:自然媒介的哲学》(*The Marvelous Clouds:Toward a Philosophy of Elemental Media*)。在某种程度上,我们可以将其视为《对空言说》的姊妹篇。在新书中,彼得斯使用不同的方法,探讨了"媒介"的观念。从传播到媒介,两种路径,是殊途同归还是升级换代?借助后知之明,让我们可以更清晰地理解《对空言说》的进路

① 彼得斯. 对空言说:传播的观念史[M]. 邓建国,译. 上海:上海译文出版社,2017. 本文对该书的直接引语如无说明,均出自该译本,不再一一加注,括号中直接标出中文版的页码。

② 当然,新译本中仍有一些小地方有待商榷。例如第二章标题中的 spiritualist 究竟是译成目前的"招魂术"还是哲学上的"唯灵论"好,需要讨论。这个词在英语里两个意思都有。台湾的夏春祥译作"精神论",与笔者的看法相同,只是在两岸哲学术语的具体表述上略有不同。作者这里指的是一种普遍哲学观念,招魂术是这一观念在 19 世纪末的一种具体表现。正文中具体指招魂术时可灵活译成"招魂术",但在标题中和论述一般观念时还是译为"唯灵论"更妥当。另外书中 26 页对于海德格尔所使用的一些特殊用语的中译没有和国内通行的保持一致,比如"存在的关爱"应为"存在的操心(sorge)","生存的可能性"似为"存在的可能性","堕入"应为"沉沦"等。170 页黑格尔处的"确定性"(positivity)国内似乎习惯译为"肯定性"。

③ 何道宽译本将本书副标题译为"传播的思想史",不够准确。这一点台湾的夏春祥(2012)和张约翰(2012)的书评中已有讨论。观念史是由美国学者洛夫乔伊(2005,2015)最早明确提出的,其研究对象为普遍存在于一个时代的某种最基本的思想单元,它可以是概念,也可以是一种模糊的风尚。而思想史则更为宽泛,不限于这种近乎实体的单元观念研究。剑桥思想史学派如斯金纳(2005)等人对观念史的基本前提大加鞭挞,认为研究者不能主观地自设实体,以己度人或以今度古,要回到文本语境,还原作者本来意图。

及方法。这是本书值得再读的第二个原因。

《对空言说》第一部中文版面世之际,正值网络媒体刚刚崭露头角,中国读者的注意力主要集中在以人际传播和大众传播为代表的对话和撒播观念之争上,尤其被新奇的撒播观念所吸引,比如大陆学者的两篇书评均集中于这个话题。但是伴随社会环境的变化,大众媒体的衰落和以社交媒体、人工智能、虚拟现实、增强现实等技术为代表的新兴媒体技术的兴起,让“对话—撒播”之外的另一些更具时代感的主题浮现出来(比如肉身与传播的关系、传播中的他者性问题、杜威与海德格尔开创的两种传播观念谱系等),让本书重读起来又是一番风景。这是本书值得再读的第三个原因。

因此,本文想借彼得斯的这两本书,探讨传播思想史研究中的三个问题:(1)传播(交流)的观念史研究是否可行?(2)传播观念以及传播思想史研究背后的政治问题是什么?(3)肉身的在场是否是有效交流的必要条件?

一、传播(交流)的观念史研究是否可行

1986 年,彼得斯(Peters,1986)发表了一篇名为《传播研究思想贫困的制度根源》的“檄文”,声讨美国传播研究的坐井观天。他将其称为学术研究的“民族主义”心理,其表现为画地为牢,自我满足,却看不到传播问题的广度与深度。传播研究号称研究传播问题,但却对人文学科丰富的历史资源视而不见,只抓住“控制论”和“信息论”这样一些似是而非的传播概念。因此他自认为《对空言说》正是在这场争议颇大的批评之后作出的一次建设性示范。“相形之下,《对空言说》提出,传播理论可以等同于对人生根本问题的探究,并且通过此书展现传播这一概念所蕴含的无尽的神秘(weirdness)与吸引力。”(Peters,2009)

《对空言说》以“传播观念史”为副标题,出其不意地在西方思想与文化中广泛撷取资源,洋洋洒洒,汪洋恣肆,让人大开眼界,然而和清晰的行文线索相比,本书在何为传播观念史以及传播观念史研究应该以何为尺度的问题上却令人困惑。

在书的第一章,彼得斯就明确表达了对本雅明的历史哲学的推崇。他和本雅明一样,不愿意把历史看成由若干有因果联系的事件构成的连续体,

仿佛它们沉默地等待在那里,直到有一天被历史学家用魔法召唤出来。相反,他更推崇叙述者的积极介入和建构。因此他认为研究观念史,应该打破线性因果关系,主动编织与诠释历史,将不同时代对接,发掘那些同当下暗合的“过去”。“历史学家发掘出各种神秘的历史信源,并非仅仅是为了激发他们的奇思异想,而是与具体的关切有着巧妙的联系。‘现在’与过去的某个时刻之间总是存在暗合。如果能将两者对接起来,‘现在’的意义就清晰易懂了。”(pp. 4—5)也就是说,历史研究的动力是理解现在,而不是单纯地理解过去。这种看法初看之下与意大利哲学家克罗齐(1982)所提出的“一切历史都是当代史”比较相似。但是彼得斯更侧重于理解的目的与结果(透过历史让我们理解现代),而克罗齐侧重于我们进入历史的方法(在当代人的思维中复活和重建过去的精神与思想)。二者存在本质上的不同。

彼得斯并不想扮演一个假装客观的描述者,他打破了表面的概念和事实,从我们过去认为从未讨论过传播问题的古人那里“发现”传播理论的蛛丝马迹。可是问题在于,这些从未使用过“传播”,甚至本意并不是讨论传播问题的古人之间以及他们与我们之间是否具有前后一致的“传播(交流)”观念?如果没有,他们之间的对话,或者和我们今天的“相会点”还是否存在?

英国思想史学者斯金纳(2005)在批评美国观念史研究时曾用“观察者的思维定向”(observer's mental set)和“范式优先性”(priority of paradigms)来形容这种做法。他认为观念史的研究者通常先假设存在一个观念的实体,描述它随着历史的发展不断成长,与敌对的观念遭遇、辩论乃至斗争、生存或毁灭。文本中的观念成为主角,而观念的主体则退隐到次要位置,作者本人的意图、所处的语境变得不那么重要,取而代之的则是研究者所发现的结构和对原作者的先入为主的预期。

《对空言说》里有不少斯金纳所批评的这种现象。比如这样的句子就经常出现在文中:“也许,这位令人高山仰止的伟人(即奥古斯丁)并没有像我们一样使用过‘交流’(communication)一词,然而他的确为该词后来的蓬勃辉煌创造了条件。”(p. 98)第三章对黑格尔《精神现象学》的诠释,把主体间性等同于交流本身,偷换了概念,甚至主体间性或主体与他人的关系也未必是黑格尔在《精神现象学》论证的最终目的,而只是一个桥梁。同样,书中把马克思货币理论诠释为一种“与中介化传播有关的理论……将其看作是对‘主体性如何被扭曲地表现’的批判性阐释”（pp. 175—176）。这里将货币作为一种表征媒介来看待，滑向了西美尔的货币哲学理路，而无视这两个学者对货币看法的巨大分歧。

尼克·库尔德里（Nick Couldry，2001）也在他的书评中为马克思鸣不平，认为彼得斯对马克思远距离传播的观点的诠释及批评是无中生有，过于主观；马克思即使讨论这个问题，其落脚点也不会放在主体间性上而是会放在资本主义条件下传播权力或制度的过分集中上。他认为，彼得斯的问题出在他先入为主地提出了一个超越时间和条件的普遍的传播观念，忽略了历史的特殊语境。现代大众传播的撒播观念完全是建立在象征符号高度体制化集中的条件下，与古人所说的撒播完全是两回事。

无独有偶，加拿大学者唐纳德·F. 西尔（Donald F. Theall，2001）也认为彼得斯设置了一个普遍、以美国经验为中心的传播观念，而忽略了其他的可能性，并不能完全代表所有的传播观念。因此本书的副标题准确来说应该是“关于传播观念的一种历史”（A History of an Idea of Communication）或“关于一些传播观念的历史”（A History of Some Ideas of Communication）

本书的独特魅力在于出人意料地诠释这些我们熟悉的文本，让人突然眼前一亮，但另一方面，这些亮晶晶的迷人之处也是令人困惑的地方，它们如同文本点金术，创造性地偏离了文本作者使用这些对象或话语片断的原始意图。或许推崇撒播观念的彼得斯认为这种所谓“作者意图”本身就是个没有意义的概念。正如他在书中所提出的那样，所有对文本的诠释都是和死者（或幽灵）的失败对话，发出的是一封封死信，注定得不到回答。他把这种诠释的意象看成人类所有远距离交流或跨距离交流的隐喻（pp. 218—221）。如果误读是一种普遍的困境，那么本书对文本的阐释本身并没有超越这一困境——研究交流理论本身也是一种与文本作者之间的交流，人无法拔着自己的头发离地。

如果把思想史的研究分成侧重连续性和侧重断裂性两种风格的话，彼得斯显然属于强调连续性的那一极。他通过对众多文本的诠释，以当下的问题为出发点，制造了一个可沟通、可比较、具有一定稳定内核的连续的“传播（交流）”的观念，然后在这个舞台上让所有演员同台表演。但是这场演出既未征得演员的同意,也未回避“关公战秦琼”的尴尬场面。这些操着不同语言,在不同的背景下思考着不同问题的演员七嘴八舌,完全不在一个频道上对话,他们必须通过彼得斯这个语言天才的翻译才能勉强听得懂对方的语言。然而这并不能保证他们真能明白对方在说什么,这个翻译也未必忠诚地把每个人的意思表达出来。就像彼得斯引用的维特根斯坦说过的一句话:一头狮子即使会说话,我们仍然听不懂。(p. 352)

当然,说彼得斯完全没有意识到会导致这个混乱的场面,也并不公平。作为一个对传播(交流)行为有如此洞察力的学者,他对此有清醒认识。只不过他并不认为这么做有什么不妥。他解释说这本书中所使用的“传播理论”一词意义比较松散,而且是非历史的(ahistorical)。书中将“传播”扩大为人类的一种境况,将其等同于社会组织中的“自我”与“他者”之间、“自我”与“自我”之间以及“亲密”和“疏远”之间的关系(p. 15)。这种具有极大弹性的概念定义无疑使得传播观念成为一个幅员辽阔且边界模糊的神奇国度,作者诠释的空间变得十分巨大,甚至缺乏应有的对过度诠释的约束。

彼得斯承认:“尽管我在本书考察的所有人物很少提出什么‘传播理论’的想法,但是,我们目前所处的位置使我们能从他们的著作中发现原本从未存在的东西。本雅明懂得,‘现在’可以为‘过去’描绘轮廓,从而创造出各种相会点,实现我们与过去的重逢。”(p. 15)在谈到苏格拉底与耶稣的传播观念时他说道:“我将多种关于‘交流’的视野融合起来,对它们进行一种重新组织,我的重点与其说是为了阐明柏拉图或福音书,不如说是为了让他们身上具有的‘既遥远又熟悉’的特征给我们带来新的教益。”(p. 51)在讨论奥古斯丁、洛克和唯灵论的传播观念时,他再次重申:“如果我们硬要指出,在以上类型多样的思想运动和情绪之间有着某种一以贯之的传统,那会显得有些牵强。但是,它们的确代表着一套若隐若现的资源,以至于每每我们说到‘交流’时,它们就会像幽灵一样出现。诚然,其他许多相关的资源也可以供我们召唤,但是我这里将它们略去了,而仅引用以上三个资源。”(p. 90)

从以上论断可以看出,彼得斯笔下的传播观念史的重点不在于重建“历史”,而在于探索和反观当下的传播“观念”本身。这种态度与其说是一位严肃的思想史学家的立场,毋宁说更接近于具有诗人气质的哲学家的风格。类似的表达散见在书中,这说明彼得斯对这种名实不副的“观念史”的缺陷有深刻认识。在2016年研究“媒介”观念的新著《奇云》中,彼得斯明智地避开了上述争议,明确提出要建立一门新的“传播哲学”,并且不再采用观念史的时间尺度结构全书,而是转向了空间尺度,将水、火、天、地等基质媒介(elemental media)作为展开逻辑。而且在这一研究中,彼得斯从《对空言说》的建构观念转向罗列经验细节,对抽象理论采取了一种令人意外的回避态度。他借鉴了伊尼斯和本雅明的方法,认为多样经验细节本身就是哲学的和历史的思考,从而在表述中获得了更大的自由度(Peters,2016:10)。以传播哲学为旨趣的《奇云》将经验细节凌驾于理论之上,不仅超越了“历史”,甚至也超越了对“观念”的建构。这样做不仅摆脱了《对空言说》中令人困惑的研究逻辑,也开创了一种更加灵活的,结合了时间和空间维度的变奏曲式的观念(史)研究进路。在2010年的一次访谈中,彼得斯承认自己是个以塞亚·柏林所说的狐狸型而不是刺猬型的知识分子,知道很多事而不是只知道钻研一件事。他认为自己喜欢列清单(list),喜欢看到相异的项目打破整体的相似性(Kane & Peters,2010)。

彼得斯对观念史的研究方式给我们提出了一个很好的问题:传播思想史及观念史研究的主要目的究竟是什么,是重建历史还是从历史资源中发掘对现实的洞见?换句话说,传播思想史究竟是历史研究还是哲学研究?

彼得斯毫不犹豫地选择了后者。如果说在《对空言说》中他还显得有些暧昧的话,那么在《奇云》里便彻底抛弃了观念史的“伪装”,转向传播哲学或媒介哲学,但是如果我们承认思想史首先是历史而不是哲学的话,那么这种潇洒的做法就值得商榷了。假如传播思想史或观念史研究仅仅是为传播研究提供原材料或思路,那么它的独特性和独立性又体现在哪里?传播思想史是否有可能变成一个任人打扮的小姑娘,成为一个依附于传播学,功利性地解决现实问题及学术问题的附庸?

其实这样的问题在历史学里早已经不是问题,历史研究的主要目的绝不是知古鉴今、以史资政,但是对于传播思想史这一新兴领域来说,它的正当性究竟来自研究本身还是研究的功能,是一个独立的领域还是一个附属领域,仍是有待讨论的问题。彼得斯的研究让我们看到这个领域丰富性的同时,也不禁让我们对这种路径的可持续性产生怀疑。

二、传播观念的政治:另类抑或逃避

《对空言说》中最有创意之处是梳理了对话与撒播两种传播观念的分歧,并将它们之间的关系作为传播观念发展的主要线索。它反潮流地批判了大多数人迷恋的"对话"观念,认为这种强调一对一的排他性的交流观念首先隐含着"你必须参与"的"霸道"。其次,这种"爱欲"式的交流观念基于对交流对象的歧视性对待,无法做到一视同仁。最后,这种专一的对话观念无法胜任今天规模巨大的民主社会的集体交流,注定只能是一个来自小群体的不合时宜的怀旧,缺乏现实的可操作性。正因为对话观念对于交流的期待过高,最后常常导致交流的失败感和挫败感,最典型的就是唯我论者对于他者及与他者交流丧失信心。

彼得斯希望通过撒播观念纠正当下不切实际的对话观念。他反驳了保守主义者对大众媒体及撒播观念的批评,发掘出其背后蕴含的平等、宽容与高效等可贵品质,将对传播结果的预期从不切实际的"心连心",拉回到更现实的"手拉手"。当然,彼得斯并不是无条件地推崇撒播,他想选择一条处于基督教教义(强调团结)与犹太教教义(强调他者性)之间的中间路线,既避免对话的道德优势,又避免带上"交流失败"的哀婉情绪,实现社会的团结。最后他发现,选择传播观念,其实是在做政治选择:"交流是一个政治问题,涉及接近权和可获得性,而不是一个心理学或语义学问题,后者仅仅涉及如何使媒体更加纯粹透明。"(p. 93)

彼得斯在书中用梅尔维尔的小说《抄写员巴特比》①表达了自己对于传播观念的微妙立场。巴特比是一个抄写员,受雇于一位律师。每次抄写完毕,口授者都要请他朗读一遍,以检查是否准确。巴特比总是回答"我选择不读"(I prefer not to)。这样的回答让叙述者不安,他询问巴特比的意思是否是"不愿意读"(You will not?),巴特比仍回答"我选择不读",但就是不肯说"愿意"(will)(p. 231)。巴特比既不想屈从于对话的强制,参与交流(朗

---

① 邓建国译本将其翻译成《抄书人巴特比》,不够准确。巴特比是一个誊写文书的职员,而不是那种中世纪的抄书人。

读),又不愿意采取断然拒绝的态度(他毕竟是雇员),他选择了一种近似于撒播的姿态,以抵抗对话的道德义务,但又不愿意完全拒绝交流。这就像是鸦片战争中两广总督叶名琛著名的“不战不和不守,不死不降不走”的立场,让人很难用传统的黑白分明的判断加以定义。

但是这种微妙的中间路线是否具有可操作性,这种知识分子的矜持是一种另类的选择还是逃避?当鱼与熊掌不可兼得时,最后彼得斯更倾向于撒播,容忍他者性。例如在讨论如何与机器(AI)、动物和外星人交流时,他认为反对唯人类独尊的撒播的观念可能更具有开放性,更加面向未来。“我们要问的问题不应该是‘我们能够交流吗’,而应该是‘我们能够相互爱护,能够公正而宽厚地彼此相待吗’。”(p. 383)“交流的任务是建立一个人类可以共同栖息的和平王国;除此之外,其他意义上的‘交流’最终都是不可想象的。”(p. 384)

其实彼得斯的观念史研究进路也有类似的特征。他试图回避思想史或观念史研究中的两个重要的立场,既未回应以曼海姆为代表的强调观念(意识形态)与特定社会群体之间的联系,也未回应经典马克思主义对观念(意识形态)受经济基础影响甚至决定的判断和新马克思主义(如文化研究学派)认为观念中蕴含特定权力宰制的判断。在他所描述的传播(交流)观念的演化中,只有具体的文化与技术的相互作用,缺乏与更复杂的社会结构和权力关系的勾连,导致书中的传播(交流)观念像是无根的浮萍,随着社会偶然因素(如传媒技术、流行观念)的变化而起伏,很难看到它们与更广阔的社会因素之间的因果关系。

和彼得斯讨论的传播观念的选择一样,对于传播思想史研究进路的选择也是一个政治选择,它涉及如何理解传播在社会中的位置和作用。从两本著作来看,彼得斯更强调文化的独立性,如果有什么能够影响到文化的走向,可能最值得关注的就是技术,而他眼中的技术更接近于海德格尔所论述的技术,本身就内在于人类社会。在他的论述中,技术也被理解为一个独立的偶然因素,它只与文化有关,而与更复杂的社会因素缺乏联系。彼得斯把自己定位为实用主义者,因此他对这些更抽象的社会结构概念并不感兴趣,他把注意力主要放在传播观念及技术的效应上,有意回避了观念史研究中的“政治问题”。

当然,并不是所有的观念史或思想史研究都要走上类似意识形态分析的道路,文化具有相对的自主性和独立性,这也是本书独树一帜之处,但是对这些显著的因素的影响完全无视,就像是抄写员巴特比的立场,是一种传播思想史研究的另类选择还是逃避?

三、不再沉重的肉身:来自后人类主义的挑战

《对空言说》刚问世的时候,传媒产业正处在新媒体与大众媒体的影响力此消彼长的僵持阶段。中国学者更关注的是它提出的令人耳目一新的撒播观念以及对对话观念的批评,大陆学者的两篇书评(黄旦,2004;殷晓蓉,2008)都集中在这个问题上,对于这本传播观念百科全书的其他线索则不够关注。相反,台湾学者的评论(夏春祥,2012;张约翰,2012;陈柏程,2012)中,讨论的问题则更多样化。例如陈柏程(2012)就注意到,对话与撒播观念对峙的背后,还有一条重要的线索,即身体的在场与交流的关系。换句话说,在人类的交流中,人体能够在多大程度上保持缺席?

坚持对话观念的苏格拉底认为,真正的对话必须在一对一、面对面的条件下才可能实现,任何付诸文字的无身体参与的交流,皆是滥交与种子的浪费,而新约中的撒播观念则对身体的在场并不在意,助长了单向的、与幽灵之间的交流。在彼得斯看来,只要涉及文本或其他借助中介的缺乏身体在场的交流,都是在和死者或幽灵对话,而这几乎成为现代人交流的宿命。在大众传播时代,交流的幽灵性达到了前所未有的程度。

以奥古斯丁为代表的基督教神学家则否定身体的重要性,认为身体是交流的障碍,真正的交流是天使般的没有肉体介入的纯粹交流。它不借助于符号,免除了符号造成的误解。洛克则将肉体视为个体意义及个体性的载体,认为私人的意义是形成公共意义的障碍。在那个肉体被视为最沉重负担的时代,人们幻想纯粹精神的超距离交流,但是电报开启了精神(幽灵)超距离交流的时代后,人们对于肉体在场的要求又强烈起来。书中反复引用了一段轶事:贝尔在电话首次实验成功后通过电话对助手说的第一句话

是:“华生,过来,我想见你。(Watson,come here,I want to see you.)”①

而对于黑格尔、马克思和克尔凯郭尔而言,身体造成的他者性既是交流的起点,也是交流要克服的障碍。黑格尔强调主体间的相互承认,这是自我和社会存在的基础。马克思眼中的身体则体现着物质资源分配的不平等,扭曲着人与人之间的关系。克尔凯郭尔的交流观是彼得斯富于同情的观点,它强调个人在匿名中获得的自由。在克尔凯郭尔看来,交流不仅是一种揭示方式,也是一种掩盖方式。真正的传播者懂得将重要的信息隐藏起来,只有知情人才能会心领悟。因此在他看来,生物性的身体成为泄露个人秘密、暴露真相的弱点。

电报、电话等电子媒介的出现激发了人们与幽灵对话的热情,古老的巫术模仿现代科学技术的形态,孕育出了招魂术。讽刺的是,这种与幽灵间的对话必须借助灵媒的身体(通常是女性的身体,就如同早期的女性接线员)加以实现。当时的人们认为,仅仅与幽灵进行精神沟通并不足以令人满意和信服,于是幽灵的附体常常被作为成功交流的信号。

本书中最充满想象力和科幻色彩的第六章,讨论了人与机器(AI)、动物、外星人的交流的困境,更让肉体的在场问题成为一个终极的问题。彼得斯认为机器与人的交流是图灵所说的“模仿游戏”,因为不具有肉身,所以机器缺乏交流的欲望和动力。他对图灵“只要具备人类的自我意识,交流就能得到保障”的观点不以为然,批评图灵“将交流中的爱、吸引力、爱欲和死亡等有形之物抹除的做法,令人不安”(p. 341)。与外星人交流的困境类似于与亡灵的交流,如果缺乏一个作为中介的身体(在很大程度上这个可能性微乎其微),我们恐怕永远难以确定:接收到的信号是外星生物的回应还是一串无意义的噪音?

彼得斯由此得出结论,由于触觉(身体)和时间不可复制,它们无法被平均施于所有人,必然具有排他性与不平等,所以它们成为爱欲或对话真诚性的唯一保证。尤其是到了技术可以允许我们跨越距离自由交流的今天,身

---

① 《对空言说》中将此段话引为“Watson,come here,I want you”,漏掉了“to see”。这段话出自贝尔的日记,维基引文上有人提供了贝尔笔记的手稿图,纠正了这个长久以来以讹传讹的错误。见https://en.wikiquote.org/wiki/Alexander_Graham_Bell。

体的重要性就更加突出。如果说过去交流成功的标志是克服中介性的身体去触摸另一个人的灵魂,到了电子时代交流成功的标志则是跨越中介性的灵魂去触摸另一个人的身体(p. 326)。“如果我们认为交流是真实思想的结合,那就低估了身体的神圣。虽然这个时代的技术已经可以充分地模拟人体,但身体是否真正在场仍然具有重要意义。”(p. 386)

在这个问题上,彼得斯的立场是一个相当“老派”的人文主义立场。他认为每个人的有生之日是有限的,相遇的机会也有限,面对面时身体在那里存在(being there)本身就显示了某种海德格尔意义上的本真性(authenticity)和善意(Kane & Peters,2010)。

正如彼得斯在书中论述的那样,身体常常与灵魂(幽灵)、死亡和爱欲相联系,它从物质的层面证成(justify)以上诸概念,但是在今天,我们可能存在的疑问是:身体的这种理所当然的地位是否还是那么牢不可破?彼得斯(Kane & Peters,2010)坚持认为文字、收音机,甚至照片这类模拟技术才能产生幽灵,而数字技术只有 0 和 1 这两个确定的状态,没有幽灵的容身之所。他举了《银翼杀手》(*Blade Runner*)中很经典的一个片断:哈里森·福特不断通过指令让机器放大照片局部,发现了一个被忽略的在角落中的女人。[①] 他认为胶片拍摄的照片(模拟技术)可以不断放大,而数码照片放大到一定程度则会出现像素格。且不说胶片也会受到感光材料颗粒的限制而不会无限放大,数码技术也未必不会像模拟技术一样引起接受者的想象,从而产生幽灵。幽灵现象说到底不仅是媒介的属性,而且是传播参与者的心理感受,因为幽灵要靠生者来制造。

例如基特勒(2017:173—180)在对 20 世纪初的电影进行媒介考古时就发现,电影造成的分身已经对当时人们的自我认知构成很大冲击,人们开始意识到电影或是其他“新”媒介中的形象已经不再是肉体的附庸,而具有了某种陌生感和独立性。换句话来说,就是幽灵摆脱了肉体的限制,开始具有实体性。在今天的即时通讯工具和社交媒体上,分身越来越多,生活在别处成为常态。身体也不再是精神在场和交流发生的保证,触摸的意义已经变

---

① 意大利导演安东尼奥尼的电影《放大》(*Blow - Up*)也有类似的情节:一个摄影师通过放大在公园里偶然抓拍的照片,意外地发现了一桩谋杀案。

得越来越小。我们甚至可以预测,随着大规模虚拟化时代的来临,触摸本身也可以复制,幽灵的实体化很可能会让我们成为无根的传播动物,迷失在与各种真假难辨的幽灵的对话之中,无法确定它的后面是一个身体还是程序。

随着虚拟现实、增强现实、人工智能、人机结合的赛伯格(cyborg)等预示着后人类时代来临的技术发展成熟,身体的神圣性和唯一性地位正在被消融,身体在场或触觉是否也会变得不再可靠?(海勒,2017)在2013年的电影《她》(*Her*)中,男主人公西奥多与操作系统萨曼萨(OS1)的爱情因为后者的万千分身而破裂。当西奥多意识到两个主体(其实OS1并不是传统意义上的主体)之间的关系不具有他起初所想象的排他性与唯一性时,人的本性导致他痛苦地放弃了这段浪漫感情。影片中有一段讨论肉身与传播的经典场面:萨曼萨邀请有人类身体的性工作者代她与西奥多发生关系,但是这场灵肉不和谐的身体接触以尴尬收场。它印证了彼得斯对于身体和触觉不可复制的判断。可是在2017年上映的《银翼杀手2049》(*Blade Runner* 2049)中,同一情节再次出现,不过导演纽伦瓦克显然不同意《她》的导演琼斯的处理,这一次虚拟女友Joi与人的身体同步,合二为一,与男主人公K相拥,整个过程表现细腻,让观者颇为动容,而具有讽刺意味的是,K和那个具有身体的陌生女子都不是人类而是复制人(replicant①),无论是用0和1加以定义的虚拟女友Joi还是携带4个基因符号的复制人,都表现得比人更具有人性,更渴望交流(交往)。这正好和彼得斯的看法相反:身体与触觉均可以复制。

正如彼得斯所言,我们要问的问题不应该是“我们能够交流吗”,而应该是“我们能够相互爱护,能够公正而宽厚地彼此相待吗”(p. 383)。也许随着虚拟化世界的来临,从交流者自身的角度来看,像笛卡尔那样区分人体还是机器(程序)已经没有太大意义,我们能够感觉到被爱就已经足够,哪怕它是来自云端的一串代码。

---

① 在本片的原著《仿生人会梦见电子羊吗》中,作者菲利浦·迪克(Philip K. Dick)将仿生人称为android。

参考文献

洛夫乔伊. 观念史论文集[M]. 吴相,译. 南京:江苏教育出版社,2005.

洛夫乔伊. 存在巨链:对一个观念的历史的研究[M]. 张传友,高秉江,译. 北京:商务印书馆,2015.

克罗齐. 历史学的理论和实际[M]. 傅任敢,译. 北京:商务印书馆,1982.

陈柏程. 从爱欲与身体出发:在《交流的无奈》中探寻传播本质[J]. 传播研究与实践,2012(1).

基特勒. 留声机 电影 打字机[M]. 邢春丽,译. 上海:复旦大学出版社,2017.

黄旦. 手拉手还是心连心:什么是交流[J]. 读书,2014(12).

斯金纳. 观念史中的意涵与理解[M]// 思想史研究(第一卷). 广西:广西师范大学出版社,2005.

海勒. 我们何以成为后人类:文学、信息科学和控制论中的虚拟身体[M]. 刘宇清,译. 北京:北京大学出版社,2017.

夏春祥. 言诠与我群:评介《话语的摸索与寻绎:传播观念史》[J]. 传播研究与实践,2012(1).

殷晓蓉. "交流"语境下的传播思想史——解读彼得斯的《交流的无奈》[J]. 复旦学报(社会科学版),2008(3).

彼得斯. 交流的无奈:传播思想史[M]. 何道宽,译. 北京:华夏出版社,2003.

彼得斯. 对空言说:传播的观念史[M]. 邓建国,译. 上海:上海译文出版社,2017.

张约翰. 最接近又最遥远的距离:评介约翰・杜罕・彼德斯《交流的无奈:传播的思想史》[J]. 传播研究与实践,2012(1).

COULDRY N. Book review:speaking into the air. :a history of the idea of communication[J]. European Journal of Cultural Studies,2001,4(2):241 - 245.

KANE C L, DURHAM P J. Speaking into the iPhone:an interview with John Durham Peters, or,ghostly cessation for the digital age[J]. Journal of communication inquiry,2010,34(2).

PETERS J D. Institutional sources of intellectual poverty in communication research[J]. Communication research:an international quarterly,1986,13(4).

PETERS J D. Speaking into the air:a history of the idea of communication[M]. Chicago:The University of Chicago Press,1999.

PETERS J D. Institutional opportunities for intellectual history in communication studies[M]// PARK D W, POOLEY J. The history of media and communication research: contested memories. New York:Peter Lang Publishing,Inc. ,2009:143 - 162.

PETERS J D. The marvelous clouds:toward a philosophy of elemental media[M]. Chicago: The University of Chicago Press,2015.

THEALL D F. Book review:speaking into the air:a history of the idea of communication[J]. Canadian journal of communication,2001,26(3).